Martin M. Lintner
Den Eros entgiften

MARTIN M. LINTNER

Den Eros entgiften

PLÄDOYER FÜR EINE
TRAGFÄHIGE SEXUALMORAL
UND BEZIEHUNGSETHIK

Verlag A. Weger · Brixen
Tyrolia-Verlag · Innsbruck-Wien

Das FSC®-zertifizierte Papier *Munken Pure Avorio für dieses Buch lieferte*
Artic Paper

Bibliografische Information Der Deutschen Nationalbibliothek
Die Deutsche Nationalbibliothek verzeichnet diese Publikation in der Deutschen
Nationalbibliografie; detaillierte bibliografische Daten sind im Internet über
http://dnb.d-nb.de abrufbar.

2011
© Verlag A. Weger, Brixen
Umschlaggestaltung: stadthaus 38, Innsbruck
Layout und digitale Gestaltung: A. Weger, Brixen
Druck und Bindung: A. Weger, Brixen

ISBN: 978-88-6563-027-3
Vertrieb in Südtirol: Verlag A. Weger, Brixen
E-Mail: info@weger.net
Internet: www.weger.net

ISBN: 978-3-7022-3114-9
Vertrieb in Österreich, Deutschland und der Schweiz: Tyrolia-Verlag, Innsbruck
E-Mail: buchverlag@tyrolia.at
Internet: www.tyrolia-verlag.at

Inhalt

Vorwort von Bischof Karl Golser
Die Sexuallehre der Kirche als Lebenshilfe darstellen   9

Hinführung und Dank
Kirchliche Sexualmoral in Diskussion   11
Die katholische Sexualmoral: unheilbar leib- und sexualfeindlich?   13
Den Eros entgiften!   15
Hoffnung ... und Dank   18

Erstes Kapitel
Sexualität im Alten Testament   19
   Die Macht von Sexualität und Schönheit: Segen und Verhängnis   19
   Das Hohelied   21
   Die geschlechtliche Liebe: für einen Menschen verantwortlich
   werden   24
   Das Verbot des Ehebruchs und die kultischen Reinheitsvor-
   schriften   25

Zweites Kapitel
Sexualität im Neuen Testament   30
   Jesus und die Frauen   30
   Die Unzuchtsklausel im Matthäusevangelium   33
   Paulus und der Rat zur Ehelosigkeit   34

Drittes Kapitel
Weichenstellungen in der Patristik   38
   Die sexuelle Enthaltsamkeit im monastischen Leben   40
   Augustinus   42

Viertes Kapitel
Vom Mittelalter bis zur Neuzeit: Sexualität im Zeichen der Minder-
bewertung der Frau   47
   Zur Liebesbeziehung zwischen Abaelard und Héloise   48
   Die gängige Einschätzung der Frau im Hochmittelalter   50

Die Liebesmystik im Hoch- und Spätmittelalter 52
Neue Ansätze bei Alfons von Liguori 60
Exkurs: Das kirchliche Bekenntnis von Sünden gegen die Würde
der Frau 61

Fünftes Kapitel
Das Zweite Vatikanische Konzil 64
Die Gewissenslehre 64
Die Ehelehre 65

Sechstes Kapitel
Humanae vitae – viel diskutiert, kaum gelesen, weitreichende Auswirkungen 69
Zur Entstehungs- und Wirkungsgeschichte von Humanae vitae 69
Erfahrungen von Ehepaaren mit der natürlichen Empfängnisregelung 79
Die Folgen der Diskussionen zu Humanae vitae 82

Siebtes Kapitel
Sexualität in der Theologie des Leibes 85
Von der Unter- zur Überbewertung des Körpers 85
Die Wertschätzung des Leibes im christlichen Menschenbild .. 88

Achtes Kapitel
Die Enttabuisierung der Sexualität 91
Die Ambivalenz der sexuellen Aufklärung: Befreiung und neue
Zwänge 91
Sexualität als Beziehungs- und Kommunikationsgeschehen .. 95
Das Geheimnis der Liebe: Zwei werden eins – und bleiben doch
zwei 101

Neuntes Kapitel
Liebe zwischen Eros und Seligkeit 102

Zehntes Kapitel
Sexualität in unterschiedlichen Lebensformen 105
Das Sakrament der Ehe und die Bedeutung eines erfüllten
Sexuallebens 105

Eine Bemerkung zum Problem der wiederverheirateten
Geschiedenen 110
Der Zölibat und die sexuelle Enthaltsamkeit 113
Zölibat und Ehe: zwei gleichrangige Formen des Zeugnisses
der Liebe Gottes 117

Elftes Kapitel
Einige Anmerkungen zu sexualethischen „heißen Eisen" 120
   Selbstbefriedigung 120
   Homosexualität 122
   Voreheliche Beziehungen 128
   Außereheliche Beziehungen 132
   Sittliche Differenzierungen und das „Gesetz der Gradualität" . . 133

Zwölftes Kapitel
Einige Anmerkungen zu aktuellen sexualethischen Herausforderungen 136
   Sexueller Missbrauch und Pädosexualität 136
   Sexueller Missbrauch in der Kirche 140
   Sexualisierung oder Pornofizierung der Gesellschaft 142
   Pornografie, Internet und Internetsexsucht 145
   Sensibilisierung, Pädagogik und therapeutische Maßnahmen . 151

Schlusskapitel
Resümee: kein Rück-, sondern ein Ausblick 153
   Ein neues Selbstverständnis der kirchlichen Sexualmoral! . . . 154
   Ungelöste Fragen entschlossen angehen 157

Nachwort von Prof. Sigrid Müller
   Den Eros entgiften: ein Hoffnungsprojekt 160

Anmerkungen 164

Literaturverzeichnis
   Angeführte und zitierte kirchliche und lehramtliche Dokumente
   und Verlautbarungen 176
   Angeführte und zitierte Literatur 177
   Angeführte und zitierte Internetseiten 182

Vorwort

DIE SEXUALLEHRE DER KIRCHE ALS LEBENSHILFE DARSTELLEN

Nachdem mein Nachfolger auf dem Brixner Lehrstuhl für Moraltheologie P. Martin M. Lintner OSM schon in der Kirchenzeitung der Diözese Bozen-Brixen eine 14-teilige Serie über die katholische Sexualmoral in einer für alle verständlichen Sprache veröffentlicht hat, hat er jetzt diesen Grundstock von moraltheologischen Überlegungen ausgeweitet und legt ihn in Buchform vor, damit er einen weiteren Kreis von Leserinnen und Lesern erreichen kann. Er entspricht somit einem weit verbreiteten Bedürfnis, das ich auch in meiner Predigt im Bozner Dom zum Abschluss des Priesterjahres am 7. Juni 2010 auf dem Hintergrund der Diskussion um die Fälle sexuellen Missbrauchs im kirchlichen Kontext angesprochen habe: „Vielleicht will Gottes Geist uns anregen, dass wir die Sexuallehre der Kirche so darstellen, dass sie wirklich als Lebenshilfe empfunden wird."

Es bestehen nämlich beträchtliche Vorurteile in Bezug auf die katholische Sexualmoral, die als lebensfremd, ja sogar als reine Verbotsmoral angesehen wird, und dies durchaus auch bei kirchlich engagierten Gläubigen. So hat sich ein für das Kirchenverständnis nicht haltbarer Abstand entwickelt zwischen der theoretischen, vom Lehramt der Kirche vorgelegten Lehre und dem praktischen Leben vieler Gläubigen. Vor allem Jugendliche und junge Erwachsene sprechen der Kirche jegliche Kompetenz ab, in Sachen Sexualität irgendwelche Hilfestellung anzubieten, damit Beziehungen glücken können.

Es ist das Verdienst der vorliegenden Schrift, zuerst einmal die reiche und im Grunde positive Sicht der Bibel darzustellen, dann einen Gang durch die Geschichte der Sexualmoral zu machen, um schließlich es nicht zu scheuen, auch heiße Eisen aufzugreifen: behutsam, kompetent und letztlich in Loyalität zum Lehramt der Kirche, das in letzter Zeit viele Überlegungen angeboten hat, damit Beziehungen gelingen können.

Es gibt im Deutschen den Ausdruck „ich kann dich leiden", was ja heißt: Ich habe dich gern. Wir können dieses Wort auch auf die Kirche anwenden: Wir können und sollen die Kirche leiden, d. h. sie lieben. Aber mit dem Wort „leiden" ist auch ein Zweites gemeint, dass wir nämlich an der Kirche leiden. Gerade in der letzten Zeit, in der Kirche so sehr angegriffen wurde wegen der Missbrauchsfälle, erleben wir dieses Leiden an der Kirche.

Möge das Buch von P. Martin M. Lintner OSM das Leiden an der Kirche verringern und beitragen, dass man „die Kirche leiden kann", sich mit ihr identifizieren kann und aus der Sexuallehre der Kirche Elemente entnehmen kann, die hilfreich für das Gelingen guter Beziehungen und insofern für das Lebensglück sind.

Karl Golser, Bischof von Bozen-Brixen

Hinführung und Dank
Kirchliche Sexualmoral in Diskussion

Die von Papst Benedikt XVI. gewünschte Stiftung mit dem bezeichnenden Namen „Vorhof der Völker", um mit den Nicht-Gläubigen bewusst ins Gespräch zu treten, erregte schon bei der Ankündigung Aufsehen. Es wurde nämlich betont, „dass auch über nicht-verhandelbare Positionen des Vatikans gesprochen werden könne, wie etwa zum Lebensschutz, zur strikten Ablehnung von Abtreibungen, zu Ehe und Homosexualität"[1].

Über Themen, die seitens des Lehramtes als nicht-verhandelbar angesehen werden, zu reden und zu diskutieren, ist auch innerkirchlich ein Gebot der Stunde. Viele Katholikinnen und Katholiken haben sich der Kirche entfremdet, weil sie besonders im Bereich der Sexualmoral Schwierigkeiten haben, diese als Ganze diskussionslos anzunehmen. Aus Liebe zur Kirche und aus Sorge um die Strahlkraft des Evangeliums ist ein nüchterner Blick auf die Wirklichkeit geboten und es ist festzustellen, dass es im Bereich der Sexualmoral tiefe Risse innerhalb der kirchlichen Gemeinschaft gibt, insbesondere zwischen der Kirchenleitung und vielen Seelsorgern und Gläubigen.[2] Gab es in den letzten Jahrzehnten des 20. Jahrhunderts noch heftige und intensive Diskussionen zu Fragen der Sexualethik, ist es diesbezüglich in den vergangenen Jahren relativ ruhig geworden. Es scheint, als habe man sich mit der Diskrepanz zwischen der Lehre der Kirche und den persönlichen moralischen Überzeugungen und Verhaltensweisen vieler Menschen – unter ihnen auch gläubiger Katholikinnen und Katholiken – im Umgang mit der Sexualität abgefunden. Solange sich der Papst oder andere kirchliche Würdenträger nicht zum Thema AIDS und Kondome äußerten, war die kirchliche Sexualmoral kaum mehr ein Thema, das große Aufmerksamkeit weckte, sondern eher ein verständnisloses bis nachsichtiges Kopfschütteln hervorrief. Auch ist in der Moraltheologie im deutschen Sprachraum zur Sexualethik in den vergangenen Jahren kaum etwas veröffentlicht worden, weil dies leicht zu Differenzen mit dem Lehramt geführt hat.[3]

Die Situation hat sich schlagartig verändert mit dem Bekanntwerden von Missbrauchsfällen durch Priester und Ordensleute. Diese werfen auch ein schiefes Licht auf den Umgang der Kirche mit der Sexualität. Die

Sexualmoral der katholischen Kirche ist wieder öffentlich unter Beschuss geraten – unter erschwerten Bedingungen. Das kirchliche Lehramt und die Moraltheologen sind genötigt, sich auf das „Minenfeld Sexualethik" vorzuwagen. Vielleicht hat die Gesellschaft auch deshalb besonders empfindlich reagiert, weil die Kirche bislang ja durchaus mit dem Anspruch aufgetreten ist, im Bereich der Sexualmoral einen der gesellschaftlichen Praxis überlegenen Ethos zu besitzen und zu verkünden. Die Gründe dafür, dass die kirchliche Lehre nicht mehr hinreichend Gehör fand, sah man zuallererst auf Seiten einer Gesellschaft, deren Umgang mit der Sexualität einseitig unter negativen Vorzeichen interpretiert wurde:

„Von kirchlicher Seite konnte man in diesem Zusammenhang auf Seiten der Gesellschaft vielfach nur einen Werteverfall erkennen, während man sich selbst im Besitz eines anspruchsvolleren und überlegenen Ethos wusste, welches im Gegensatz zu den aktuellen gesellschaftlichen Entwicklungen personale Werte wie wahre Liebe, Treue, aber auch Enthaltsamkeit schätzt und hochhält. Man sah sich selbst in diesem Sinn als eine ethische Elite inmitten einer libertären, permissiven und dekadenten Gesellschaft und man sah sich dazu berufen, die wahren Werte menschlicher Sexualität gegen alle Angriffe und Widerstände zu verteidigen. Dieses elitäre Gefühl der Überlegenheit führte dazu, dass man kaum fähig war, von dieser Gesellschaft und der Art und Weise, wie sie mit Sexualität umgeht, auch etwas zu lernen."[4]

Unter dem Bekanntwerden des sexuellen Missbrauchs in der katholischen Kirche hat nicht nur das Image der Kirche gelitten, sondern auch der hohe Selbstanspruch der Kirche im Bereich der Sexualmoral hat Risse bekommen und ist in Misskredit geraten. Der Vertrauensverlust in die Kirche hat selbst die innersten Kreise der Gläubigen erfasst. Als Kirche können wir nicht umhin, uns intensiv mit den Ursachen auseinanderzusetzen, die dazu führen konnten, dass in vielen Ortskirchen sexueller Missbrauch in solchem Ausmaß stattfinden und fast systematisch vertuscht werden konnte. Wir können nicht umhin, uns zu fragen, ob und warum der Zölibat für Menschen mit pädophilen Neigungen möglicherweise anziehend wirkt. Die Experten betonen, dass zwischen Zölibat und Pädophilie kein ursächlicher Zusammenhang nachweisbar ist. Die Ursachen sind nicht in der zölibatären Lebensform als solcher zu suchen, sondern vielmehr auf der Ebene der psycho-sexuellen Unreife eines zölibatär Lebenden; und hier ist die kritische Frage zu stellen, ob der Zölibat in der Vergangenheit nicht zu oft unter das Motto gestellt wurde: Geglückte Sexualität ist deren Unterdrückung oder Verdrängung. Erste Versuche, die innerkirchlichen Ursachen für den Missbrauchsskandal systematisch zu analysieren, zeigen u. a. als neuralgische Faktoren auf: den Umgang der Kirche mit Macht und Sexualität; unangemessene Kriterien zur Feststellung der Eignung von Kandidaten für den Priester- und Ordensberuf; unzureichende Maßnahmen für die ganzheitliche, also auch psychische und sexuelle Reifung in der Priesteramtsausbildung.

Abgesehen von diesen drängenden Fragen ist zunehmend beobachtbar, dass zwischen dem Pflichtzölibat für die Priester und dem Gelübde der Ehelosigkeit der Ordensleute in der öffentlichen Wahrnehmung nicht mehr differenziert wird. Auch dem Ordensgelübde der Jungfräulichkeit bzw. der Ehelosigkeit um des Himmelreiches willen wird weniger Verständnis entgegengebracht, insofern es in der gesellschaftlichen Meinung vielfach mit dem Vorurteil behaftet wird, dieses Gelübde sei vorwiegend negativ motiviert durch Probleme im sexuellen Bereich oder durch erlittene Enttäuschungen auf der Beziehungsebene.

DIE KATHOLISCHE SEXUALMORAL: UNHEILBAR LEIB- UND SEXUALFEINDLICH?

Schließlich werden wir als Kirche auch nicht umhinkönnen uns kritisch zu hinterfragen, wieso die wesentlichen Inhalte der kirchlichen Sexualmoral bei den meisten Menschen nicht mehr ankommen. Viele Gläubige empfinden die Aussagen des Lehramtes, die in den Medien in der Regel selektiv und plakativ negativ dargestellt werden, als lebensfremd und von der Lebenswirklichkeit der Menschen entfernt. Die vielen positiven und tiefsinnigen Aussagen der Kirche zur Deutung der Sexualität und zur Gestaltung von Beziehungen, die es ja durchaus gibt, werden kaum wahrgenommen. Das vor allem bei jungen Menschen weit verbreitete (Vor-)Urteil, die Kirche sei sowieso unheilbar leib- und sexualfeindlich, braucht gar nicht erst bemüht zu werden, auch wenn die meisten Menschen der jüngeren Generation kaum mehr einen leib- und sexualfeindlichen Katechismus erlebt haben. Warum aber wirkt dieser so stark nach? Warum kommt bei den Menschen nicht an, dass spätestens seit dem Zweiten Vatikanischen Konzil in der theologisch-ethischen Reflexion wesentliche Akzentverschiebungen stattgefunden haben, und dass es das Anliegen der Kirche ist, einen aufbauenden, persönlichkeits- und lebensorientierten Beitrag zu einem geglückten, zur Liebe befreiten Leben zu bieten? Liegt es nur an Kommunikationsproblemen oder an der Art der Vermittlung durch das Lehramt, oder gibt es auch inhaltliche Gründe? Handelt es sich nur um ein Problem der Kirche, dass die enorme Kraft und Faszination dessen, was sich aus dem christlichen Glauben für den Umgang mit der Sexualität erschließt, nicht wahrgenommen wird? Meistens wird ja das, was die Kirche zur Sexualität zu sagen hat, irrtümlicherweise auf das Pille- und Kondomverbot reduziert.

Die traditionelle kirchliche Sexualmoral ruht im Wesentlichen auf drei Eckpfeilern. Der erste ist der, dass ausschließlich die Ehe als legitimer Ort ausgeübter Sexualität anerkannt wird. Sexuelle Aktivitäten außerhalb der Ehe wurden in der Tradition oft undifferenziert und unterschiedslos verurteilt, sodass von Masturbation bis Prostitution, von vorehelichem Geschlechtsverkehr bis wahlloser Promiskuität alles als schwere Sünde angesehen wurde. In der Ablehnung der künstlichen Empfängnisverhütung besteht der zweite Eckpfeiler der katholischen Sexualmoral: Jeder einzelne Geschlechtsakt muss für die Zeugung eines Kindes offen sein bzw. darf sie nicht gezielt verneinen. Der Hintergrund ist die Naturrechtstradition, der zufolge die Sexualität naturgemäß auf Zeugung von Nachkommen hingeordnet ist. Dies wird auch durch eine personalistische Sichtweise der Sexualität gestützt, die in der Offenheit für die Zeugung den Ausdruck personaler Ganzhingabe an die Partnerin bzw. den Partner sieht. Sexuelle Handlungen, die die Fortpflanzung ausschließen, werden ausnahmslos als sittlich unerlaubt angesehen. Der dritte Eckpfeiler ist das traditionelle Prinzip, dass es im Bereich des sechsten Gebots keine Geringfügigkeit gebe, sondern nur *materia gravis*, also nur schwerwiegende Materie und in Folge objektiv schwere Schuld, und zwar *ex toto genere suo*, d. h. ihrer ganzen Art nach und im umfassenden Sinn, von unkeuschen Gedanken bis zu Vergewaltigung.[5] Dadurch wurde der Sexualität nicht nur eine ungemeine Schuldenlast übergestülpt, sondern sie wurde auch vollkommen materialisiert, denn sie wurde auf den in sich isolierten, objektiv beobachtbaren Einzelakt eingeschränkt, der – losgelöst von personalen Werten oder von der Beziehung, in die er integriert ist, – an den allgemeinen Normen gemessen wurde. Die *Materia-gravis*-Lehre hatte zudem eine Überbewertung der Sexualmoral im Gesamt der Moraltheologie und eine überdimensionale Beschäftigung mit der Sexualität zur Folge, was in der Neuscholastik im Bemühen Niederschlag fand, jede Möglichkeit von Art und Abart sexueller Handlungen detailliert zu beschreiben und kasuistisch zu erfassen.

Tut man der Kirche mit dem Vorwurf unrecht, dass sie über Generationen hinweg vielen Menschen ein ungestörtes, lustvolles Verhältnis zu ihrem Körper und zu ihrer Sexualität vergällt habe, sodass viele Ehepaare selbst in der Ehe die Geschlechtsgemeinschaft nicht ohne schlechtes Gewissen genießen konnten? Gerade in den vergangenen Monaten haben sich viel Ärger und Wut von älteren Menschen, die noch in einer rigoristischen Sexualmoral erzogen worden sind, gegen die Kirche entladen. Seelsorger erleben das zuhauf. In vielen Gesprächen wird gegenüber der Kirche der Vorwurf geäußert, sie habe in der Vergangenheit im Bereich der Sexualität mit der Manipulation durch Schuldgefühle unangemessen Macht ausgeübt und dadurch das Leben der Menschen oft negativ beeinflusst und Unheil angerichtet.

Ist es möglicherweise auch ein hausgemachtes Problem der Kirche, wenn die Menschen, die ihre Sexualität ungezwungen und lustvoll leben wollen, sich von der Lehre der Kirche abwenden, sodass diese die Chance verspielt hat, in diesem so wichtigen Bereich menschlichen Lebens Orientierung und Hilfe anbieten zu können? Das ist gerade im Umgang mit Jugendlichen und jungen Erwachsenen die fast durchgängige Erfahrung in der Seelsorge. Deshalb stellt sich die dringliche Frage, ob und wie es möglich ist, verlorenes Vertrauen wieder zurückzugewinnen.[6] Allerdings dürfen die lehramtlichen Äußerungen nicht nur negativ-defensiv dargestellt werden, sondern die positiven Aspekte und begründeten Anliegen der kirchlichen Sexualmoral sind ebenso zu vermitteln wie die anthropologischen und theologischen Grundlagen, auf die die kirchliche Lehre gründet. Dies muss auf eine neue und offensive Weise geschehen. Wiederholt wurde in den aktuellen Debatten darauf hingewiesen, dass die Kirche in der Entfaltung und Verkündigung der Sexualmoral einer neuen Sprache bedarf. Eine neue Sprache wirkt sich aber schon aus rein hermeneutischen Gründen auch dahingehend aus, dass ebenso Inhalte zu überprüfen und neu zu bedenken sind.

DEN EROS ENTGIFTEN!

Eine intensive Beschäftigung mit der Tradition der kirchlichen Sexualmoral kommt nicht an jenem Vorwurf vorbei, den Friedrich Nietzsche erhoben hat: „Das Christentum gab dem Eros Gift zu trinken: – er starb zwar nicht daran, aber entartete zum Laster."[7] Allerdings wird sich zeigen, dass dieser Vorwurf nur auf eine spezifische, geschichtlich ausgeprägte Sexualmoral zutrifft und nicht auf diese als Ganze. Rigoristische Ausformungen der christlichen Sexualmoral sind im Übrigen keine ausschließliche Eigenheit der römisch-katholischen Kirche, sondern fanden konfessionsübergreifend statt. So prägten sie etwa im 18.–19. Jahrhundert besonders den angelsächsischen Protestantismus. Geschichtliche Verengungen und Irrungen sind aber zu benennen und zu überwinden, um aufzuzeigen, dass der Eros nicht giftig ist. Deshalb muss der kirchliche Umgang mit der Sexualität überdacht werden, damit die Sexualität in ihrer Spannungsbreite von der erotischen Liebe bis hin zur liebenden Hingabe wieder neu wertgeschätzt werden kann als Leben spendende Kraft und als Gabe Gottes.[8] Eine positive christliche Sicht des Eros herauszuarbeiten ist eines der Grundanliegen von Benedikt XVI. in seiner ersten Enzyklika *Deus caritas est*.[9] Es geht darum, Eros und Sexualität einzubetten in die personale Liebe und Beziehung und so als authentischen Ausdruck und Vollzug der Liebe anzuerkennen. Die Sexualmoral kann in diesem Sinn nur als Beziehungsethik entfaltet werden.[10] Es wird sich aber auch zeigen, dass ein von der personalen Liebe losgelöster Eros ebenso zu entgiften ist. Der Eros darf nämlich nicht auf Erotik und Geschlechtlichkeit reduziert werden, wodurch ein Mensch sexuell vergegenständlicht wird als Objekt für den sexuellen Gebrauch, bzw. wodurch ein Mensch vorwiegend bis ausschließlich an seiner sexuellen Attraktivität und an seinem sexuellen Verhalten gemessen wird.[11] Der Eros ist vielmehr sinnliches und lustvolles Erleben jener Kraft, die einen Menschen dazu drängt, über sich selbst hinauszuwachsen und in Beziehung mit anderen Menschen zu treten.

Die Entgiftung des Eros bedeutet also: ihn von Sexual- und Leibfeindlichkeit zu entgiften, aber auch von Sexualisierung und Banalisierung. Sie geschieht also weder in der Verherrlichung oder Sakralisierung des Eros noch in seiner Reduzierung auf den geschlechtlichen Trieb, sondern in seiner Integrierung in die Persönlichkeit eines Menschen und in eine Beziehung.[12] Eine banalisierte Sexualität ist eine

„gefährliche Quelle dafür, dass so viele Menschen in der Sexualität nicht mehr den Ausdruck ihrer Liebe finden, sondern nur noch eine Art von Droge, die sie sich selbst verabreichen. Deshalb ist auch der Kampf gegen die Banalisierung der Sexualität ein Teil des Ringens darum, dass Sexualität positiv gewertet wird und ihre positive Wirkung im Ganzen des Menschseins entfalten kann."[13]

Der Eros ist ja gerade deshalb Quelle von Lebenslust und Freude, weil er einen Menschen nicht auf seine Sexualität reduziert und weil er nicht nur im Vergnügen des Moments aufgeht, sondern dazu drängt, über sich hinauszuwachsen und für einen geliebten Menschen Verantwortung zu übernehmen. Darin erschließt er tiefe Sinnerfahrungen: die sinn- und lustvolle Erfahrung der Selbstwerdung in der Hingabe an den geliebten Menschen.

Das vorliegende Buch möchte diesem Ansinnen dienen, nämlich den Eros in einem zweifachen Sinn zu entgiften und zu befreien: zum Einen von der Konnotation des Anrüchigen und Sündhaften, zum Anderen von seiner Reduzierung auf genitale Lust. Getragen sind die folgenden Ausführungen von der Überzeugung, dass die kirchliche Sexualmoral zukunftsfähig ist. Es wird dabei keineswegs der Anspruch auf eine umfassende Darstellung der katholischen Sexualmoral gestellt, noch darauf, einen systematischen Entwurf einer „neuen" Sexualmoral zu bieten. Auch die Bibliographie erhebt keinen Anspruch auf Vollständigkeit, sondern versteht sich mehr als Angabe zu weiterführender Literatur und als Einladung, die jeweiligen Themenbereiche eigenständig zu vertiefen. Besonders die bewusst „Anmerkungen" genannten Ausführungen in den Kapiteln elf und zwölf zu „heißen Eisen" und aktuellen Herausforderungen der Sexualmoral wie Pädophilie bzw. Pädosexualität[14] oder Internetsexsucht haben fragmentarischen Charakter und benennen nur Grundaspekte der angesprochenen Thematiken.

Von der Leserin und dem Leser wird einige Aufmerksamkeit gefordert und die Mühe, sich mit komplexen Argumentationen auseinanderzusetzen. Einfache Antworten oder praktische Lösungen werden nicht gegeben. Diese Publikation will versuchen, auf eine gut verständliche Weise die differenzierte theologisch-ethische Sicht von Sexualität zu vermitteln, neuere moraltheologische Ansätze vorzustellen und zugleich die bleibend gültigen Aspekte der kirchlichen Sexualmoral aufzuzeigen. Ausgangspunkt soll dabei der Auftrag des Zweiten Vatikanischen Konzils sein, die Moraltheologie reicher aus der Lehre der Schrift zu nähren[15] sowie den Dialog mit den Natur- und Humanwissenschaften zu suchen, deren Eigenständigkeit anzuerkennen ist.[16] Der Blick in die Tradition soll verstehen helfen, wo leibfeindliche Tendenzen ihre Wurzeln haben und wie sie wirkmächtig geworden sind. Schließlich soll gefragt werden, ob und wie es möglich ist, die Sexualmoral theologisch-ethisch so zu entfalten, dass sie ein positiver, lebensnaher und fruchtbarer Beitrag für die Menschen unserer Zeit sein kann. Es geht dabei keinesfalls um eine simple oder billige Anpassung an den Zeitgeist, sondern darum, den Reichtum der Heiligen Schrift und den Erfahrungsschatz der Tradition für die Menschen der heutigen Zeit zu erschließen und fruchtbar zu machen, zugleich aber auch auf die Menschen hinzuhören und ihre Erfahrungen ernst zu nehmen.

HOFFNUNG ... UND DANK

Angesichts der kritischen, aber auch besorgten Anfragen von vielen Gläubigen und aus Liebe zum Evangelium Christi und zu seiner Kirche empfinde ich es als Gebot der Stunde, im Bereich der Sexualmoral einen Diskussionsbeitrag zu leisten, auch weil ich überzeugt bin, dass wir uns als Kirche nicht abfinden dürfen mit den schon angesprochenen, im Letzten untragbaren Differenzen innerhalb der kirchlichen Gemeinschaft. Offene Fragen sind zu thematisieren, um den Problemstau, der nicht beschönigt oder wegdiskutiert werden kann, zu bewältigen. Dazu ermutigt auch die Einladung von Papst Benedikt XVI., über kontroverse Themen im Licht des Glaubens zu reflektieren und darüber zu diskutieren. Das Manuskript dieses Buches haben Frauen und Männer kritisch gegengelesen, darunter Ehepaare, Verliebte, Ordensleute, Priester, eine Psychologin, eine Gesprächstherapeutin sowie Fachkolleginnen und -kollegen der Moraltheologie. Ihnen allen danke ich sehr! Kritische Rückmeldungen und Hinweise habe ich gerne angenommen und eingearbeitet. Ich führe dies deshalb ausdrücklich an, weil ich damit die Hoffnung verbinde, dass gerade auch durch diese Anregungen und Hilfestellungen die vorliegenden Ausführungen zu den einzelnen Themen der Sexualmoral nicht eine vorwiegend männlich-zölibatär geprägte Sichtweise der Sexualität widerspiegeln. Eine solche wird der katholischen Sexualmoral ja vielfach vorgeworfen, da in ihr die Sicht und Erfahrung der Sexualität von Ehepaaren und besonders der Frauen zu wenig berücksichtigt worden ist.

Mein herzlicher Dank gilt schließlich Bischof Karl Golser für das Vorwort und Prof. Sigrid Müller für das Nachwort. Leider stand mir die Publikation „Zukunftshorizonte katholischer Sexualethik" (Questiones disputatae, Bd. 241), hrsg. von Konrad Hilpert, Freiburg i. Br. 2011, noch nicht zur Verfügung. Den Kollegen Günter Virt und Werner Wolbert danke ich aber, dass ich ihre Beiträge „Sexualität und AIDS" bzw. „Zur Interpretation und Rezeption einiger biblischer Texte zur Sexualmoral" vorab lesen durfte.

Brixen/Innsbruck, im Juni 2011

P. Martin M. Lintner OSM

Erstes Kapitel
Sexualität im Alten Testament

„Gott sah alles an, was er gemacht hatte: Es war sehr gut" (Gen 1,31). Gilt das auch für die Sexualität? Der Bibel sind keine menschlichen Erfahrungen fremd, auch nicht im Bereich der Sexualität.[17] Sie benennt deren schöne Seiten ebenso und bejaht sie, wie sie die dunklen zur Sprache bringt und verurteilt. Sie tut dies unumwunden und ungeschminkt, sodass ihre Lektüre manchem späteren Leser die Schamesröte ins Gesicht trieb. Vielleicht ist das einer der Gründe dafür, dass es den Laien in der katholischen Kirche bis zur Mitte des 18. Jahrhunderts nicht bzw. nur in Ausnahmefällen dank Sondergenehmigungen gestattet war, die Heilige Schrift in ihrer Muttersprache zu lesen.[18] Die ersten Ausgaben in der jeweiligen Landessprache, die vom Heiligen Stuhl approbiert werden mussten, haben – im Unterschied zu den protestantischen Bibelausgaben – viele Passagen mit explizit sexuellem Inhalt ausgelassen. Allerdings wird in der Bibel keine Systematik entfaltet. Sie überliefert vielmehr die oft allzu menschlichen Erfahrungen und sinnt über sie im Licht des Glaubens nach. Sie besingt das Glück frisch verliebter Menschen (Hld) und ordnet an, dass der Neuvermählte ein Jahr lang vom Heeresdienst befreit werde, damit er seine Frau erfreue (Dtn 24,5); sie lädt ein, dass der Gatte trunken sei von den Liebkosungen seiner Gattin und sich an ihrer Liebe berausche (Spr 5,19); sie berichtet aber auch von inzestuösen Beziehungen (Gen 19,30–38) und davon, wie eine Frau als Dirne verkleidet ihren Schwiegervater verführt (Gen 38); sie weiß, dass Ehebruch Familien zerstört (2 Sam 11), und kennt das Leid von Frauen, deren aufblühendes Leben durch sexuelle Gewalt erstickt wird und die einsam an ihrem Schicksal zerbrechen (2 Sam 13). Selbst vor der Schilderung schlimmster Sexualverbrechen wie einer mehrfachen Vergewaltigung mit Todesfolge der geschändeten Frau schreckt sie nicht zurück (Ri 19).

DIE MACHT VON SEXUALITÄT UND SCHÖNHEIT: SEGEN UND VERHÄNGNIS

Die Erfahrung der sexuellen Anziehung zwischen den Geschlechtern sowie der sexuellen Vereinigung gehört zu den Weisen der Gotteserfahrung.

Wie die meisten Religionen kennen auch das Juden- und Christentum einen Zusammenhang zwischen Eros und Glauben. Die Bibel weiß um die Anziehungskraft zwischen den Geschlechtern und deutet sie als fruchtbare Kraft der Liebe, die zur Gottesebenbildlichkeit des Menschen gehört: Er ist es nicht nur als Mann oder als Frau, sondern als „Mann und Frau" in ihrer Bezogenheit aufeinander, durch die Gottes schöpferische Liebe in der Geschichte weiterwirkt. Darin gründen der Fruchtbarkeitsauftrag (Gen 1,27–28) und der Segen der Nachkommenschaft (Ps 127). Der historisch ältere Schöpfungsbericht in Gen 2 sieht in der geschlechtlichen Attraktion das Band, das zwei Menschen aneinander bindet, sodass sie *ein* Fleisch werden. Dies beschränkt sich nicht auf den Moment der sexuellen Vereinigung, sondern begründet eine Lebensgemeinschaft, die den einzelnen Menschen der Einsamkeit entreißt (Gen 2,18–24).

Die Bibel weiß um die positive Kraft der leiblichen Schönheit. Die Schönheit wird in den Schriften des Alten Testaments durchwegs als Gabe und Segen Gottes gepriesen. Sie entzündet die Liebe. Es wird gelobt, wenn eine Frau ihre Schönheit pflegt durch Baden, Parfümieren, Salben, Schmuck. Dies wird als Ausdruck eines positiven Lebensgefühls angesehen, wofür auch eine ausgeprägte Freude an der Schönheit sowie die Selbstverständlichkeit der Liebe stehen. Besonders vor der intimen Begegnung hat die Körperpflege ihren festen Platz, etwa im Hld 1,3 oder im Buch Ester, wo beschrieben wird, wie die Frauen – unter ihnen auch die Königin Ester – ein Jahr lang durch richtige Kost und sorgfältige Körperpflege auf die Begegnung mit dem König vorbereitet wurden:

„Zwölf Monate lang waren die Mädchen gepflegt worden; denn so lange dauerte ihre Schönheitspflege: sechs Monate Myrrhenöl und sechs Monate Balsam und andere Schönheitsmittel der Frauen." (2,12)[19]

Nur in Klammer sei kritisch angemerkt, dass diese und andere Stellen – gleichsam als Kehrseite des Lobes der Schönheit – aber auch deutlich machen, wie sehr das Frauenbild des Alten Testaments vordergründig geprägt ist von der Hinordnung der Frau auf den Mann, dem sie zu gefallen und zu Diensten zu sein hat. Diese Texte sind von Männern niedergeschrieben worden: Ihr Frauenbild, ihre Phantasien und Projektionen sind mit eingeflossen.

Die Bibel weiß auch um die mögliche negative Macht der Schönheit. Diese kann einer Frau zum Verhängnis werden, wie z. B. der keuschen Susanna (vgl. Dan 13) oder Batseba, der Frau des Urija (vgl. 2 Sam 11). Die Schönheit betört und verstört, sie lässt – v. a. die Männer – die Vernunft verlieren. So offenbart sie auch die Schwäche des Menschen, ihr nicht widerstehen zu können und alle Energie darauf zu verwenden, in den Genuss von Schönheit zu kommen, der besonders in der sexuellen Lust seinen Höhepunkt findet. Schönheit kann so auch zu einem Mittel der Verführung werden. In den Büchern Ester und Judit wird die Schönheit von Frauen Werkzeug der Rettung des Volkes: Ester nutzt ihre Schönheit aus, um einen Tabubruch begehen zu können, nämlich unangemeldet vor den König, ihren Gemahl, zu treten, und für ihr Volk Fürbitte einzulegen: Dieser erliegt ihrem Liebreiz und gewährt ihr die Bitte. Auch Judit setzt ihre Schönheit in Szene und nützt die Schwäche des Holofernes aus, um bis in sein Schlafgemach vorzudringen, ihn dort zu betören und so schließlich zu töten (vgl. Jud 10,3–4.7.19.23).

DAS HOHELIED

Ob es dieses Buch heute in den Kanon der Heiligen Schrift schaffen würde? Das Hohelied, eine Sammlung weltlicher Liebes- und Brautlieder, besingt in erotisch kühnen Bildern die Liebe zweier Menschen, die einander voll Verlangen suchen und sich an verborgenen Orten lustvoll dem Liebesspiel hingeben, obwohl sie noch nicht verheiratet sind.[20] Das Hohelied weiß um die Kraft der erotischen Anziehung, der sich zwei einander Liebende nicht entziehen können:

„Des Nachts auf meinem Lager suchte ich ihn, den meine Seele liebt. Ich suchte ihn und fand ihn nicht. Aufstehen will ich, die Stadt durchstreifen, die Gassen und Plätze, ihn suchen, den meine Seele liebt. Ich suchte ihn und fand ihn nicht. Mich fanden die Wächter bei ihrer Runde durch die Stadt. Habt ihr ihn gesehen, den meine Seele liebt? Kaum war ich an ihnen vorüber, fand ich ihn, den meine Seele liebt. Ich packte ihn, ließ ihn nicht mehr los, bis ich ihn ins Haus meiner Mutter brachte, in die Kammer derer, die mich geboren hat." (3,1–4)

Ob das Hohelied aufgrund dieser überwältigenden Kraft des Eros wiederholt ermahnt: „Stört die Liebe nicht auf, weckt sie nicht, bis es ihr selbst gefällt"? Auch die leibliche Schönheit wird in lieblichen und ausdrucksstarken Bildern besungen:

„Schön bist du, meine Freundin, ja, du bist schön. Hinter dem Schleier deine Augen wie Tauben. Dein Haar gleicht einer Herde von Ziegen, die herabzieht von Gileads Bergen. Deine Zähne sind wie eine Herde frisch geschorener Schafe, die aus der Schwemme steigen. Jeder Zahn hat sein Gegenstück, keinem fehlt es. Rote Bänder sind deine Lippen; lieblich ist dein Mund. Dem Riss eines Granatapfels gleicht deine Schläfe hinter dem Schleier. Wie der Turm Davids ist dein Hals, in Schichten von Steinen erbaut; tausend Schilde hängen daran, lauter Waffen von Helden. Deine Brüste sind wie zwei Kitzlein, wie die Zwillinge einer Gazelle, die in den Lilien weiden … Alles an dir ist schön, meine Freundin; kein Makel haftet dir an. Komm doch mit mir, meine Braut!" (4,1–5.7–8a).

Der Zauber der Liebe und die Freude an der Lust werden besungen:

„Verzaubert hast du mich, meine Schwester Braut; ja verzaubert mit einem (Blick) deiner Augen, mit einer Perle deiner Halskette. Wie schön ist deine Liebe, meine Schwester Braut; wieviel süßer ist deine Liebe als Wein, der Duft deiner Salben köstlicher als alle Balsamdüfte. Von deinen Lippen, Braut, tropft Honig; Milch und Honig ist unter deiner Zunge. Der Duft deiner Kleider ist wie des Libanon Duft. Ein verschlossener Garten ist meine Schwester Braut, ein verschlossener Garten, ein versiegelter Quell. Ein Lustgarten sprosst aus dir, Granatbäume mit köstlichen Früchten, Hennadolden, Nardenblüten, Narde, Krokus, Gewürzrohr und Zimt, alle Weihrauchbäume, Myrrhe und Aloe, allerbester Balsam." (4,9–14)

Die Geliebte antwortet darauf in berührender Weise, dass erst die Liebe des Geliebten ihren Garten zum Erblühen bringe, gleichsam wie der Regen, sodass sie sich danach sehnt, dass ihr Geliebter zu ihr komme, um die Früchte ihrer Liebe zu genießen:

„Die Quelle des Gartens bist du, ein Brunnen lebendigen Wassers, Wasser vom Libanon. Nordwind, erwache! Südwind, herbei! Durchwehe meinen Garten, lasst strömen die Balsamdüfte! Mein Geliebter komme in seinen Garten und esse von den köstlichen Früchten." (4,15–16)

Und weiter:

„Ich gehöre meinem Geliebten, und ihn verlangt nach mir. Komm, mein Geliebter, wandern wir auf das Land, schlafen wir in den Dörfern. Früh wollen wir dann zu den Weinbergen gehen und sehen, ob der Weinstock schon treibt, ob die Rebenblüte sich öffnet, ob die Granatbäume blühen. Dort schenke ich dir meine Liebe." (7,11–13)

Interessant und vielsagend ist schließlich noch, dass im Hohelied zwei Begriffe für die Liebe verwendet werden: Wiegt zunächst ein Pluralbegriff vor, wird dieser schließlich abgelöst von einem Singularbegriff. Papst Benedikt XVI. weist in der Enzyklika *Deus caritas est* darauf hin, dass darin eine Bewegung von einer zunächst unsicheren, unbestimmt suchenden Liebe hin zu jener Liebe stattfindet, die die Entdeckung des Anderen ist und den egoistischen Grundzug der unbestimmt suchenden Liebe überwindet: Diese Liebe eint die zwei Liebenden mehr und mehr, sodass sie, obwohl sie zwei Liebende bleiben, immer mehr eins werden.[21] Diese Liebe verbindet und bindet; und sie wirkt wie eine mehrfach gewundene Schnur, die hilft, den Schwierigkeiten zu trotzen: „Wenn jemand einen Einzelnen auch überwältigt, zwei sind ihm gewachsen, und eine dreifache Schnur reißt nicht so schnell." (Koh 4,12). Diese Liebe überwindet nicht nur alle Schwierigkeiten, sie trotzt selbst dem Tod:

„Leg mich wie ein Siegel auf dein Herz, wie ein Siegel an deinen Arm! Stark wie der Tod ist die Liebe, die Leidenschaft ist hart wie die Unterwelt. Ihre Gluten sind Feuergluten, gewaltige Flammen. Auch mächtige Wasser können die Liebe nicht löschen; auch Ströme schwemmen sie nicht weg." (Hld 8,6–7a)

Der Apostel Paulus wird im *Hohelied der Liebe* schreiben: Die Liebe „erträgt alles, glaubt alles, hofft alles, hält allem stand" (1 Kor 13,7). Für die Menschen Israels jedenfalls war die menschliche Erfahrung des Eros die hoffnungsvolle Zusage, dass Gott sich nach dem Menschen sehnt. Die sexuelle Erfahrung kann in diesem Sinn zum „Einfallstor Gottes" werden. Bei Hosea wird der Bund Gottes mit Israel als Ehebund bezeichnet, dem Gott treu bleibt, auch wenn sich sein Volk wie eine Dirne fremden Göttern hingibt.[22] Gott ist der, der als der Liebende und Schützende immer anwesend ist und seinem Volk nachgeht. Deshalb ist die Erfahrung der Liebe eine heilige Sache.

Abschließend sei noch betont, dass es in den Liedern des Hoheliedes „offensichtlich die Frau ist, die mit ihrer Liebesfähigkeit dem Tod und allen lebensfeindlichen Kräften entgegentreten kann, während der Mann der (emotional) Gefährdete und zu Beschützende ist"[23].

DIE GESCHLECHTLICHE LIEBE: FÜR EINEN MENSCHEN VERANTWORTLICH WERDEN

Für den Geschlechtsverkehr benutzt die Bibel bevorzugt das Verb „erkennen": Das ist mehr als nur die körperliche Begegnung, es ist der personale Akt, die Partnerin bzw. den Partner zu entdecken, kennen zu lernen und anzuerkennen. Es ist ein Prozess, der Vertrauen, Achtung und Ehrfurcht voreinander verlangt. „Die Liebe wird nun Sorge um den Anderen und für den Anderen. Sie will nicht mehr sich selbst – das Versinken in der Trunkenheit des Glücks –, sie will das Gute für den Geliebten."[24] Sorge um die geliebte Person macht für diese verantwortlich.

Die Bibel weiß, dass der Mensch in der genitalen Nacktheit nicht nur körperlich, sondern vor allem auch seelisch verwundbar wird. Der Sündenfall in Gen 3 ist im ursprünglichen Sinn kein sexuelles Vergehen. Adam und Eva erkennen in der genitalen Nacktheit ihre Verwundbarkeit und bedecken ihre Blößen, um sich zu schützen. Zu wissen, wie und wo jemand verletzlich ist, verleiht ungeahnte Macht über ihn. Macht aber verlangt nach Verantwortung. Wer jemanden nackt sieht, seine Blößen kennt, die im Bereich der Genitalität als der Scharnierstelle der leiblich-seelischen Einheit eines Menschen berührbar werden, wird für ihn verantwortlich. Die Geschlechtlichkeit, die Haut, der Körper sind der Ort, wo immer wieder sichtbar wird, wie verletzbar und zerbrechlich die Menschlichkeit ist.[25] Die Sexualität bedarf des Schutzes, der sittlichen Verantwortung und Normierung, weil sie anfällig ist für Gewalt und Missbrauch. Die Bibel weiß um die unheilvolle Verbindung von Gewalt und Sex, dass vor allem Männer vor keinen Mitteln zurückschrecken, um ihr sexuelles Begehren zu befriedigen, und dass sie dabei auch den Verstand verlieren, unvernünftig und kriminell werden können (Gen 19; Dan 13). Die Schönheit, als Segen Gottes gepriesen, kann einer Frau so leicht zum Verhängnis werden. Sie kann sie aber auch einsetzen als List und Mittel der Verführung, wissend, wie leicht Männer schwach werden und der Schönheit erliegen. Das Andenken an zwei Frauen (Ester und Judit) wird im Alten Testament gerühmt, weil sie so ihr Volk vor Verfolgung und Untergang gerettet haben.

Darüber hinaus weiß die Bibel, dass in der Sexualität nicht das Heil zu finden ist. Die Sakralisierung der Sexualität, wie sie etwa in den Religionen von benachbarten Völkern Israels vorkam, wird klar abgelehnt und sakrale Prostitution verboten.

Zu den tiefen und dunklen Abgründen menschlichen Lebens gehört die Erfahrung von Gewalt im sexuellen Bereich. Besonders Frauen sind diesen traumatischen Erfahrungen ausgeliefert. Die Bibel kennt deren Schicksal: Tamar ist eine von ihnen (2 Sam 13,1–22).[26] Amnon verliebt sich in seine schöne Halbschwester Tamar und entbrennt im Verlangen nach ihr. Für keinen vernünftigen Einwand ihrerseits ist er zugänglich. Auch ihr Zugeständnis, den rechtmäßigen Weg einer Heirat einzuschlagen, schlägt er aus. Schließlich vergewaltigt er sie. Dann aber wendet er sich voller Abscheu von ihr ab und lässt sie aus dem Haus werfen, obwohl sie ihn anfleht, sie nicht zu verstoßen. Um Amnon zu schützen, wird sie von ihrem Bruder Abschalom gedrängt zu schweigen; und in seinem Haus lebt sie fortan einsam und vergessen. Die Problematik sexueller Gewalt, die bis heute Frauen in endloser Zahl erleiden, zeigt sich in drei Momenten: (1) Die Liebe des Täters schlägt um in Hass. Die Selbstverachtung des Täters für seine Tat wird auf das Opfer projiziert und bricht sich Bahn im Hass gegen das Opfer. Das Verhaltensmuster *blaming the victim* (das Opfer zum Schuldigen machen) folgt vielfach dieser psychologischen Bewegung. (2) Desorientiert und traumatisiert wird die geschändete Frau ihrem Schicksal überlassen und verstoßen. (3) Und sie wird zum Schweigen genötigt: Sprich nicht darüber, tu dies deinem Halbbruder nicht an. Damit nimmt man ihr die Möglichkeit, die traumatischen Erlebnisse zur Sprache zu bringen, zu verarbeiten, zu bewältigen. Verschweigen, Verdrängen, Vertuschen, Vorrang des Schutzes des Täters vor der Hilfe für das Opfer … all das sind keine Erfindungen der heutigen Zeit. „Angesichts der großen Dunkelziffer im Zusammenhang mit sexueller Gewalt gilt es daher, der geschundenen Tamar zuzurufen: ‚Rede, meine Schwester, rede laut!'"[27]

DAS VERBOT DES EHEBRUCHS UND DIE KULTISCHEN REINHEITSVORSCHRIFTEN

Das Gebot „Du sollst nicht die Ehe brechen" (Ex 20,14; Dtn 5,18) ist in seiner ursprünglichen Intention den Eigentumsnormen zuzuordnen und zielt nicht auf die sittliche Regelung des sexuellen Verhaltens. Die Zählung, nach der dieses Gebot das sechste Gebot ist, geht auf Augustinus zurück. Seither wird alles über bzw. in Bezug auf dieses Gebot (lateinisch *de sexto* bzw. *in sexto*) nicht nur lautmalerisch, sondern auch inhaltlich auf die gesamte Sexualität bezogen: „Die Überlieferung der Kirche hat das sechste Gebot als auf die gesamte menschliche Geschlechtlichkeit bezogen verstanden."[28]

In der Bibel weist das Gebot auf eine patriarchale Sozialordnung hin, in der das Verbot des Ehebruchs den Schutz des „Eigentums Frau" und – im weiteren Sinn – des „Gutes Familie" bedeutet. Das wird auch dadurch deutlich, dass die Frau im neunten bzw. zehnten Gebot, das auf einen umfassenden Schutz der Güter eines freien Mannes zielt, erneut aufgezählt wird: „Du sollst nicht nach der Frau deines Nächsten verlangen, und du sollst nicht das Haus deines Nächsten begehren, nicht sein Feld, seinen Sklaven oder seine Sklavin, sein Rind oder seinen Esel, nichts, was deinem Nächsten gehört" (Dtn 5,21; vgl. auch Ex 20,17). Ganz allgemein bedeutet

> „der Ehebruch im Kontext des Alten Testaments ... einen Eingriff in die auf vertraglicher Basis geregelten Beziehungen der Eheleute wie der gesamten Familie mit den Folgen einer möglichen Zerstörung der materiellen und sozialen Lebensgrundlagen."[29]

Eine Frau allerdings konnte – aufgrund der schon genannten Ungleichheit von Mann und Frau in der patriarchalen Sozialordnung – nur die eigene Ehe brechen, der Mann nur die Ehe eines anderen Mannes. Der Besuch von Dirnen galt nicht als Ehebruch. Der Ehemann war in diesem Sinn nicht zur ehelichen Treue verpflichtet, im Unterschied zur verheirateten Frau. Tabu waren für ihn nur andere verheiratete Frauen.[30] Viele normative Regelungen dienten auf diesem Hintergrund in erster Linie dem Schutz der Frau vor männlicher Gewalt oder Willkür, besonders das Gebot, die Frau durch eine Scheidungsurkunde aus der Ehe zu entlassen (Dtn 24,1–4): Dieses sollte verhindern, dass eine Frau aus der Ehe verstoßen und zugleich dem Ehebruch ausgeliefert wird, auf den die Todesstrafe stand. Das Gebot, eine Jungfrau nach dem Beischlaf zu heiraten oder ihrer Familie den Brautpreis zu bezahlen (Ex 22,15–16), hatte hingegen weniger moralische als vielmehr wirtschaftliche Gründe, da eine entjungferte Braut auf dem Heiratsmarkt chancenlos war. Insgesamt ist zu beobachten, dass die Kritik an sexuellen Vergehen vordergründig aufgrund der dadurch bewirkten Verletzung der sozialen Ordnung und Gerechtigkeit motiviert ist und nicht durch eine negative Bewertung der Sexualität. Der Prophet Natan etwa öffnete mit der

Geschichte des reichen Mannes, der viele Schafe und Rinder besaß und dennoch das einzige Lämmchen des armen Mannes stahl, um es für einen Gast als Festmahl zuzubereiten, dem König David die Augen für die Verwerflichkeit seines Ehebruchs mit der Frau des Urija, der eine derart zerstörerische Dynamik angenommen hatte, dass der unschuldige Urija nicht nur um seine Frau, sondern sogar um sein Leben gekommen ist (vgl. 2 Sam 12,1–13). Es fand also keine negative Stigmatisierung der Sexualität und in Folge des sexuellen Vergehens als solches statt. Interessant ist in diesem Kontext, dass im Stammbaum Jesu (vgl. Mt 1) von den vier Frauen, die angeführt werden (Tamar, Rahab, Rut und die Frau des Urija), drei im Zusammenhang mit einem sexuellen Vergehen stehen: Tamar, die als Dirne verkleidet ihren Schwiegervater verführt hat (vgl. Gen 38,13–17), Rahab, die in Jericho dem Gewerbe der Prostitution nachging (vgl. Jos 2), und eben die Frau des Urija, Batseba, die sich des Ehebruchs schuldig gemacht hat.

Auch die Reinheitsvorschriften in Lev 12 und 15, die Fragen rund um die Sexualität wie Menstruation, Samenerguss, Geschlechtsverkehr und Geburt regeln, bedeuten in ihrer ursprünglichen Intention keine negative Sicht der Sexualität oder des Geschlechtsverkehrs, ja sie betreffen gar nicht die Sexualität als solche, sondern es geht um die kultische Reinheit. In der schriftlichen Form, in der sie überliefert werden, stammen sie größtenteils aus der Zeit nach dem Babylonischen Exil (598–539 v. Chr.), bewahren aber ältere Traditionen und praktizierte Kultvorschriften. Zur ihrem Verständnis ist zu beachten, dass zwischen Alltagsleben und kultischem Leben keine strenge Linie gezogen war. Besonders in der nachexilischen Gemeinde hat das Religiöse den Alltag ganz bestimmt und durchformt. Nach damaligem Verständnis wurde die kultische Reinheit durch jede Form von Verunreinigung zerstört. Dazu zählten alle körperlichen Sekrete wie Schleim, Blutungen und Samenflüssigkeit, aber auch Wundflüssigkeit oder Eiter. Die Vermischung von Sekreten, etwa wenn ein Mann mit einer Frau während der Menstruation verkehrte, galt als besonders schwere Form von Verunreinigung. Der genealogische Hintergrund dieser kultischen Vorschriften sind wahrscheinlich hygienische Gründe, aber auch Vorschriften des Anstands und der guten Sitten. Die kultischen Reinheitsvorschriften betreffen also:

„einen Mann, der einen Ausfluss hat, einen, den ein Samenerguss unrein gemacht hat, und die Frau in der Unreinheit ihrer Regel, also den Mann oder die Frau mit Ausfluss und den Mann, der mit einer unreinen Frau schläft" (Lev 15,32–33), sowie die Frau bei der Geburt eines Kindes:

„Wenn eine Frau niederkommt und einen Knaben gebiert, ist sie sieben Tage unrein, wie sie in der Zeit ihrer Regel unrein ist. … Dreiunddreißig Tage soll die Frau wegen ihrer Reinigungsblutung zu Hause bleiben. … Wenn sie ein Mädchen gebiert, ist sie zwei Wochen unrein wie während ihrer Regel. Sechsundsechzig Tage soll sie wegen ihrer Reinigungsblutung zu Hause bleiben." (Lev 12,2.4a.5)

Der gewichtigere Grund dieser kultischen Reinheitsvorschriften im Bereich der Sexualität ist aber in der Auffassung der Menschen jener Zeit zu suchen, dass durch den Verlust von Blut, welches als Lebenskraft und Sitz des Lebens angesehen wurde, ein Mensch geschwächt war und deshalb anfällig wurde für den negativen Einfluss von Dämonen und unreinen Geistern. Deshalb wurden Frauen, die Menstruationsblut oder Blut bei der Geburt verloren haben, als kultisch unrein angesehen: als geschwächt, hinfällig und anfällig für das Böse. Dies traf auch auf Männer zu, die beim Geschlechtsverkehr Samenflüssigkeit verloren. Die Erfahrung jeglicher Form von Erschöpfung und Schwäche in Zusammenhang mit der Sexualität, also bei Geschlechtsverkehr, Geburt oder Menstruation, begründet diese kultischen Vorschriften, nicht jedoch eine negative Einschätzung von Sexualität oder Geschlechtsverkehr.[31] Grundsätzlich herrscht im Alten Testament vielmehr ein positives Verhältnis zur Sexualität und zur körperlichen Schönheit vor.

Es weist aber auch darauf hin, dass die Schönheit und die erotische Anziehung zwischen den Geschlechtern Mittel der Verführung und Auslöser von Gewalt werden können, da der Mensch, besonders der Mann, auf der Ebene der Sexualität schwach ist. Von einer naiven Idealisierung oder Verherrlichung der Sexualität und Schönheit ist das Alte Testament weit entfernt. Leib- und sexualfeindliche Tendenzen sind erst ab dem 5. Jahrhundert v. Chr. bemerkbar, also in nachexilischer Zeit.[32] Diese tendenziösen Anspielungen in den jüngsten Schriften des Alten Testaments sind jedoch vielfach hellenistisch beeinflusst, so z. B. das Buch Tobit (um 200 v. Chr.). Nur durch Gebete und magische Riten vermochte Tobit den Dämon zu besiegen, der schon sieben Männer, die in deren Hochzeitsnacht mit einer Frau namens Sara verkehren wollten, das Leben gekostet hat. Tobit aber betet in seiner Hochzeitsnacht, bevor er sich zum ersten Mal zu seiner Braut ins Bett legt:

„Herr, ich nehme diese meine Schwester nicht aus reiner Lust zur Frau, sondern aus wahrer Liebe. Hab Erbarmen mit mir, und lass mich gemeinsam mit ihr ein hohes Alter erreichen! Und Sara sagte zusammen mit ihm: Amen. Und beide schliefen die Nacht über miteinander." (8,7–9)

So bleibt Tobit am Leben.

Grundsätzlich ist also zusammenfassend festzuhalten, dass das Menschenbild des Alten Testaments geprägt ist von der positiven Sicht und Annahme der Sexualität und der geschlechtlichen Liebe. Die Bibel kennt die Eigengesetzlichkeit auch der erotischen Liebe und will sie nicht in ein enges Korsett von moralischen Normen zwängen. Die Normen stellen vielmehr einen Schutz dar vor möglichem Missbrauch der Sexualität, durch den Menschen ausgebeutet oder zu Opfern werden. Es geht den Normen des Alten Testaments wesentlich auch darum, einen Menschen nie auf seine Sexualität zu reduzieren und die Intimsphäre der partnerschaftlichen Liebe zu schützen. Bei allen kultur- und zeitbedingten Aussagen der Heiligen Schrift zieht sich dies wie ein roter Faden durch. Daraus jedoch eine Tabuisierung oder Diskriminierung der Sexualität abzuleiten, stellt einen Verrat an der Bibel dar.[33]

Zweites Kapitel

Sexualität im Neuen Testament

Wie stand Jesus zur Frage von Sexualität und Beziehung? Manche Autoren versuchen mit oft blühender Phantasie, ihm ein Verhältnis zu Maria Magdalena nachzuweisen. Allerdings finden sich in den Texten der Evangelien dafür keine Indizien. Doch erregte sein Verhalten gegenüber Frauen Anstoß bei vielen seiner Zeitgenossen. Nur das apokryphe Philippusevangelium aus dem späten 3. Jahrhundert lässt die Interpretation zu, Maria Magdalena sei die Partnerin Jesu gewesen.[34] Aus den Texten des Neuen Testaments geht hingegen hervor, dass Jesus die für seine Zeitgenossen anstößige Ehelosigkeit gelebt hat und damit seiner Pflicht als männlicher Jude, Nachkommen zu zeugen, nicht nachgekommen ist. Für Jesus war das anbrechende Reich Gottes derart dringlich, dass er alles auf diese eine Karte gesetzt und familiäre Bande als zweitrangig angesehen hat: sowohl zu den Eltern als auch zu Frau und Kindern (Lk 14,26). Das Reich Gottes sah er in seinem Wirken angebrochen: Er bezeugte die ungeteilte Zuwendung Gottes zu jedem Menschen. „Um des Himmelreiches willen" – nach Mt 19,12 – nur darin liegt für Jesus der Sinn gewollter Ehelosigkeit.

JESUS UND DIE FRAUEN

War für die Zeitgenossen Jesu schon seine ehelose Lebensform anstößig, so war es sein Verhalten gegenüber den Frauen noch mehr. In einem stark patriarchal geprägten Umfeld, das Frauen strukturell benachteiligte, und in dem sie leicht geächtet oder recht- und mittellos wurden, setzte sich Jesus über soziale und religiöse Konventionen hinweg und pflegte einen unbekümmerten Umgang mit Frauen: Er sprach fremde Frauen an; so suchte er zum Erstaunen und Missfallen seiner Jünger das Gespräch mit der Frau am Jakobsbrunnen, einer Ausländerin, Ungläubigen und Ehebrecherin; er hatte keine Berührungsängste mit Prostituierten, moralisch fragwürdigen Frauen, oder mit kranken, kultisch unreinen Frauen; er machte sich stark für das Recht von Witwen und nahm eine Ehebrecherin in Schutz; er sprach gut und mit Wertschätzung von Frauen und stellte sie in Gleichnissen als Vorbilder hin; fromme und selbstgerechte Männer provozierte er, indem er Dirnen mehr Glauben als ihnen bestätigte. Im Unterschied zu anderen Wanderpredigern oder Rabbinern befanden sich in seinem Gefolge auch Frauen, eine damals anrüchige Sache.[35] Diese Frauen aber waren es, die beim Tod Jesu nicht geflohen sind wie die Männer, sondern gemeinsam mit der Mutter Jesu beim Kreuz ausgeharrt und Jesus begraben haben. Eine Frau, Maria Magdalena, ist schließlich die erste Zeugin des Auferstandenen geworden.

Maria Magdalena ist eine der wenigen Frauen, die in der Bibel nicht über die Beziehung zu einem Mann identifiziert werden als „Tochter, Frau oder Mutter des ...". Wer ist diese Frau, die Jesus noch einen letzten Liebesdienst erweisen und seinen Leichnam mit wohlriechendem Balsam einsalben wollte? Nach Lukas hat Jesus sie von sieben Dämonen geheilt (Lk 8,2). Auch wenn es dafür biblisch keine Anhaltspunkte gibt, wurde sie später fast in der gesamten Tradition mit jener stadtbekannten Dirne identifiziert, die Jesus während eines Mahles im Haus eines Pharisäers die Füße gesalbt hat (Lk 7,37–38), eine Geste, die bei Johannes Maria, der Schwester des Lazarus, zugeschrieben wird (Joh 12,3–4). Diese Geste musste, ebenso wie die Salbung des Hauptes durch eine Unbekannte (Mk 14,3), von den Anwesenden nicht nur als peinlich, sondern als frivol und die gute Sitte verletzend empfunden worden sein, vor allem, dass Jesus es zuließ, sich in der Öffentlichkeit unsittlich berühren zu lassen.[36] Schließlich galten das Öffnen des Haares der Frau, das Küssen und Salben der Füße oder des Hauptes als erotische Gesten, die allein dem Ehemann zuteilwerden durften. Jesus aber sah die Frau, die ihm Liebe und Hingabe erweisen wollte. Er war frei, dies anzunehmen in der Sprache, die dieser Frau eigen und vertraut war, ohne sie zu verurteilen oder sie selbstschützend ab- oder zurechtzuweisen. Jesus erwies sich als Meister in der Empathie, nämlich ganz von sich selbst absehen und sich ganz auf die Frau einlassen zu können. Im Unterschied zu den wohl meisten der anwesenden Männer, sah er in der Frau nicht ein Objekt sexueller Begierde, sondern einen Menschen, der nach Annahme, Anerkennung und Liebe hungerte. Und diese Anerkennung hat er ihr entgegengebracht, diese Liebe hat er ihr geschenkt, wenn auch nicht in der Sprache der körperlichen Hingabe. Körperliche Hingabe nämlich bindet zwei Menschen auf eine Weise, die Jesus der Ehe vorbehält, wie er in der Diskussion über die Ehescheidung (Mk 10,1–12 par.) unter Berufung auf Gen 2,24 betont.

Mit Gen 1,27 begründet Jesus die gottgewollte Ebenbürtigkeit von Frau und Mann, womit er sich von der männerdominierten Mentalität seiner

Zeit deutlich abhebt. Interessanterweise bezieht sich Jesus zur Legitimation der Ehe aber nicht auf den Fruchtbarkeitsauftrag in Gen 1,28. Er lehnt Ehescheidung ab und stellt sie dem Ehebruch gleich. Die Ausnahmeregelung der Scheidungsurkunde (Dtn 24,1) sieht er nur als Zugeständnis aufgrund der Hartherzigkeit des Mannes, damit eine Frau nicht dieser Hartherzigkeit zum Opfer fällt: weder innerhalb der Ehe noch als aus der Ehe Verstoßene. Das bedeutet, dass nach Jesus die eheliche Bindung von „herzlicher Liebe" getragen sein soll, die ganzheitliche Liebe ist. Das Herz steht in der Bibel nämlich immer für den ganzen Menschen: für sein Denken, Fühlen und Handeln.

In der Bergpredigt bezeichnet Jesus den begehrenden Blick auf eine Frau bereits als Ehebruch mit ihr (Mt 5,28). Das Begehren trachtet danach, das Begehrte zu besitzen (vgl. das 9. und 10. Gebot). Darin klingt die Tradition durch, der es um Wahrung des Eigentumsrechts des Mannes ging. Im Spiegel der Lehre Jesu und seines Verhaltens gegenüber den Frauen aber erschließt sich diese Aussage als eindringliche Mahnung, eine Frau in ihrer Integrität als Mensch anzuerkennen und nicht als Besitz oder Objekt. Jesus betont, dass die Qualität der Beziehung zu einer Frau durch die Regungen des Herzens und die Gesinnung, den „inneren Blick", bestimmt wird und nicht durch ein Gesetz geregelt werden kann. Das hebräische Wort für „begehren" beinhaltet aber nicht nur die Gesinnung, sondern auch die im Herzen bereits getroffene Entscheidung, das Objekt der Begierde zu ergreifen: Am Anfang einer Tat steht die innere Entscheidung, die der Gesinnung entspringt. Der begehrliche Blick kann in diesem Sinne nicht einfach als „lüsterner Blick" übersetzt werden. Die eindringliche Mahnung Jesu unterstreicht psychologisch feinfühlig den Zusammenhang zwischen Wünschen und Tun im Bogen von der intendierten zur begonnenen und schließlich vollendeten Tat: „Wer sich auf den Weg zum Ehebruch begibt, hat die Ehe schon gebrochen."[37]

Die Einstellung Jesu zu Ehescheidung und Ehebruch bedeutet eine Stärkung der Position der Frau, die in der Regel die schwächere und leicht übervorteilbare Seite darstellte. Jedenfalls zeigt das Verhalten Jesu selbst, dass er zwar die Sünde des Ehebruchs verurteilt, zugleich aber in der konkreten Begegnung mit der Ehebrecherin in Joh 8,2–11 die Frau nicht verurteilt. Vielmehr verweist er in der Antwort an die Ankläger und bereitwilligen Vollstrecker des Todesurteils, die schon die Steine wurfbereit in ihren Händen wiegen, darauf, „dass es im menschlichen Leben ohne Sünde nicht abgehen kann"[38].

DIE UNZUCHTSKLAUSEL IM MATTHÄUSEVANGELIUM

Die sogenannte Unzuchtsklausel, wonach im Falle von Unzucht die Entlassung der Frau aus der Ehe erlaubt ist, spiegelt die Erfahrung wider, dass selbst in den urkirchlichen Gemeinden das Ideal der Ehe nicht immer erreicht worden ist, sodass es Ausnahmen geben konnte, um die Härte des Gesetzes zu entschärfen. Allerdings findet sich diese Klausel nur bei Matthäus (5,32; 19,9), nicht aber bei der Parallelstelle in Lukas (18,20). Überhaupt stellt sich die Frage, was hier unter „Unzucht" (*porneia*) gemeint ist. Von der Verwendung des Begriffs in den neutestamentlichen Schriften her ist damit nicht ein einmaliger Seitensprung bezeichnet, sondern Prostitution und Hurerei, also die völlige Preisgabe der ehelichen Treue.[39] Das bedeutet also, dass auch Matthäus einen einmaligen Seitensprung nicht als Grund für die Ehescheidung anerkennt. Dadurch wird ein solcher ehelicher Treuebruch nicht verharmlost, sondern es wird umgekehrt die Rückkehr zur ehelichen Treue eingemahnt: „Sündige von jetzt an nicht mehr!" (vgl. Joh 8,11). Im Licht der jesuanischen Ethik ist den Ehepartnern damit auch aufgegeben, um Vergebung zu bitten sowie zu vergeben, was von beiden intensive Beziehungsarbeit erfordert.

Die orthodoxen Kirchen haben sich in ihrer Praxis auf die Tradition des Matthäus gestützt und kennen die einmalige Möglichkeit einer Scheidung und Wiederheirat; die abendländische bzw. römisch-katholische Kirche hingegen stützt sich auf die Tradition des Lukas und kennt die Möglichkeit einer Ehescheidung nicht. Sie anerkennt nur eine Trennung von Tisch und Bett ohne Möglichkeit einer Wiederheirat, bzw. die Annullierung der Ehe, d. h. die Feststellung ihrer Ungültigkeit von Anfang an. In diesem Fall ist eine kirchliche (Wieder-)Heirat möglich. Die Annullierung der Ehe ist jedoch von einer Ehescheidung strikt zu unterscheiden.

Zusammenfassend zur Frage der Einstellung Jesu zur Sexualität kann mit der kritischen Studie des US-amerikanischen evangelischen Pfarrers Raymond J. Lawrence festgehalten werden:

„In den Texten (des NT; Anm. d. Verf.) findet das Bild Jesu als Frauenbefreier und Befreier der sexuellen Lust reichlichen Rückhalt. Das macht Jesus durchaus nicht zum gesetzlosen Draufgänger – weit davon entfernt. Aber es stellt ihn als eine Persönlichkeit vor, die die Bande der sexuellen Konvention lockert, vor allem die Bande, mit denen man das Verhalten der Frauen stark eingeschränkt hatte. Wann immer in einer Kultur Frauen befreit werden, wird mit ihnen kraft Definition auch die sexuelle Lust befreit."[40]

PAULUS UND DER RAT ZUR EHELOSIGKEIT

Paulus kann nur verstanden werden im Kontext seiner Bildung und Umwelt. Er war ein Mann dreier Kulturen: Er war jüdischer Herkunft und Religion, Bürger des Römischen Reiches und in seiner philosophischen Grundbildung hellenistisch beeinflusst.

Zu seiner Zeit war die stoische Philosophie vorherrschend. Die Stoa verkündete in unterschiedlichen Ausprägungen ein neues Ideal des Menschen, indem sie ihn von allem befreien wollte, was ihn gefangen hielt oder eingrenzte. Sie sah die Befreiung des Menschen darin, aus ihm ein rein geistiges Wesen zu machen. Dank des Geistes sah die Stoa den Menschen befähigt, die göttliche Ordnung im Kosmos zu erkennen und sich ihr einzufügen. Dafür musste sich der Mensch auch von den körperlichen Banden lösen. Dies geschah in der Kontrolle der Affekte und in der Überwindung der Begierden. Verbreitet waren im Volk Lasterkataloge, die in leicht merkbarer Form Verhaltensweisen benannten, die den Weg der geistigen Befreiung behinderten.

In Gal 5,19–21 führt Paulus einen Lasterkatalog an und nennt als „Werke des Fleisches" u. a. Unzucht, Unsittlichkeit, ausschweifendes Leben. Darin schließt er jede Form von homo- und heterosexueller Unzucht ein (vgl. Röm 1,26f; 1 Kor 5). Damit wertet Paulus jedoch nicht den Körper oder die Sexualität negativ ab. Wenn er nämlich vom „Fleisch" spricht, dann meint er damit den ganzen Menschen, der in seine Endlichkeit und Zeitlichkeit eingeschlossen bleibt und darin den letzten Sinn des Lebens sucht. Der „neue Mensch" hingegen hat nicht nur, wie bei der Stoa, kraft seiner Vernunft an der Ordnung des Kosmos teil und ist in dessen harmonisches Gefüge eingebunden, sondern hat dank des Heiligen Geistes am Leben in Christus, dem Haupt des mystischen Leibes der Kirche, und an seiner Auferstehung Anteil. Der ganze Mensch, Körper und Sexualität mit eingeschlossen, wird dadurch geprägt. Im Unterschied zur Stoa geht es Paulus nicht um Überwindung oder Ablehnung des Körpers und seiner Bedürfnisse, sondern um dessen „Heiligung: Das bedeutet, dass ihr die Unzucht meidet, dass jeder von euch lernt, mit seiner Frau in heiliger und achtungsvoller Weise zu verkehren, nicht in leidenschaftlicher Begierde" (1 Thess 4,3). Der Unzucht, die auch bei Paulus in der Preisgabe der ehelichen Treue durch Promiskuität, Prostitution und käufliche Liebe besteht[41] – also „Kauf" des Körpers eines anderen Menschen bzw. „Verkauf" des eigenen Körpers –, hält Paulus in einem Tugendkatalog die „Früchte des Geistes" entgegen wie Liebe, Treue, Selbstbeherrschung (Gal 5,22–23).

Treue, Selbstbeherrschung und Vermeidung von Ausschweifung gehören bei Paulus zu den ethischen Mindeststandards.

Die ganzheitliche Sicht des Menschen als Einheit von Körper und Geist, von Leib und Seele ist ein zutiefst biblisches Wesensmerkmal des christlichen Menschenbildes: „Es lieben nicht Geist oder Leib – der Mensch, die Person, liebt als ein einziges und einiges Geschöpf, zu dem beides gehört. Nur in der wirklichen Einswerdung von beidem wird der Mensch ganz er selbst." Dass auch Paulus den Menschen immer als Ganzen sieht und nicht dualistisch gespalten in Körper und Geist[42], wird in 1 Kor 6–7 deutlich, wo er auf konkrete Anfragen aus der Gemeinde eingeht und, ohne systematische Entfaltung, wesentliche Aussagen zur Sexualität macht. Korinth war übrigens berühmt als Hochburg der Prostitution, also kein leichtes Pflaster für die erste christliche Gemeinde. Da gibt es die Einen, die meinen, der Gläubige sei derart vom Geist geprägt, dass ihn sein Körper gar nicht mehr berühren könne, sodass dem Geist selbst sexuelle Ausschweifungen mit Dirnen nichts mehr anhaben könnten. Ihnen hält Paulus entgegen:

„Der Leib ist nicht für die Unzucht da, sondern für den Herrn. Gott hat den Herrn auferweckt; er wird durch seine Macht auch uns auferwecken. Wisst ihr nicht, dass eure Leiber Glieder Christi sind? Darf ich nun die Glieder Christi nehmen und zu Gliedern einer Dirne machen? Auf keinen Fall! Oder wisst ihr nicht: Wer sich an eine Dirne bindet, ist ein Leib mit ihr? Denn es heißt: Die zwei werden ein Fleisch sein. Wer sich dagegen an den Herrn bindet, ist ein Geist mit ihm." (6,13–17)

In dieser Antwort macht Paulus deutlich, dass er nach jüdischer Tradition die Ehe als schöpfungsgemäßen Ort der sexuellen Vereinigung ansieht und dass er um deren bindende Kraft weiß. Dann gibt es die Anderen, die für den Gläubigen nur mehr den Weg sexueller Askese und Enthaltsamkeit sehen. Ihnen antwortet Paulus: „Wegen der Gefahr der Unzucht soll aber jeder seine Frau haben, und jede soll ihren Mann haben" (7,1–2). Im Unterschied zu einigen deuteropaulinischen Texten (z. B. Eph 5,21ff) anerkennt Paulus die Ebenbürtigkeit von Frau und Mann in der Ehe:

„Der Mann soll seine Pflicht gegenüber der Frau erfüllen und ebenso die Frau gegenüber dem Mann. Nicht die Frau verfügt über ihren Leib, sondern der Mann. Ebenso verfügt nicht der Mann über seinen Leib, sondern die

Frau. Entzieht euch einander nicht, außer im gegenseitigen Einverständnis und nur eine Zeitlang, um für das Gebet frei zu sein." (1 Kor 7, 3–5)

Die sexuelle Beziehung wird damit nicht einfachhin durch den Sachverhalt der Ehe legitimiert, auch nicht durch den Fruchtbarkeitsauftrag, sondern sie findet ihre Erfüllung in gegenseitiger Hingabe und Achtung. Paulus betont, dass auch innerhalb der Ehe die Beziehung zwischen den Partnern von Haltungen der Liebe und Treue getragen sein müssen, die in gegenseitiger Hingabe, im gegenseitigen Einverständnis und in Verantwortung füreinander Ausdruck finden. Als Wesen der Unzucht sieht er damit nicht irgendwelche sexuellen Handlungen an, sondern die Lieb- und Treulosigkeit. Es ist zudem bezeichnend, dass Paulus die Zeit der sexuellen Enthaltsamkeit im gegenseitigen Einverständnis, die im Deutschen mit „eine Zeitlang" übersetzt wird, nicht mit dem chronologischen Zeitbegriff (*chrónos*) benennt, sondern mit dem Begriff *kairòs* und ihn so als einen begrenzten Zeitabschnitt charakterisiert, der zugleich eine „Zeit der Gnade" ist, und zwar „um frei zu sein für das Gebet". Im Gebet können zwei Liebende ihre gemeinsame Sehnsucht nach Liebe auf Gott hin öffnen. So erhalten frei gewählte Zeiten der Enthaltsamkeit im gegenseitigen Einverständnis eine spirituelle Dimension, sie werden zur Erfahrung von Gnade, d. h. der göttlichen Liebe, durch die die menschliche Liebe gestärkt wird.

„Zusammenfassend lässt sich jedenfalls sagen, dass sich Paulus in 1 Korinther 7 ... gegen diejenigen ausspricht, die nach Art der damaligen Stoiker und Neuplatoniker die sexuelle Abstinenz propagierten. Wenn die Stoiker die sexuelle Enthaltsamkeit als Zeichen moralischer Leistung anpriesen, hatte Paulus offensichtlich daran kein Interesse."[43]

Der Rat zur Ehelosigkeit, den Paulus dennoch gibt, hat also andere Gründe als die negative Bewertung der Sexualität. Obwohl Paulus die Ehe und die sexuelle Liebe wertschätzt, spricht er nur von einem Zugeständnis und, im Unterschied zur jüdischen Tradition, von keiner Pflicht zur Ehe. Er macht kein Hehl daraus, dass er persönlich die ehelose Lebensform bevorzugt und zu dieser rät:

„Was die Frage der Ehelosigkeit angeht, so habe ich kein Gebot vom Herrn. Ich gebe euch nur einen Rat als einer, den der Herr durch sein Erbarmen vertrauenswürdig gemacht hat." (V 25)

Er sieht den Sinn der Ehelosigkeit aber darin, dass jemand frei wird für die Sache des Herrn. Bei diesem Rat spielt die Naherwartung der Wiederkunft Christi eine gewichtige Rolle. Wenn Paulus die Heirat als Zugeständnis an die sexuelle Schwäche eines Menschen sieht, damit er sich nicht in Begierde verzehre, dann bedeutet dies, dass er um die Kraft sexuellen Begehrens weiß und sie nicht verurteilt, sondern sie in die geordneten Bahnen der Liebe und Treue lenken will. Es kann aber auch das Ideal der Stoa sein, dessen damaliger Aktualität sich Paulus trotz der Distanzierung zu deren Lob der sexuellen Abstinenz nicht ganz entziehen konnte. Unter dem Einfluss der Stoa konnte sich Paulus vielleicht veranlasst sehen zu fordern, dass der Mensch die Begierden überwinden solle. Auf einen erstarkenden Einfluss der Stoa weist möglicherweise auch die Tatsache hin, dass in den neutestamentlichen Schriften im Unterschied zum alttestamentlichen Dekalog das Ehebruchsverbot vor dem Tötungsverbot angeführt wird (vgl. Röm 13,9; Jak 2,11; Lk 18,20), d. h., dass das zum Ehebruch führende sexuelle Begehren noch vor Mord und Totschlag als ein Grundübel angesehen wurde.

Zusammenfassend kann festgehalten werden, dass in der Bibel eine leib- und sexualbejahende Sicht vorherrscht, durch die die Sexualität und die sexuelle Lust in die als gut qualifizierte Schöpfung integriert werden. Zugleich werden die Gefährdungen im Bereich der Sexualität sowie des Menschen durch die Sexualität nicht verschwiegen. Die Spannung zwischen den beiden Polen wird jedoch ausgehalten: Die Sexualität wird weder idealisiert, noch negativ abgewertet.

Drittes Kapitel

Weichenstellungen in der Patristik

Die ersten christlichen Jahrhunderte waren eine bewegte Zeit. Unter dem Einfluss der antiken Philosophie und des aufkommenden monastischen Ideals veränderte sich auch die Sicht der Sexualität. Die Kirche hatte den Wandel von einer verfolgten Minderheitssekte zur geduldeten Religion (313) hin zur offiziellen Staatsreligion des Römischen Reiches (380) zu bewältigen. Hart wurde um das Verständnis und die Bewahrung des rechten Glaubens gerungen. Eine Herausforderung war die Auseinandersetzung mit der antiken Philosophie.

Ging es anfangs um die Verteidigung des christlichen Glaubens vor falschen Anschuldigungen, trat schon bald das Bemühen in den Vordergrund, das Christentum als die der heidnischen Philosophie überlegene Religion darzustellen. Die christlichen Denker versuchten, anhand philosophischer Begriffe und Denkmuster den Glauben zu entfalten, nicht zuletzt auch deshalb, um die gebildete Oberschicht zu erreichen. Damit fanden aber auch Denkweisen Eingang in das christliche Denken, die nicht biblisch waren. Ein Aspekt war die dualistische Auffassung des Menschen im Neuplatonismus, der in mannigfaltigen Formen bis zum 6. Jahrhundert die letzte große Strömung der antiken Philosophie darstellt. War es in der biblischen Sichtweise immer ein und derselbe Mensch, ob unter dem seelischen oder körperlichen Aspekt betrachtet, so war er im Dualismus gespalten in Leib und Seele: Der sterbliche Körper galt als Grab für die unsterbliche Seele. Das „Eigentliche" des Menschen, die Seele, müsse sich durch Askese und durch die Kraft des Verstandes in geistiger Erkenntnis mehr und mehr vom körperlichen Substrat des Leibes lösen, um so frei zu werden. Verstärkt wurde diese Tendenz durch das stoische Ideal der Überwindung der Affekte und Leidenschaften sowie durch gnostische Einflüsse, wonach die Leiblichkeit des Menschen Folge des Sündenfalls sei. So ging etwa Origenes (185–254) davon aus, dass die Menschen im Paradies engelhafte Wesen gewesen seien, ohne menschlichen Leib. Da sie sich jedoch durch die Sünde von Gott entfernt hätten, hätten sie materielle Gestalt angenommen und seien leiblich geworden. Die Gnosis deutete das Materielle grundsätzlich als Ausdruck greifbarer Ferne von Gott. Manche

Strömungen interpretierten die materielle Welt und somit auch den Körper sogar als böse Schöpfung, als Werk eines bösen Demiurgen und Widersachers Gottes. Doch zurück zu Origenes: Durch die Sünde habe der Mensch nicht nur einen Leib bekommen, sondern er sei zur Strafe auch sterblich geworden (vgl. Gen 2,17). Deshalb habe er jetzt des Leibes bedurft zur geschlechtlichen Fortpflanzung, damit das Menschengeschlecht überleben könne. So sah Origenes die Sexualität unlösbar verstrickt in die Geschichte des Sündenfalls. Das sexuelle Begehren, in dem ein Mensch die Herrschaft und Kontrolle über sich selbst verliere, sei die sinnenhaft zu erleidende Strafe für den Sündenfall.

Sexuelle Enthaltsamkeit galt auf dem Hintergrund von Stoa und Gnosis als Tugend, um die materiell gefesselte Seele zur reinen Geistigkeit zu befreien. Dem stoischen Tugendideal entsprechend diente sie der Überwindung und Ausmerzung der Leidenschaften und körperlichen Bedürfnisse. Auf diesem Hintergrund fanden Christen, die ehelos lebten, Bewunderung von den heidnischen gebildeten Schichten. Besonders seit der Mitte des 3. Jahrhunderts gewann in der Kirche das Ideal der Jungfräulichkeit an Einfluss, und zwar ausgehend von der Bewegung des Mönchtums. Nach dem Ende der blutigen Christenverfolgungen fanden Männer und Frauen darin ihre Berufung zur Christusnachfolge, bei der sie zwar nicht ihr Leben verloren, es aber dennoch opferten, indem sie auf vitale Lebensbedürfnisse wie Nahrungsaufnahme, Schlaf, Sexualität usw. verzichteten. Als biblische Grundlage diente der Rat des Paulus zur Ehelosigkeit (1 Kor 7), aber auch Worte Jesu im Evangelium wie z. B. Mt 19,12. Origenes soll diese Stelle allzu wörtlich genommen und sich entmannt haben. Diese Radikalität wurde von kirchlichen Autoritäten aber nie gutgeheißen. Die Berufung zur Ehelosigkeit wurde jedoch mehr und mehr als die der Ehe überlegene Form der Christusnachfolge angesehen und bekam das Kolorit von Sexual- und Frauenfeindlichkeit, obwohl beides weder den ursprünglichen Intentionen noch Motivationen der monastischen Lebensweise entsprach.

Zudem konnte es nicht ohne Einfluss auf die Sexualmoral bleiben, dass die Frau als auf den Mann hin- und ihm untergeordnet angesehen wurde, was mit dem Verweis auf „Adams Rippe" theologisch untermauert wurde. Die Frau galt als zweitrangig, dem Mann unterlegen und auch moralisch labiler, schließlich sei sie im Paradies verführbar gewesen und habe ihrerseits Adam verführt. In diesem Klima waren leib- und frauenfeindliche Schriften in den ersten Jahrhunderten keine Seltenheit. Viele Kirchenväter ließen sich zu negativen Aussagen über die Frau hinreißen, so finden sich Bezeichnungen wie „Steigbügel Satans", „Tor zur Hölle", „vielgestaltiges Tier" oder „Einfallstor des Teufels". Bekräftigt wurden diese frauenfeindlichen Tendenzen durch den Einfluss des Geschlechterdualismus der Antike, wonach der Mann dem Geist und Verstand zugeordnet sei, die Frau hingegen der Materie, dem Körper und der Sexualität.

DIE SEXUELLE ENTHALTSAMKEIT IM MONASTISCHEN LEBEN

Kirchengeschichtliche Forschungen zum Entstehen des Mönchtums zeigen den Zusammenhang mit den Christenverfolgungen im 3. Jahrhundert in Ägypten auf. Einige Menschen sind vorübergehend in die Wüste geflohen, um der Verfolgung zu entkommen. Bei ihrer Rückkehr aus der Wüste wurden sie von der Amtskirche und von ihren Familien oft als Verräter gescholten. Der Spruch „Fliehe den Bischof und die (Ehe-)Frau" dürfte hier seine geschichtlichen Wurzeln haben. Um Buße zu tun, sind einige in die Wüste zurückgekehrt und haben in der Einsamkeit ein Leben der Abtötung ihrer Bedürfnisse geführt. Als der erste christliche Einsiedler gilt Paulus von Theben, der 341 n. Chr. hochbetagt im Alter von 133 Jahren gestorben sein soll. Er soll zu denen gehört haben, die vor der Verfolgung geflohen und dann in der Wüste geblieben sind. Die monastische Lebensform wurde vor allem durch das Vorbild des Antonius (um 251–356) geprägt, der die ersten losen Eremitengemeinschaften (*Anachoreten*) gegründet hat[44] und so als Begründer des christlichen Mönchtums gilt, und anderer Eremiten wie des Pachomius (um 287–346), der die ersten Klostergemeinschaften (*Koinobiten*) gegründet hat.

Das Erstarken des Mönchtums ist der Versuch, in der geänderten kirchlichen Landschaft des 4. Jahrhunderts die Nachfolge Jesu zu leben. Es fanden aber entscheidende inhaltliche Verschiebungen statt. Nachfolge wurde nicht mehr so sehr als gemeinsame Berufung aller Getauften verstanden, sondern als persönliche Wahl und Verdienst des Einzelnen, und zwar nicht der Vielen, sondern von sehr wenigen im Verhältnis zur rapide wachsenden Anzahl der Getauften. Die Zwei-Wege-Lehre (vgl. Mt 7,13), die im 2. Jahrhundert als Weg des Lichtes und Weg der Finsternis gedeutet worden ist, wurde jetzt umgedeutet als Weg der Wenigen und Weg der Vielen. Als Weg der Wenigen galt der monastische Weg, der qualitativ höher eingeschätzt wurde. Dieser Weg war durch drei Schritte gekennzeichnet: (1) Askese, Armut und sexuelle Enthaltsamkeit dienten der körperlichen Abtötung und somit der Erlösung des Menschen aus der Verhaftung in das Materielle. Sie standen also nicht mehr vordergründig im Zeichen der eschatologischen Dringlichkeit wie etwa bei Paulus. Die aktive Loslösung von materiellen Bedürfnissen und die Herrschaft über die widerstrebenden und auseinanderstrebenden Affekte geschah durch Reinigung der Seele und Einübung in die Tugenden. Dies eröffnete den Weg der Erkenntnis im Sinne der neuplatonischen Erkenntnislehre. (2) Der erste Schritt der Erkenntnis war der der physischen Kontemplation, die auf die Schau der Schöpfung und der Geschöpfe bezogen war. Die Erkenntnis der Ordnung des Kosmos ließ auf den Schöpfer schließen. (3) Der zweite Schritt der Erkenntnis war der der vollkommenen Erkenntnis Gottes, die göttliche Schau, die in der mystischen Versenkung in Gott bestand und das Ziel der Vollkommenheit darstellte. Noch bei Pseudo-Dionysios Areopagita (um 500) begegnet dieser Dreischritt in Form von Reinigung, Erleuchtung, göttlicher Vereinigung.

Die sexuelle Enthaltsamkeit gehörte also von Anfang an zum monastischen Leben. Die Motivation war jedoch nicht die negative Abwertung der Sexualität, sondern der Kampf gegen die Leidenschaften, allen voran gegen Zorn und Faulheit. Die Wüstenväter kannten aber auch die Erfahrung, dass sich eine ungeordnete sexuelle Triebhaftigkeit in der Unzucht Bahn bricht. Sie bewirkt Unruhe und stiftet inneren Unfrieden. Die Mönche haben sich damit auseinandergesetzt, allerdings weniger systematisch als vielmehr in kurzen und konkreten, oft sehr einprägsamen Ratschlägen.[45] So gaben sie z. B. den Rat, Bilder, Gedanken, Phantasien oder Orte zu meiden, die aufreizend wirken. Oder sie erinnerten einander daran, dass die Erwartungen an die Sexualität immer größer sind als die tatsächlichen Erfüllungen, die die Sexualität geben kann. Sie rieten zur Demut, die Vollkommenheit der sexuellen Enthaltsamkeit nicht durch den Kampf gegen den Körper oder durch eigene Anstrengung mit Härte gegen sich selbst erreichen zu wollen, sondern die eigenen Hinfälligkeiten und Schwächen in Demut anzunehmen und bei Gott Zuflucht zu suchen. Überhaupt sei die Ruhe bei Gott das Ziel der sexuellen Enthaltsamkeit und nicht die moralische Vollkommenheit. Nicht das Freisein von Versuchungen sei daher ein Anzeichen gelingender sexueller Enthaltsamkeit, sondern das Bestehen in der Versuchung. Dazu reichten die eigenen Kräfte aber nicht aus, sondern es bedürfe vielmehr eines tiefen Vertrauens zu Gott. Sexuelle Enthaltsamkeit habe daher das Ziel, sich Gott hinzugeben, und zwar aus Liebe und im Vertrauen zu ihm.

Aus den Ratschlägen der Mönchsväter ergibt sich eine Sicht der Sexualität für das monastische Leben und in Folge für das gesamte Ordensleben, wonach die sexuelle Enthaltsamkeit keinen Selbstzweck darstellt. Das Ideal der Jungfräulichkeit ist deshalb nicht durch ein Dämonisierung der Sexualität oder durch Sexualfeindlichkeit motiviert. Vielmehr erinnert die Erfahrung der Sexualität

„immer wieder neu daran, dass nicht die Befriedigung der sexuellen Wünsche, sondern allein die Hingabe an den lebendigen Gott Ziel unseres Leben ist, dass unsere Sehnsucht in der Liebe Gottes erfüllt wird. Aber unsere Sehnsucht wird sich nur von Gott erfüllen lassen, wenn wir unseren sexuellen Wünschen nicht einfach nachgeben und sie als Naturnotwendigkeit hinstellen, sondern wenn wir unser verwundetes Herz Gott hingeben, damit er es heilt und mit seiner Liebe erfüllt."[46]

AUGUSTINUS

Besondere Beachtung verdient Augustinus (354–430), ein genialer und hochkomplexer Denker, der die Sexualmoral der Kirche nachhaltig geprägt hat. In den *Bekenntnissen*, seiner autobiographischen Schrift, öffnet er sein Herz, das getrieben war vom Hunger und Durst nach Selbsterkenntnis und schließlich nach Gott, dem er im Christentum begegnet ist. Er berichtet von seiner bewegten Jugendzeit und davon, wie er auch von seinem sexuellen Verlangen getrieben war.

„Da ich ein Jüngling war, flammte auch in mir die Begierde, mich zu sättigen in höllischen Genüssen, und so gab ich mich in wechselnden und lichtscheuen Liebesgenüssen der Verwilderung preis. Und mein Leib verzehrte sich und ich verfiel vor deinen Augen, während ich mir gefiel und den Menschen zu gefallen strebte. Liebe und Gegenliebe, sie nur erfreuten mich. Doch blieb ich nicht auf dem lichten Pfade der Freundschaft, der von Seele zu Seele führt, sondern böse Dünste entstiegen dem Schlamme meiner Fleischeslust und dem Sprudel meiner Jugend und umwölkten und umnachteten mein Herz, dass es nicht mehr scheiden konnte die heitere Klarheit der Liebe von dem Düster der Sinnenlust. Beides wogte und wallte wirr durcheinander, riss meine ohnmächtige Jugend durch die Abgründe der Lust und tauchte sie hinein in den Sündenpfuhl."[47]

Ob die innige Beziehung zu einem Freund während der Jugendzeit nur von pubertärer homophiler Zuneigung geprägt war oder schon homosexuelle Gestalt annahm, wird aus den Texten nicht deutlich.[48] Lange und tief trauerte Augustinus, als dieser Freund verstarb.

„Welch ein Schmerz aber war es, der mein Herz umnachtete, und überall starrte mir nur Tod entgegen. ... Ich wunderte mich, dass die übrigen Sterblichen noch fortlebten, da der eine, den ich wie einen Unsterblichen geliebt hatte, dahingeschieden war; am meisten freilich wunderte ich mich, dass ich, der ihm ein zweites Ich war, noch lebte, da er starb. Schön nannte mir jemand seinen Freund ‚die Hälfte seiner Seele'. Auch ich empfand, wie meine und seine Seele nur eine einzige Seele gewesen war in zwei Körpern; deshalb war mir das Leben jammervoll, weil ich nicht leben wollte als ein halber Mensch, und darum fürchtete ich mich auch zu sterben, auf dass der, den ich so sehr geliebt, nicht ganz sterbe."[49]

Schließlich fand er Frieden in den Armen einer Frau, mit der ihn eine innige gegenseitige Liebe verband. Sie gebar ihm einen Sohn, Adeodatus („der von Gott Geschenkte"). Allerdings durfte er aufgrund der Intrigen seiner Mutter Monika diese Frau nicht heiraten, weil die Beziehung nicht standesgemäß war. Schließlich gelang es Monika sich durchzusetzen, sodass sich Augustinus nach 15 Jahren von seiner Geliebten getrennt hat.

„Und da die von meiner Seite gerissen ward – ein Hindernis freilich für meine Vermählung –, mit welcher ich mein Bett zu teilen gewohnt war, ward mein Herz, das an ihr hing, durchbohrt, verwundet und blutete. Sie aber war nach Afrika zurückgekehrt und hatte gelobt, nie mehr einem andern Manne anzugehören, und ließ mir zurück den natürlichen Sohn, welchen ich mit ihr gezeugt hatte. Ich aber war unglücklich und konnte nicht einmal Nachahmer des Weibes sein, sondern des Aufschubs ungeduldig, da ich erst in zwei Jahren die erhalten würde, um die ich geworben, verband ich mich, weil ich nicht Freund der Ehe, sondern Sklave der Lust war, mit einer andern, freilich nicht als Gattin, um so die Krankheit meiner Seele zu nähren und durch den Dienst ununterbrochener Gewohnheit bis in das Reich der Ehe ungeschwächt oder gar vergrößert fortzuführen. Doch heilte darum jene Wunde nicht, welche mir durch die Trennung von jener ersten geschlagen wurde, sondern nach Brand und wütendem Schmerz ging sie in Fäulnis über, schmerzte wohl weniger brennend, aber umso hoffnungsloser."[50]

Ohne Scham bekennt Augustinus das sexuelle Verlangen seines Körpers, das so stark war, dass er auch nach der Trennung von seiner Geliebten nicht enthaltsam leben konnte. Während er hätte warten sollen, dass die ihm von seiner Mutter zugedachte Braut das heiratsfähige Alter erreichen würde, suchte er Zuflucht bei einer anderen Frau. Eine Zeitlang hing er der extrem dualistischen Sekte des Manichäismus an, die alles Körperliche verteufelte. Nach seiner Taufe durch Ambrosius von Mailand spürte Augustinus stärker als davor, dass kein Mensch die Wunde seines Herzens heilen und seine Liebessehnsucht würde erfüllen können, weshalb er auch die Ehe mit der Frau, die ihm von der Mutter bestimmt worden war, nicht mehr eingehen wollte. Dies wollte er jetzt allein Gott vorbehalten. So rang er sich zur Keuschheit in Form der sexuellen Enthaltsamkeit durch, zu jener Tugend, um die er – allerdings recht halbherzig – schon in seiner Jugend gebetet hatte:

„Schon als Jüngling war ich elend, sehr elend; bei dem Beginn meiner Jünglingsjahre hatte ich dich um Keuschheit gebeten und gesagt: ‚Gib mir Keuschheit und Enthaltsamkeit, doch nicht sogleich!' Denn ich fürchtete, du möchtest mich allzu schnell erhören, mich allzu schnell heilen von der Krankheit meiner Lüste, die ich lieber bis zur Hefe genießen als erlöschen wollte."[51]

Er machte damit seine Mutter glücklich, die beruhigt sterben konnte, sah sie doch ihren Sohn den Weg der Heiligkeit beschreiten. Augustinus konnte oder wollte Monika nicht für das Ende seiner Beziehung verantwortlich machen,[52] also musste ein anderer Grund herhalten: die Konkupiszenz, die sexuelle Begierde, die er als sündhaft brandmarkte. In den Bekenntnissen wird ersichtlich, wie er im Rückblick auf sein Leben die einst gesuchte Sinneslust als durch die Sünde verdunkelt ansah, zugleich seine Erfahrungen aber auch dahingehend deutete, dass er in der Befriedigung der Sinneslust nicht jene Befriedigung finden konnte, nach der er verlangte. In seinem Liebesbedürfnis erkannte er rückblickend seinen Hunger nach Gott, der ihn von Jugend an erfüllt hat und den Gott allein zu stillen vermag.

„Noch liebte ich nicht, doch suchte ich Liebe, und aus einem tieferen und besseren Liebesbedürfnis zürnte ich mir, dass ich wenig liebesbedürftig war. Im Drange nach Liebe suchte ich den Gegenstand meiner Liebe und hasste die Sicherheit und den Weg ohne Fallstricke. Du selbst, o mein Gott, hattest mir eingepflanzt in das Herz einen Hunger, der du selbst bist die Speise des Herzens; dieser Hunger aber war nicht lebendig in mir, sondern ich war ohne Sehnsucht nach unvergänglicher Speise, doch nicht, weil ich etwa erfüllt war von ihr, sondern je leerer ich war, desto mehr widerstand sie mir. Deshalb siechte meine Seele, und in ihrem Elend warf sie sich hinaus in die Außenwelt, gierend nach sinnlicher Reizung. Wohl würde auch das Sinnliche nicht geliebt werden, wenn es nicht beseelt wäre; aber Lieben und Geliebtwerden, es war mir am köstlichsten, wenn ich auch den Körper der Geliebten genießen konnte. So trübte ich den Quell der Freundschaft mit dem eklen Schlamme der Sinnenlust, ihren reinen Glanz verdunkelte ich durch höllische Lüste, und so abscheulich und ehrlos ich war, so wollte ich doch im Übermaß der Eitelkeit für fein und gebildet gelten. So stürzte ich mich hinein in die Liebe, die mich fesseln sollte.[53]

Augustinus unterlag in der zunehmend negativen Sicht der Sexualität nicht nur den Nachwirkungen des Manichäismus, sondern auch einem Übersetzungsfehler in der Vulgata, wonach Paulus die Ehe nicht als „Zugeständnis", sondern als „Vergebung" für das sexuelle Begehren eingeräumt habe (1 Kor 7,6): Der Vergebung bedürfe es nur bei Sünde, daher müsse die Begierde sündhaft sein. Der Geschlechtsverkehr könne also nur deshalb sittlich erlaubt sein, weil er zur Zeugung von Kindern notwendig ist. Die Konkupiszenz war für Augustinus auch deshalb sündig, weil sie das Verlangen des Menschen nach Gott, dem höchsten und schönsten Gut, trübe, und weil durch sie die Vernunft die Kontrolle über die Regungen verliere. Beides widersprach einem stoisch und neuplatonisch geprägten Ideal zutiefst.

Die Auswirkungen dieses Denkens zeigen sich etwa auch bei dem in Gallien einflussreichen Mönch Caesarius von Arles (470–542).[54] Er vertrat eine strenge Kloster- und Kirchendisziplin und lebte derart asketisch, dass er gesundheitlich Schaden nahm. Als Erzbischof von Arles übertrug er sein monastisches Ideal auch auf die Eheleute und forderte von ihnen unter Berufung auf Paulus (1 Kor 7,5; 11,27–29) sexuelle Enthaltsamkeit in den Tagen vor dem Empfang der Eucharistie, damit ihr Gewissen rein bleibe. Während für Paulus die konkret geübte Nächstenliebe und die soziale Rücksichtnahme für die Teilnahme an der Eucharistie entscheidend waren, wurde das Verständnis der moralischen Reinheit mehr und mehr auf die sexuelle Enthaltsamkeit verengt. Eine verhängnisvolle Trennung von Religion und Sexualität hatte ihren Anfang genommen. Beide Bereiche wurden vorwiegend nur mehr negativ miteinander in Verbindung gebracht. In den mittelalterlichen Bußbüchern hat sich diese Entwicklung beispielsweise dahingehend niedergeschlagen, dass es detaillierte Zeiten gab, in denen von den Eheleuten Enthaltsamkeit verlangt wurde, etwa in den 40 Tagen vor Weihnachten und Ostern, in den Nächten vor Sonn- und kirchlichen Feiertagen und drei Nächte und Tage vor einem Kommunionempfang.[55]

Damit waren die Weichen gelegt für eine Sexualmoral, deren Leib- und Sexualfeindlichkeit für die gesamte Tradition wirkmächtig wurden und bis heute nachwirken.

Viertes Kapitel

Vom Mittelalter bis zur Neuzeit: Sexualität im Zeichen der Minderbewertung der Frau

Die Auffassung, dass die ausgeübte Sexualität nur zur Zeugung von Kindern sittlich erlaubt sei, worin auch der erste Zweck der Ehe bestehe, blieb bis ins 20. Jahrhundert prägend. Ihre Wurzeln liegen, wie weiter oben schon ausgeführt wurde, in der stoisch-philosophischen Prämisse, dass der naturgemäße Zweck der Sexualität in der Zeugung von Kindern besteht. Diese hat über die Kirchenväter Eingang gefunden in die christliche Theologie. Vor allem nach Augustinus wurde die sexuelle Lust als Folge des Sündenfalls und schließlich selbst als Sünde angesehen. Obwohl sich die Kirche zu jeder Zeit von einer ausschließlich negativen Bewertung der Sexualität distanziert hat, wie sie etwa in manichäisch-gnostischen Strömungen vorkam, hat sie sich nicht mehr dazu durchringen können zu bejahen, dass Sexualität auch lustvoll genossen werden darf. Im Gefolge des Augustinus wurden das Wohl der Ehepartner und ihre Freude aneinander nur einseitig als Heilmittel und Abhilfe gegen das sexuelle Begehren angesehen. Dennoch hat die Kirche die Ehe immer auch als Heilsweg verstanden und verteidigt. Die Gültigkeit einer Ehe war in der gesamten christlichen Tradition abhängig von der freien Zustimmung beider Partner, also von Mann und Frau. Allerdings hat sich hierin die Anerkennung der Frau als gleichberechtigte Partnerin auch schon erschöpft.

Die Minderbewertung der Frau in vielen Schriften der Kirchenväter konnte nicht ohne Einfluss auf die Sexualmoral der Kirche bleiben. Auch wenn eine negative frauenverachtende Einstellung nie Teil der offiziellen Lehre der Kirche geworden ist, hat sie sich auf das Leben der Kirche und die Einschätzung der Frau nachhaltig ausgewirkt.[56] Frauen waren zumeist Reakteure, kaum Akteure, und sahen sich immer einer Art Generalverdächtigung ausgesetzt. Gewiss, es hat auch Ausnahmen gegeben: herausragende, starke Frauenpersönlichkeiten wie Hildegard von Bingen, Birgitta von Schweden, Katharina von Siena, Teresa von Avila; oder Äbtissinnen, die vom Ortsbischof unabhängig waren und weltliche Gewalt ausübten, oder die in Doppelklöstern von Nonnen und Mönchen auch über Letztere regieren. Diese Frauen haben „ihren Mann gestanden" in einer patriarchalen und klerikalen Kirche. Doch sie können nicht verdecken, dass die christliche Tradition insgesamt geprägt ist von einer Erniedrigung und Diskriminierung der Frau, obwohl dies der biblischen Botschaft und dem Verhalten Jesu zuinnerst widerspricht. Die Eigenperspektive der Frau wurde nicht wahrgenommen. Im Hinblick auf die Sexualität wurde sie als passiv und rezeptiv angesehen, ohne Recht auf eigenes Empfinden oder eigene Bedürfnisse. Es gehörte zu den Standespflichten einer Ehefrau, den Bedürfnissen des Mannes zu genügen: Ihm stand das Gebrauchsrecht über den Körper der Frau zu, die zu jeder Zeit dem Willen des Mannes gefügig sein musste. Frauen existierten zumeist in Bezug auf das Körperliche und damit auch auf das männliche Begehren, verlockend und gefährlich zugleich.[57] Männer, besonders Kleriker, waren allzu oft bestrebt, sich vor der verführerischen Frau zu schützen durch Machtausübung und Kontrolle, nicht zuletzt durch sittliche Vorschriften bis hinein in den Intimbereich.

ZUR LIEBESBEZIEHUNG ZWISCHEN ABAELARD UND HÉLOISE

Zu den wenigen Theologen, die die Frau als dem Mann ebenbürtig anerkannt und die Sexualität und Lust nicht negativ bewertet haben, gehört Petrus Abaelard (1079–1149). Er hatte sich als angesehener Privatlehrer einer leidenschaftlichen Beziehung mit seiner begabten Schülerin Héloise (um 1100–1164) hingegeben.[58] Als sie schwanger wurde und ein Kind zur Welt brachte, ehelichte er sie, doch ihr Onkel ließ Abaelard zur Strafe entmannen. Sie mussten sich trennen; er wurde Mönch, sie Nonne. Nach Jahren, Héloise war zu diesem Zeitpunkt bereits Äbtissin, traten sie wieder brieflich in Kontakt. Die Briefe bezeugen, wie wach und stark die Erinnerung an ihre sexuellen Erlebnisse geblieben sind. Abaelard bekannte einem Freund:

„In Liebe zu diesem Mädchen vollkommen entflammt, suchte ich nach einer Gelegenheit, um sie durch täglichen Verkehr in ihrem Hause mir vertraut zu machen und sie leichter zur Hingabe zu verleiten. ... Zuerst ein Haus, dann ein Herz und eine Seele verbinden uns. Unter dem Deckmantel der Unterweisung gaben wir uns ganz der Liebe hin, und unsere Beschäftigung mit Lektüre bot uns die stille Abgeschiedenheit, die unsere Liebe sich wünschte. Da wurden über dem offenen Buch mehr Worte über Liebe als über Lektüre gewechselt; da gab es mehr Küsse als Sprüche. Nur allzu oft zog es die Hand statt zu den Büchern zu ihrem Busen, und öfter spiegelte Liebe die Augen ineinander, als dass die Lektüre sie auf die Schrift lenkte."[59]

Auch Héloise erinnert sich:

„Die Liebesfreuden, die wir zusammen genossen, sie brachten so viel beseligende Süße, ich kann sie nicht verwerfen, ich kann sie kaum aus meinen Gedanken verdrängen. Ich kann gehen, wohin ich will, immer tanzen die lockenden Bilder vor meinen Augen. ... Ich kann nicht aufseufzen – und müsste es doch –, dass ich die Sünden begangen, ich kann nur seufzen, dass sie vergangen. Was wir beide getan, es ist in meiner Seele wie eingemeißelt; Ort und Stunde stehen mir sogar vor Augen, und immer bist Du dabei, ich erlebe alles wieder und wieder mit Dir, und selbst im Schlaf komme ich von diesen Erinnerungsbildern nicht los."[60]

Im Unterschied etwa zu Augustinus haben Abaelard und Héloise die Sexualität auch im Rückblick nicht negativ bewertet und die sexuelle Lust weder als Sünde noch als Übel angesehen. Auch sie mussten die schmerzliche Erfahrung machen, dass ihnen das ersehnte Glück einer Partnerschaft mit dem geliebten Menschen aufgrund äußerer Umstände nicht vergönnt war. Zwar sind sie über den Weg dieser Enttäuschung zum Ordensberuf geführt worden, sie haben darin aber ihre Berufung entfaltet. Ihre erotische Anziehung, deren Wert und Schönheit beide bis zuletzt nicht in Frage stellten, ist durch die Trennung gereift zu jener Liebe, die für die geliebte Person das Beste will und dafür auch Entbehrung und Verzicht auf sich nimmt. Diese Liebe stiftete zwischen ihnen eine seelische Verbindung, auch wenn sie voneinander getrennt waren und ihre gegenseitige Hingabe nicht mehr in der ehelichen Liebe vollziehen konnten.

„Ich beschwöre dich, denke daran, was ich für dich getan habe, und vergiss nicht, was du mir schuldest. Als ich des Fleisches Lust in deinen Armen genoss, da durften die meisten unsicher sein, ob ich es aus Liebe oder Lüsternheit trieb. Jetzt aber zeigt ja der Ausgang, unter welchem Vorzeichen ich begann. Alle Freuden habe ich mir versagt, um deinem Willen zu gehorchen. Nichts habe ich mir zurückbehalten, als ganz und gar nur dir zu gehören."[61]

Die Schriften Abaelards bezeugen übrigens, wie sehr sein theologisches Denken befruchtet worden ist vom intellektuellen Austausch mit Héloise.

DIE GÄNGIGE EINSCHÄTZUNG DER FRAU IM HOCHMITTELALTER

Die Sicht der Sexualität und Lust in der gängigen Theologie der Hochscholastik stand jedoch weiterhin im Zeichen von Sünde und Übel. Allein Albertus Magnus (um 1200–1280) erkannte der Lust eine gewisse personale Bedeutung als Quelle berechtigter „geistiger Freuden" zu, sofern sie „in guter Absicht" erlebt wird, also im Kontext der Ehe und mit der Absicht der Zeugung eines Kindes.[62] Anders sah es Thomas von Aquin (1225–1274). Gewiss, er war Kind seiner Zeit und spiegelt die allgemeine damalige Sicht wider, die geprägt war von einer jahrhundertelangen entsprechenden Auslegung des Schöpfungsberichtes und den Nachwirkungen der antiken neuplatonischen Philosophie. Thomas stand aber auch ganz unter dem Einfluss der damals im Abendland wiederentdeckten Schriften des Aristoteles. Von ihm übernahm er auch die Lehre der Minderwertigkeit und Inferiorität der Frau, die er auf drei Ebenen gegeben sah: Auf der biologischen Ebene galt die Frau als „verminderter Mann", also als defizitär gegenüber dem Mann, sodass eine Frau erst in Bezug zum Mann ganz als Mensch angesehen wurde, während der Mann auch ohne Frau ganz Mensch war; auf der funktionellen Ebene galt sie deshalb als Gehilfin des Mannes, die ihm zuarbeitete und für ihn arbeitete; auf der qualitativen Ebene galt sie als die Schwächere an körperlicher, intellektueller und moralischer Kraft.[63]

Der konkrete Umgang zwischen den Geschlechtern außerhalb der Kirche dürfte allerdings unbekümmerter und spontaner gewesen sein, als es die kirchliche Sichtweise nahelegte und erlaubte. Besonders die Bewegung der Troubadours und der höfischen Minne im Hochmittelalter stellt einen Gegenpol zur kirchlichen Sicht der Frau dar: Sie besingt die Schönheit und erotische Ausstrahlung der Frauen und die reine Liebe. Als reine Liebe, die in den Minneliedern phantasievoll bis frivol umschrieben wurde, galt die außereheliche geschlechtliche Liebe, die sich von der ehelichen Liebe durch die emotionale Komponente unterschied und durch den bewussten Ausschluss der Zeugungsabsicht, der der Ehe als ihr wesentlicher Zweck vorbehalten blieb.[64] Einen Höhepunkt der höfischen Literatur stellt der um 1230 verfasste *Le Roman de la Rose* dar, der im Symbol der Rose die geliebte Frau als den Inbegriff der vollkommenen Weiblichkeit und Schönheit besingt.[65] Frauendienst sowie die Verteidigung des weiblichen Geschlechts werden zu den Grundaufgaben eines Liebenden gezählt. Diese schon an eine Idealisierung des weiblichen Geschlechts grenzende

Minne und Verehrung der Frau fand ihre Gegenantwort im weit umfangreicheren zweiten, um 1280 verfassten Teil des *Rosenromans*. Nach dem Vorbild von damals ebenso weit verbreiteten frauen- und ehesatirischen Texten und unter Zuhilfenahme einer einseitig frauenfeindlichen Bibelauslegung, besonders von Gen 3, wurde der Frau einseitig jede Schuld für unglückliche Liebeserfahrungen und missglückte Eheleben zugeschrieben. Der Verfasser schreckte auch vor Geschmacklosigkeiten und Obszönitäten nicht zurück. Die Frau wird verallgemeinernd als Hure bezeichnet, die die Männer mit ihrer äußeren Schönheit zu betören vermöge. Die Schönheit sei jedoch nichts weiter als ein Seidentuch, mit dem sie versuche, ihre eigentliche Hässlichkeit, die mit einem stinkenden Misthaufen verglichen wird, zu verdecken. Dieselbe geballte Frauenfeindlichkeit findet sich in den 1295–1301 lateinisch verfassten *Lamentationes*, die besonders in der um 1370 erschienenen französischen Übersetzung nochmals negativ verschärft worden sind. Dass sowohl der Verfasser des zweiten Teils des *Rosenromans* als auch der der *Lamentationes* sowie der französische Übersetzer der Letzteren Kleriker waren, mag kein Zufall sein. Die Wirkungsgeschichte dieser und anderer frauenverachtender Texte war jedoch verhängnisvoll: Die zunächst zur derben Belustigung von Männern verfassten und als Satire über negative Einzelerfahrungen verstandenen Texte wurden mehr und mehr als philosophische und theologische Standardwerke über das Wesen der Frau diskutiert und ernst genommen. Dadurch

„verletzten die Texte nicht nur die Identität und das Selbstbewusstsein von Frauen, für manche von ihnen wurden sie zum Verhängnis, denn sie legitimierten das bereits frauenverachtende und gewalttätige Verhalten von vielen Männern und Ehemännern gegenüber Frauen und Ehefrauen"[66].

Einen Hort von frauenfeindlichen Motiven und Gemeinplätzen stellt schließlich der 1486 veröffentlichte *Malleus maleficarum* (Hexenhammer) dar, der als Rechtfertigung für grausame Folter und ungerechte Hexenprozesse diente und auch von der weltlichen Gerichtsbarkeit übernommen worden ist. Die Frau wurde darin als geschwätziges, leicht beeinflussbares Wesen beschrieben, als moralisch labil und hinfällig. Sie würde zu Wollust und sexuellen Ausschweifungen neigen und sei anfälliger für die Dämonen und den Teufel. Bereits um 1500 erlebte der Hexenhammer die zehnte Auflage, 1669 erschien die 29. Auflage. Es ist unbestritten, dass diese negative Sichtweise der Frau die Theologie und Kirchengeschichte bis tief in die Neuzeit hinein geprägt hat.

DIE LIEBESMYSTIK IM HOCH- UND SPÄTMITTELALTER

Wie viel positiver und unbekümmerter der Umgang mit der Sexualität auch in der Kirche und in der Theologie hätte sein können, wenn das eigene Empfinden und Erleben von Frauen ernst genommen worden wäre, zeigen die Beginen[67] und die Vertreterinnen der Liebesmystik im Hochmittelalter.[68] Beginen waren Frauen, die – in der Regel materiell abgesichert – einzeln oder in außerklösterlichen Gruppen zusammengeschlossen in Keuschheit und Armut gelebt und auf diese Weise versucht haben, das Evangelium zu bezeugen und Christus nachzufolgen. Die Bewegung breitete sich ab der Mitte des 12. Jahrhunderts von Flandern und den rheinischen Landen ausgehend in ganz Mitteleuropa bis nach Böhmen aus. Aufgrund von kirchlichen Maßnahmen klang sie in der Mitte des 14. Jahrhunderts aus. Diese religiöse Frauenbewegung, die u. a. vom Zisterzienserorden unterstützt wurde, wies eine große Nähe zur Mystik sowie eine gelegentliche Nähe zu häretischen Bewegungen auf. Für viele Frauen aus dem adeligen Stand wurde sie genutzt als Flucht vor der Ehe, ohne jedoch in ein Kloster eintreten zu müssen. Die weibliche Liebesmystik[69] hat im Zisterzienserinnenkloster Helfta bei Eisleben – der späteren Geburtsstadt Martin Luthers (1483–1546) – einen ihrer Höhepunkte gefunden. Unter ihren Vertreterinnen stechen besonders hervor die beiden leiblichen Schwestern Gertrud (1232–1291) und Mechthild von Hackeborn (1241/42–1299), Gertrud von Helfta (1256–1301/02) sowie die Begine Mechthild von Magdeburg (1208/10–1282/94), die ihren Lebensabend in Helfta verbracht hat, wo sie auch ihr Hauptwerk „Das fließende Licht der Gottheit" verfasst hat.

Diese Frauen legten größten Wert auf Keuschheit und kritisierten den Klerus ihrer Zeit scharf wegen dessen Doppelmoral. Besonders Mechthild von Magdeburg zog sich dadurch den Zorn des geistlichen Herrn von Eisleben zu. Aber die Sexualität als solche sahen diese Frauen weder als sündhaft noch als anrüchig an. So scheuten sie sich nicht, in oft kühnen erotischen Bildern ihre Liebe zu Christus zu besingen und die geistige Vereinigung mit ihm, die in Ekstasen für sie auch leiblich erfahrbar war, auf eine Weise zu beschreiben, die sich an die Beschreibung sexuellen Erlebens annähert. Maßgeblich war hierfür auch die gute Kenntnis des Hoheliedes, das von vielen Theologen des Hochmittelalters (Bernhard von Clairvaux, Hugo von St. Viktor u. a.) kommentiert worden ist und in einer deutschsprachigen Paraphrase, dem sogenannten „St. Trudperter Hohelied", weite Verbreitung genoss. Dieses war bei den Beginen sowie in vielen Frauenklöstern eine beliebte Lektüre.[70]

Die Liebesmystik hat ihre Wurzeln bei Bernhard von Clairvaux (um 1090–1153). Er greift als erster mittelalterlicher Theologe auf das Hohelied zurück und entnimmt ihm die Sprache, um seine Liebe zu Christus zu besingen. Dabei wendet er die Braut-Bräutigam-Metapher auf die Beziehung des Christen zu Christus an. Der Weg zur vollen Liebesgemeinschaft mit Christus, dem Bräutigam, führt von der Askese über die Erleuchtung zur liebenden Einigung. Bernhard folgt hier dem klassischen Dreischritt des monastischen Lebens. „Zur Beschreibung der höchsten Stufe, der eigentlich mystischen Erfahrung, bedient sich Bernhard, ... in Anlehnung an das Hohelied, einer erotischen Sprache; oft wird sie mit der geschlechtlichen Vereinigung von Mann und Frau in einem Brautgemach verglichen."[71]

Mit allen Sinnen und dem ganzen Leib wird die Liebe zu Gott erfahren, der sich ebenso in Sehnsucht verzehrt nach dem Menschen, den er liebt und dessen intime Nähe er sucht, wie Mechthild von Magdeburg staunend ausruft:

„O du gießender Gott in deiner Gabe! O du fließender Gott in deiner Minne! O du brennender Gott in deiner Sehnsucht! O du verschmelzender Gott in der Einung mit deinem Lieb! O du ruhender Gott an meinen Brüsten! Ohne dich kann ich nicht mehr sein!"[72]

Mechthild von Hackeborn umschreibt die Liebe, die Gott zu ihr empfindet, indem sie Gott als „krank nach ihrer Seele" bezeichnet und Gott, der vor Sehnsucht nach ihr brennt, bitten lässt, in ihrer Seele wohnen zu dürfen. Die derart geliebte Seele bietet daraufhin Gott an, seine Ärztin zu sein und ihn zu heilen, was Gott unvermittelt und sofort zulässt. Gott, der krank ist vor Sehnsucht nach dem Menschen, der vom Menschen in seinem Liebesleid geheilt werden will: Dies ist eine für die spekulative Theologie der Hochscholastik unvorstellbare Gottesvorstellung; und doch entspricht sie ganz der biblischen Offenbarung. Mechthild von Magdeburg beschreibt es als zartes Liebesspiel zweier Liebender. Dabei wird diese Liebe auch ganz menschlich in ihren psychosomatischen Erscheinungsformen beschrieben:

„Die Seele vergeht vor Sehnsucht und erleidet Liebesschmerzen, aber auch der Geliebte wird von der Sehnsucht und dem Begehren bezwungen. Er ist ‚*allzeit krank nach mir'* ... Die Liebenden treffen sich, tanzen und spielen miteinander, er durchküsst sie und sie vereinigen sich im Brautbett der Minne: ‚*Nun geht die Allerliebste zu dem Allerschönsten in die verborgenen Kammern der unsichtbaren Gottheit. Dort findet sie der Minne Bett und Gelass und Gott übermenschlich bereit.'* ... Die mystische Einigung wird z. T. recht drastisch und als höchste Wonne beschrieben: ... ‚*wenn der ewige Gott zu der liebesfreudigen Seele in das enge Brautbett gehen will, denn er ist von ihrer Liebe so tief verwundet, dass er länger als dreißig Jahre auf alle Dinge, die ihm angenehm waren, verzichtet, damit er sie durchküssen und mit seinen bloßen Armen umfangen könne ... und dann beginnt er sie so zu lieben, dass sie krank wird.'*"[73]

Mechthild von Hackeborn, deren Schriften durch eine eher verhaltene Sprache und konventionelle beschauliche Aussagen gekennzeichnet sind, kann auch nicht anders als zur Sprache der Liebesmystik zu greifen, um ihre beglückende Schau Gottes zu beschreiben:

„Du schmiegtest Dein geliebtes Antlitz, aus dem die Fülle aller Seligkeit strahlt, an mich Unwürdige, und ich fühlte, wie aus Deinen göttlichen Augen unaussprechlich beseligendes Licht in mein Auge drang. Die wunderbare Wirkung dieses Lichtes ergriff alle meine Glieder, es drang bis ins innerste Mark; es schien mir Fleisch und Bein aufzulösen, und ich hatte die Empfindung, als sei mein Körper und meine Seele nichts als Licht ... *Und ich weiß sehr wohl, wie oft Deine unerforschliche Allmacht und unendliche Liebe mir diese Schau und Umarmung und Kuss und andere Beweise der Liebe zuteil werden ließ ... Du hast mich Deines Kusses der Liebe gewürdigt, so oft und wann auch immer ich mich in meinem Herzen zu dir gewandt habe ... Du hast öfter meinen Mund mit sanftem Kuss berührt, und mir war, als tränke ich süß duftenden Wein ... Dies alles war von so unendlicher Zärtlichkeit und Süße ...*"[74]

Der Grat zwischen ekstatischen Glückserfahrungen, die sich jeder Beschreibbarkeit entziehen, und Leidenserfahrungen, die in wehvoller Klage Ausdruck finden, war für die Mystikerinnen jedoch schmal. Die Leidenserfahrungen ergeben sich zum Einen aus der Vereinigung mit dem leidenden Christus – so wird das Kreuz als Bett der Liebe bezeichnet –, zum Anderen aber auch aus der schmerzlichen Erfahrung des Getrennt-Seins vom Geliebten: Schmerz, der umso intensiver und stärker erfahren wird, je inniger die Liebe entflammt ist und je intensiver die liebende Einheit mit dem Geliebten gekostet werden durfte; Trennung, in die ein Mensch unweigerlich zurückfallen muss, solange er noch nicht definitiv mit Gott vereint ist; Schmerz, der wiederum mit der von Christus selbst in der Passion und am Kreuz erlittenen Gottesferne vereint wird und somit als eine tiefere Form von Vereinigung mit Christus erfahren wird. Auf diesem Hintergrund ist es verständlich, dass die Liebes- und Brautmystik eine große Nähe zur Leidensmystik aufweist.

Die Inquisition nahm an der Sprache der Mystikerinnen keinen Anstoß, jedoch sah sie in deren Spiritualität das Bekenntnis des rechten Glaubens durch die Verdunkelung der Gottheit Christi in Gefahr, weil er zu sehr als Mensch und Partner auf Augenhöhe angesehen wäre. Sicher spielte auch eine Rolle, dass für diese Frauen nicht mehr die kirchliche Autorität, sondern ihr eigenes inneres Erleben maßgeblich war, womit sie sich der kirchlichen Kontrolle entzogen hatten, was viele mit Zucht und einige mit dem Tod bezahlen mussten.

Die beiden wichtigsten Vertreter der spanischen Mystik sind Teresa von Avila und Johannes vom Kreuz, zwei Angehörige des Karmelitenordens, die in einem regen und intensiven geistlichen Kontakt zueinander standen und sich gegenseitig geistlich befruchtet haben. Diese beiden Heiligen gehören zu jenen Ordensleuten, in deren geistlichen Texten durchscheint, dass sie die Sehnsucht nach Gott auch im leiblichen Verlangen und Begehren erfahren.

Teresa von Avila (1515–1582) trat 20-jährig in den Karmel von Avila ein. Allerdings, so berichtet sie selbst in ihrer Lebensgeschichte[75], lebte sie im Kloster noch recht weltlich, teilte den Zeitgeist, las lieber als die Bibel die damals beliebten Ritterromane und empfing private Besuche in den Gemächern ihres Klosters. Erst nach 22 Jahren im Kloster machte sie bei der Betrachtung eines Bildnisses des ganz mit Wunden bedeckten Christus die entscheidende Erfahrung, nicht zuletzt unter dem Eindruck der *Bekenntnisse* des Augustinus, dass Gott sie ganz will und nicht halbherzig. Teresa bezeichnet sich selbst als große Verehrerin von Maria Magdalena, der bekehrten Sünderin, die Jesus mit ihren Tränen der Reue und Liebe die Füße benetzt hat.[76] Zur damaligen Zeit wurde Maria Magdalena auch mit Maria von Bethanien identifiziert, die sich Jesus zu Füßen gesetzt hatte, um seine Gegenwart auszukosten, sein Antlitz zu betrachten und auf seine Worte zu lauschen. Mittelalterlichen Legenden zufolge hat Maria Magdalena nach dem Tod Jesu ein zurückgezogenes Büßerleben geführt.

In der berühmten Vision, die sich dann mehrmals wiederholte und die Teresa in einer Ekstase auch körperlich erlebte, sah sie einen Engel mit einem brennenden Pfeil ihr Herz entflammen:

„Er war nicht groß, eher klein, sehr schön, mit seinem so leuchtenden Antlitz, dass er allem Anschein nach zu den ganz erhabenen Engeln gehört, die so aussehen, als stünden sie ganz in Flammen. ... Ich sah in seinen Händen einen langen goldenen Pfeil, und an der Spitze dieses Eisens schien ein wenig Feuer zu züngeln. Mir war, als stieße er es mir einige Male ins Herz, und als würde es mir bis in die Eingeweide vordringen. Als er es herauszog, war mir, als würde er sie mit herausreißen und mich ganz und gar brennend vor starker Gottesliebe zurücklassen. Der Schmerz war so stark, dass er mich diese Klagen ausstoßen ließ, aber zugleich ist die Zärtlichkeit, die dieser ungemein große Schmerz bei mir auslöst, so überwältigend, dass noch nicht einmal der Wunsch hochkommt, er möge vergehen, noch, dass sich die Seele mit weniger als Gott begnügt. Es ist dies kein leiblicher, sondern ein geistiger Schmerz, auch wenn der Leib durchaus Anteil daran hat, sogar ziemlich viel. Es ist eine so zärtliche Liebkosung, die sich hier zwischen der Seele und Gott ereignet, dass ich ihn in seiner Güte bitte, es den verkosten zu lassen, der denkt ich würde lügen."[77]

Gian Lorenzo Bernini hat diese Ekstase in einer marmornen Figurengruppe[78] dargestellt und auf meisterhafte Weise die Doppeldeutigkeit dieser Vision, die unzweideutige Verschmelzung von körperlichem und geistlichem Lustgefühl sowie das paradoxe Ineinsfallen von Schmerz und Wonne festgehalten:

„Schon bei ihrer Enthüllung sorgte Gian Lorenzo Berninis marmorne Statuengruppe von der Verzückung der Heiligen Teresa für Aufsehen: Viel zu irdisch-fleischlich kamen dem Publikum die Freuden der Heiligen vor, als dass man sie dem sakralen Umfeld für angemessen gehalten hätte."[79]

Die Beschreibung der Vision und mystischen Erfahrung lässt die Grenzen der menschlichen Sprache erspüren, an die Teresa stößt, um das ihr Widerfahrene zum Ausdruck zu bringen: „Ich kann das nicht beschreiben, aber es bleibt tief in meine Seele eingeprägt."[80] Teresa erfährt sich als von

Gottes Liebespfeil getroffen, von ihm ergriffen und überwältigt, bis ins Innerste durchschaut und erkannt.[81]

Die Texte von Teresa, besonders ihre vielen Briefe, lassen erahnen, was für eine leidenschaftliche Frau sie war. Auch wenn sie all ihre Energien in die Reform des Ordens und in die Gründung und den Aufbau neuer Klöster gelegt hat, blieb sie eine Frau aus Fleisch und Blut, die kein Hehl daraus machte, dass sie sich der Gegenwart und Freundschaft von Männern erfreut, und von sich sagte, „Ich bin ein Weib – und obendrein kein gutes", weil sie noch nicht gelernt habe, auf die oberflächlichen Befriedigungen des Lebens zu verzichten.[82]

Einer der Männer, der dies zu spüren bekommen hat, war der 30 Jahre jüngere P. Jerónimo Gracián de la Madre de Dios, der 1575 einer ihrer Beichtväter geworden ist. Sie war von ihm und seinem Wesen ganz angetan und begann für ihn innige Zuneigung zu empfinden, die mehr war als mütterliche Fürsorge. Sie genoss es, mit ihm Zeit zu verbringen, und begleitete ihn deshalb gerne auf seinen Reisen. Als sie einmal 20 Tage mit ihm verbringen durfte, bezeichnet sie diese als „die schönste Zeit ihres Lebens"[83]. Mit ihren Liebeserweisen brachte sie P. Jerónimo aber auch in Verlegenheit und erregte manchmal Anstoß bei den anderen Schwestern. Durch die Unbeholfenheit, mit der P. Gracián sie dann abwies, brachte er sie oftmals zum Weinen. Wenn sich P. Jerónimo vorübergehend wieder von ihr zurückzog, um sich ihren Liebesbezeugungen zu entziehen, litt sie sehr darunter.[84] Einige Ausschnitte aus den Briefen Teresas an P. Jerónimo machen das Ringen um das rechte Verhältnis von Nähe und Distanz deutlich:

„Ich fühle mich einsamer mit jedem Tag, den Sie so weit fort sind, wenn mir auch ... Jesus immer nah zu sein scheint. So verbringe ich das Leben gebührend und ohne weltlichen Trost und in ständigem inneren Schmerz. Sie selbst, mein Pater, scheinen schon gar nicht mehr auf dieser Erde zu weilen, so gründlich hat der Herr Sie von allen Versuchungen und Bindungen befreit."[85] „Ja, ich muss Ihnen sagen, Pater, mein Fleisch ist schwach, und so bin ich trauriger geworden, als mir lieb ist. Es war wirklich schlimm. Sie hätten Ihre Abreise wenigstens bis zu unserem Umzug verschieben können! Acht Tage mehr hätten doch nichts ausgemacht! Eine ziemliche Einsamkeit haben Sie hier zurückgelassen."[86]

Die Einsamkeit und die ungestillte Sehnsucht nach Beziehung und Intimität hat Teresa angenommen und mit der Verlassenheit Jesu am Kreuz verbunden. Wie für die deutschen Mystikerinnen bedeuteten deshalb auch für Teresa, ebenso wie für Johannes vom Kreuz, die Einsamkeits- und Verlassenheitserfahrungen die lebendige und starke Sehnsucht nach Gott, dessen innigste Gegenwart sie in der mystischen Vereinigung zwar kosten durften, von dem sie sich aber auch wieder getrennt erfuhren. Die schmerzhafte Erfahrung des erlittenen Getrennt-Seins machte sozusagen den Alltag aus.

Teresa ist ganz Frau geblieben mit einem Bewusstsein um die Vorzüge des Frauseins: „Es sind viel häufiger die Frauen als die Männer, denen der Herr seine Gnade mitteilt"[87], schreibt sie selbstbewusst. Und im Gebet beschwert sie sich:

„Herr meiner Seele! Als du noch in dieser Welt wandeltest, hast Du den Frauen immer Deine besondere Zuneigung bewiesen. Fandest du doch in ihnen nicht weniger Liebe und mehr Glauben als bei den Männern. ... Die Welt irrt, wenn sie von uns verlangt, dass wir nicht öffentlich für Dich wirken dürfen, noch Wahrheiten aussprechen, um derentwillen wir im Geheimen weinen. ... Ich glaube das nicht, Herr, ... der du kein Richter bist wie die Richter dieser Welt, die als Söhne Adams, kurz, als Männer, jede gute Fähigkeit bei einer Frau verdächtigen."[88]

Teresa hat ihre Sehnsucht nach Gott auch im leiblichen Verlangen erfahren, denn „es kommt nur den himmlischen, liebeflammenden Geistern zu, vom Körperlichen ganz abzusehen"[89]. Sie hat darauf bestanden, dass dem Glauben und der religiösen Erfahrung keine menschliche Erfahrung – Beglückungen, Ohnmachten, Traurigkeiten, Tode, Seligkeiten, Wonnen, Freuden[90] – fremd sein dürfe, denn schließlich sei Christus ganz Mensch gewesen und auch ihm sei keine menschliche Regung fremd gewesen. Ihre Liebe zu Gott hat sie gerade auch deshalb umgesetzt in die tätige Nächstenliebe und herzliche Fürsorge sowie in einem sensiblen und feinfühligen Umgang mit ihren Mitmenschen gelebt. Hingabe an Gott und Hinwendung zu den Menschen, Gebet und soziales Engagement, Kontemplation und Aktivität sah sie als innere Einheit an, und so verwundert es nicht, dass sie von mystischen Erfahrungen nicht so sehr in der stillen Zurückgezogenheit der einsamen Klosterzelle heimgesucht worden ist, sondern oft wenn sie unterwegs war auf Reisen und mitten im Einsatz.[91]

Auch die geistlichen Schriften von Johannes vom Kreuz (1542–1591) lassen erahnen, dass er das Feuer des körperlichen Verlangens und das

Leiden ungestillter Sehnsucht gekannt hat. Im Zuge von ordensinternen Auseinandersetzungen wurde er 1577/78 neun Monate lang eingekerkert und unter unmenschlichen Bedingungen festgehalten und gefoltert, bis ihm schließlich auf abenteuerliche Weise die Flucht gelang. Die Erfahrung von Entbehrung, Anfeindung, Krankheit und im Besonderen der Einkerkerung stürzten Johannes in eine tiefe, dunkle Nacht, in der ihm Gott entglitt. Allerdings ist er in ihr spirituell gereift, sodass die „Nacht der Sinne" zum Sinnbild wird für die „Nacht der Seele", in der die Seele durch die Überwindung der Affekte, den Verzicht auf soziale Bindungen und geistige Regungen vollkommen geläutert wird. Nach der Flucht hat ihn Teresa unter ihren Schutz genommen. Ihre mütterliche Fürsorge und herzliche Zuneigung haben ihm geholfen, das traumatische Erlebnis der Einkerkerung zu überwinden. Die Erfahrung von Isolation und auch von tiefen Glaubenszweifeln, aber ebenso die heilsame Erfahrung der liebevollen Zuwendung Teresas fanden Niederschlag in zwei Gedichten: *In einer dunklen Nacht* und *Geistlicher Lobgesang*. Später verfasste er das Gedicht *Lebendige Liebesflamme*. Das Leitmotiv dieser geistlichen Gedichte ist die Liebessehnsucht und die Sehnsucht nach Erfüllung der Liebe.

Das Gedicht *In einer dunklen Nacht* lässt in seiner Sprache den Schmerz erahnen, den Johannes erlitten hat, und das ganzheitliche, auch sinnenhafte Erleben der Sehnsucht nach Gott, sodass das zutiefst menschliche Verlangen nach Beziehung und Intimität zur religiösen Erfahrung wird.

„In einer Nacht, dunkel, / in brennender Liebessehnsucht entflammt, / – o glückliches Geschick! – ging ich hinaus, ohne bemerkt zu sein; mein Haus war schon zur Ruh' gekommen.
O Nacht, die (du) führtest! / O Nacht, liebenswerter als das Morgengrauen! / O Nacht, die (du) zusammenführtest / Geliebten mit Geliebter, / Geliebte in Geliebten überformtest!
An meiner Brust, blühend, / die ganz für ihn allein sich aufbewahrte, / dort war er eingeschlafen, / und als ich ihn liebkoste, / gab Hauch der Zedern Wehen.
Der Hauch der Sinne, / als ich sein Haar durchstrich, / mit seiner linden Hand / verletzt' er meinen Hals / und ließ all meine Sinne schwinden.
Ich blieb zurück und selbstvergessen / neigt' ich das Gesicht über den Geliebten; / es hörte alles auf, ich ließ mich, / gelassen meine Sorgen, / unter den Lilien vergessen."[92]

Teresa von Avila und Johannes vom Kreuz bezeugen, wie Menschen, die in der Berufung zum Ordensleben das Gelübde der sexuellen Enthaltsamkeit abgelegt haben, weiterhin die sexuellen Impulse und das körperliche Verlangen nach Intimität erfahren. Sie haben ihre sexuellen Energien allerdings sublimiert und im Einsatz für religiöse Ziele und Projekte sowie in der konkreten Nächstenliebe fruchtbar gemacht. Christus, der sich ihnen in der mystischen Vereinigung ganz schenkte, dienten sie in Liebe in ihren Mitmenschen, in deren Antlitz sie ihn erkannten und in denen sie seine Gegenwart ahnten, eingedenk des Wortes Jesu: „Was ihr für einen meiner geringsten Brüder [und Schwestern] getan habt, das habt ihr mir getan." (Mt 25,40)

Zugleich aber haben sie dennoch schmerzlich die offene Wunde der Enthaltsamkeit erduldet und sie als Verlassenheit vom Geliebten und als Sehnsucht nach Gott angenommen, wie im Psalm 63,2 gebetet wird:

„Gott, du mein Gott, dich suche ich, meine Seele dürstet nach dir. Nach dir schmachtet mein Leib wie dürres, lechzendes Land ohne Wasser."

NEUE ANSÄTZE BEI ALFONS VON LIGUORI

Im Unterschied zur augustinischen Lehre von der einseitigen Betonung der Zeugung als erstem Ehezweck, spricht Alfons von Liguori (1696–1787) vom dreifachen Sinn der ehelichen Akte: „Der erste, absolute und unverzichtbare Zielsinn ist stets die gegenseitige Hingabe und die Bekräftigung des unauflöslichen Treuebundes. Dann folgen die zwei der Ehe innerlichen, aber doch nur akzidentalen Ehezwecke: Zeugung und Beruhigung der Triebunruhe. Diese dürfen zwar nie willkürlich ausgeschlossen werden, können und müssen aber nicht in jeder Ehe und in jedem ehelichen Akt aktiviert werden."[93] Das bedeutet, dass nach Alfons jeder eheliche Akt Ausdruck der partnerschaftlichen Liebe und Pflege der Treue ist, nicht jedoch wesentlich auf die Zeugung eines Kindes hingeordnet sein muss, sodass auch der bewusste Ausschluss der Zeugungsintention dem einzelnen Akt nicht die Würde nimmt. Auf diesem Hintergrund anerkannte Alfons die Möglichkeit des *coitus interruptus*, des vor dem Samenerguss unterbrochenen Geschlechtsverkehrs, der damals bekannten Form von Empfängnisverhütung. Zwar stellt die Erlaubnis des Ausschlusses der Zeugungsintention auch nach Alfons nicht eine allgemeine Norm dar, wohl aber gesteht er den Ehepartnern im Sinne der Tugend der Epikie zu abzuwägen, ob sie im konkreten Akt aus guten und verantwortbaren Gründen ein Kind zeugen möchten oder nicht.[94]

Die Tugend der Epikie stellt nach Thomas von Aquin in Bezug zu einer Einzelnorm die höhere Regel dar. Sie ist die Fähigkeit des sittlichen Subjekts, im Kontext von außergewöhnlichen Umständen auf die den Einzelnormen übergeordnete Ebene der sittlichen Prinzipien zurückzugreifen. Einzelnormen gelten in der Regel bzw. in den meisten Fällen. Die übergeordneten Prinzipien können in einer konkreten außergewöhnlichen Situation jedoch verlangen, eine bestimmte Einzelnorm nicht zu befolgen, um gerade dadurch das in der konkreten Situation sittlich Gute und Richtige zu tun.[95] Alfons von Liguori hat die Epikie ausdrücklich auch beim natürlichen Sittengesetz vorgesehen.[96] Allerdings konnte sich die alfonsianische Linie mit der neuen Gewichtung der Ehezwecke sowie mit der Betonung der Epikie nicht durchsetzen. Erst das Zweite Vatikanische Konzil wird die Ehezwecklehre grundlegend verändern. Der Tugend der Epikie hingegen wird inhaltlich in der Gewissenslehre des Konzils Rechnung getragen werden, insofern das Situationsgewissen als Einsichts- und Entscheidungsinstanz anerkannt wird. Allerdings wird der Epikie aus Angst vor Missbrauch auch weiterhin eine nur eingeschränkte praktische Bedeutung zuerkannt werden.[97]

EXKURS: DAS KIRCHLICHE BEKENNTNIS VON SÜNDEN GEGEN DIE WÜRDE DER FRAU

Die Kirche war immer auch Kind ihrer Zeit, etwa was die empirischen Kenntnisse angeht. Beispielsweise sei die bis zur Entdeckung der Eizelle (1827) vorherrschende irrige Annahme angeführt, dass im Samen des Mannes ein fertiger kleiner Mensch vorhanden sei, der – gleichsam wie in einen zu pflügenden Acker – in den Schoß der Frau gelegt werden müsse, damit er dort wachsen könne. Auf diesem Hintergrund ist es nicht verwunderlich, dass der Frau nur eine passive Rolle zuerkannt wurde oder dass etwa die Masturbation als schwere Sünde angesehen werden musste, bedeutete sie ja nicht nur einen egoistischen Lustgewinn, sondern kam – beim Mann, die weibliche Masturbation spielte nur eine untergeordnete Rolle – der Vergeudung eines Menschenlebens gleich. Wohl deshalb gaben die nächtlichen Pollutionen Anlass für intensive Dispute. Kind ihrer Zeit war die Kirche auch in Bezug auf philosophische Strömungen, nicht nur in der Antike. Rigoristische sexualethische Tendenzen in der Neuzeit etwa hatten vielfach philosophische Wurzeln. Sie wurden erst nachträglich theologisch begründet und waren in den einzelnen Konfessionen unterschiedlich stark ausgeprägt. Auch ist zu bedenken, dass in der Regel die Theorie strenger war als die Praxis, und dass die sittliche Praxis nicht nur kirchlich bestimmt, sondern auch von der jeweiligen Kultur und Mentalität beeinflusst sowie konfessionell unterschiedlich ausgeprägt war. Reiseberichte aus den protestantisch geprägten nordischen Landen aus dem 17. und 18. Jahrhundert etwa beklagen sich bitter über die laxen Sitten im katholischen Italien oder Spanien.

Diese Anmerkungen sowie die obigen Streiflichter durch die Theologiegeschichte mögen an dieser Stelle genügen. Sie unterliegen sowieso der Gefahr der Verkürzung. Sie wollen ein Problembewusstsein schaffen und den Blick dafür schärfen, dass das Urteil, die Kirche sei immer und ausschließlich leib- und sexualfeindlich gewesen, so nicht stimmt. Und sie machen deutlich, dass wir es uns vom heutigen Standpunkt aus und mit dem heutigen Wissensstand nicht zu leicht machen dürfen mit rückblickenden Verurteilungen oder Schuldzuweisungen. Historische Bedingtheit von Fehlern bedeutet allerdings nicht ihre Entschuldbarkeit. Deshalb kommen wir nicht umhin, die angesprochenen Mängel und Einseitigkeiten einzugestehen und zu benennen, gerade weil sie bis heute fortwirken. Wie ein roter Faden ziehen sich durch die Geschichte der Jahrhunderte Elemente von Leib- und Sexualfeindlichkeit; und diese gehen einher mit einer Minderbewertung der Frau. Beides aber ist Verrat am Evangelium!

Papst Johannes Paul II. hat darauf bestanden, im Rahmen des Schuldbekenntnisses der Kirche während des Jubeljahres 2000 auch ein *mea culpa* auszusprechen für die Sünden gegen die Würde der Frau, und um Vergebung dafür zu bitten, dass Frauen in der Kirche, von „Söhnen der Kirche" oder auch im Namen der Kirche allzu oft diskriminiert, ausgegrenzt, erniedrigt und in ihrer Würde verletzt worden sind.[98] Wiederholt hat Johannes Paul II. während seines Pontifikats die Verfehlungen der Kirche gegen Frauen bekannt, sein tiefes Bedauern zum Ausdruck gebracht und um Vergebung gebeten.[99] Zu nennen ist im Besonderen der *Brief an die Frauen* vom 29. Juni 1995, worin er schreibt:

„Wir sind leider Erben einer Geschichte enormer *Konditionierungen*, die zu allen Zeiten und an jedem Ort den Weg der Frau erschwert haben, die in ihrer Würde verkannt, in ihren Vorzügen entstellt, oft ausgegrenzt und sogar versklavt wurde. Das hat sie daran gehindert, wirklich sie selbst zu sein, und hat die ganze Menschheit um echte geistige Reichtümer gebracht. ... Wenn es, besonders im Rahmen bestimmter geschichtlicher Kontexte, auch bei zahlreichen Söhnen der Kirche zu Fällen objektiver Schuld gekommen ist, bedauere ich das aufrichtig." (Nr. 3)

Im Apostolischen Schreiben *Mulieris dignitatem*[100] machte er zudem deutlich, dass die Bibel in keiner Hinsicht eine Minderbewertung der Frau gegenüber dem Mann zulässt und entsprechende Auslegungen, im Besonderen von Gen 1–3, einer Korrektur bedürfen. Eine Korrektur nahm der Papst auch von der gängigen Auslegung von Eph 5,22–23 vor, worin der Mann als Haupt der Frau bezeichnet wird, sodass sich die Frau dem Mann unterordnen solle. Paulus wendet hier die Brautmetapher auf die Beziehung Christi zur Kirche an und überträgt sie auf die Beziehung des Mannes zur Frau. Der Papst führt aus, dass es sich dabei nur um eine liebevolle gegenseitige Hingabe der Ehegatten „in Ehrfurcht vor Christus", d. h. nach dem Vorbild der Liebe Christi zur Kirche handeln könne, die im zwischenmenschlichen Bereich keine einseitige Unterordnung zulasse:

„Sämtliche Gründe für die ‚Unterordnung' der Frau gegenüber dem Mann in der Ehe müssen im Sinne einer ‚gegenseitigen Unterordnung' beider ‚in der Ehrfurcht vor Christus' gedeutet werden. Das Maß der echten bräutlichen Liebe hat seine tiefste Quelle in Christus, dem Bräutigam der Kirche, seiner Braut." (Nr. 24)

Selbst feministische Theologinnen haben diese Neuinterpretation positiv gewürdigt, ebenso das Bemühen des Papstes, sich für die Achtung und Anerkennung der Würde der Frau einzusetzen. Allerdings stehen innerhalb der Kirche, wie weiterhin kritisch angemerkt wird, konkrete Schritte von Strukturreformen, die der Ebenbürtigkeit von Mann und Frau gerecht werden oder die den Frauen, wie von Johannes Paul II. selbst gefordert,[101] neue Verantwortungsbereiche innerhalb der Kirche eröffnen, noch weitgehend aus. Auf dem Hintergrund des Missbrauchsskandals ist beispielsweise zu fragen, wie sich die fehlende hauptverantwortliche Mitarbeit von Frauen in der Priesterausbildung auf die affektive, psychische und psycho-sexuelle Reifung von Priesteramtskandidaten auswirkt, bzw. ob Probleme von Kandidaten im affektiven und sexuellen Bereich durch die Einbindung von Frauen nicht leichter erkannt und aufgearbeitet werden könnten. Wenn Johannes Paul II. zudem gefordert hat, die Geschichte aus der Sicht der Frau neu zu schreiben[102], so trifft dies auch auf die Tradition der Ehe- und Sexualmoral zu. Diese müssen dann ebenso aus der Sicht der Frau neu entfaltet werden. Entsprechende Neuansätze sind noch zu leisten.

Fünftes Kapitel

Das Zweite Vatikanische Konzil

Die Neuerungen des Zweiten Vatikanischen Konzils im Bereich des Sittlichen werden vor allem in der Gewissenslehre und im Eheverständnis deutlich. Sie zeigen Kontinuität und Diskontinuität der kirchlichen Lehrentwicklung auf und zeugen von einem lebendigen Denkprozess sowie von einem harten Ringen um das rechte Verständnis von Gewissen und Ehe in den jeweiligen sozial- und kulturgeschichtlichen Kontexten.

DIE GEWISSENSLEHRE

Papst Gregor XVI. lehnte in der Enzyklika *Mirari vos* (1832) die Gewissensfreiheit strikt ab und bezeichnete sie als irrige Meinung und überaus verderblichen Irrtum. Die Religionsfreiheit, in der die Gewissensfreiheit gleichsam auf dem Prüfstein steht, wurde von seinem Nachfolger Pius IX. in der Enzyklika *Quanta cura* (1864) sowie unter den im gesonderten Anhang angeführten Irrtümern *Syllabus errorum* scharf verurteilt. Die Aussagen des Zweiten Vatikanischen Konzils scheinen zu diesen beiden lehramtlichen Texten in einem unversöhnlichen Widerspruch zu stehen, hat doch das Konzil selbst die Gewissens- ebenso wie die Religionsfreiheit anerkannt und eingefordert. Die wichtigsten Texte sind die Pastoralkonstitution *Gaudium et spes* (Nr. 16) und die Erklärung zur Religionsfreiheit *Dignitatis humanae* (Nr. 2). Die Päpste in der 2. Hälfte des 19. Jahrhunderts waren bestrebt, dem damals in einem aggressiven antiklerikalen Kleid erstarkenden religiösen Indifferentismus entschieden entgegenzutreten. Vor einem solchen hat auch das Zweite Vatikanische Konzil nicht einfach kapituliert, aber es hat eine andere, angemessenere Antwort gesucht und einer einseitigen Gesetzes- und Gehorsamsethik gegenüber der kirchlichen Autorität die Freiheit und Verantwortung des Gewissens gegenübergestellt: Jeder Mensch ist befähigt, in seinem Inneren das sittliche Gesetz zu erkennen, welches nicht nur eine beliebige Meinung darstellt, sondern verbindlichen Charakter hat, sodass ihm eine verpflichtende Kraft innewohnt. Die Herausforderung besteht genau darin, dass niemandem sittliche Normen – in welchem Bereich auch immer – aufgezwungen werden dürfen, sondern dass diese in einem Prozess der persönlichen Einsicht in Freiheit angeeignet werden müssen. Mit der Gewissensfreiheit ist so die Verpflichtung zur Gewissensbildung und des Bemühens um Einsicht in das sittlich Richtige unlösbar verbunden. Der erwachsene, reife Mensch darf die Aufgabe der persönlichen Aneignung dessen, was er im Gewissen als richtig erkannt hat, nicht einfach delegieren an eine äußere Autorität. Er ist seiner Gewissenseinsicht verpflichtet und muss ihr folgen, selbst wenn das Gewissen irrt und dieser Irrtum für das sittliche Subjekt unüberwindlich ist. Auf diesem Hintergrund sieht die Kirche ihre Aufgabe darin, die Gewissensbildung zu fördern und das sittlich Richtige so einsichtig zu machen, dass es nicht nur als Pflichtnorm, sondern als Bedingung zum Glücken des Lebens erkannt und anerkannt wird.

Das Gewissensverständnis des Zweiten Vatikanischen Konzils greift übrigens ganz wesentliche Aspekte aus der Heiligen Schrift, v. a. Röm 2,15, sowie aus der Tradition neu auf, vor allem bei Augustinus und Thomas von Aquin, die in der Neuscholastik in den Hintergrund getreten waren. Das Unterscheidende dieses Gewissensverständnisses gegenüber der neuscholastischen Gewissenslehre des 19. Jahrhunderts wird besonders deutlich, wenn man *Gaudium et spes* (Nr. 16) mit den Texten vergleicht, die für das Konzil vorbereitet worden waren.[103] Dort findet sich ein verkürztes Gewissensverständnis, welches im Gewissen nur eine Art Anwendungsinstanz von allgemeinen sittlichen Normen sah. Ihm wurde also keine Einsichts- und Entscheidungskompetenz zuerkannt, sondern es wurde als gänzlich unselbständig dargestellt mit der Aufgabe, die an und für sich bestehende objektive sittliche Ordnung zu erkennen, unverfälscht zu vermitteln und praktisch anzuwenden. Wie schon in den Lehrentscheidungen der Päpste Gregor XVI. und Pius IX. wurde die Gewissensfreiheit entschieden abgelehnt als „weder in der Natur des Menschen noch in seinem Personsein existierend".

DIE EHELEHRE

Ebenso überraschend muten die Neuerungen des Konzils im Eheverständnis an, welches in *Gaudium et spes* (Nr. 48–52) ausgeführt wird. Am auffallendsten ist, dass die Konzilsväter die seit der Patristik vorherrschende und vehement verteidigte Ehezwecklehre, wonach Zeugung und Erziehung von Kindern der erste Zweck der Ehe sind und die Geschlechtsgemeinschaft erst legitimieren, unmissverständlich überwinden.

Als Sinn ist der Ehe und der ehelichen Liebe das Wohl der Partner ebenso eingeschrieben wie die Zeugung von Kindern. Beide stehen gleichwertig nebeneinander und werden nicht als erst- oder zweitrangig eingeordnet.

„Durch ihre natürliche Eigenart sind die Institutionen der Ehe und die eheliche Liebe auf die Zeugung und Erziehung von Nachkommenschaft hin geordnet und finden darin gleichsam ihre Krönung. Darum gewähren sich Mann und Frau ... in inniger Verbundenheit der Personen und ihres Tuns gegenseitige Hilfe und gegenseitigen Dienst und erfahren und vollziehen dadurch immer mehr und voller das eigentliche Wesen ihrer Einheit. Diese innige Vereinigung als gegenseitiges Sich-Schenken zweier Personen wie auch das Wohl der Kinder verlangen die unbedingte Treue der Gatten und fordern ihre unauflösliche Einheit." (Nr. 48)

Das Dokument führt hinsichtlich der Eheziele weiter aus:

„Ohne Hintansetzung der übrigen Eheziele sind ... die echte Gestaltung der ehelichen Liebe und die ganze sich daraus ergebende Natur des Familienlebens dahin ausgerichtet, dass die Gatten von sich aus entschlossen bereit sind zur Mitwirkung mit der Liebe des Schöpfers und Erlösers, der durch sie seine eigene Familie immer mehr vergrößert und bereichert." (Nr. 49)

Das Konzil betont, dass auch in ehelichen Gemeinschaften, die – etwa aufgrund von Unfruchtbarkeit oder Alter der Partner – kinderlos bleiben, der geschlechtlichen Vereinigung als Ausdruck der gegenseitigen Liebe nichts an Würde fehlt:

„Die Ehe ist nicht nur zur Zeugung von Kindern eingesetzt, sondern die Eigenart des unauflöslichen personalen Bundes und das Wohl der Kinder fordern, dass auch die gegenseitige Liebe der Ehegatten ihren gebührenden Platz behalte, wachse und reife. Wenn deshalb das – oft so erwünschte – Kind fehlt, bleibt die Ehe dennoch als volle Lebensgemeinschaft bestehen und behält ihren Wert sowie ihre Unauflöslichkeit." (Nr. 51)

Bedenkt man, dass im Kodex des kirchlichen Rechtes von 1917 (Can 1013 §1) noch von der eindeutigen Vorrangstellung des ersten Zweckes der Zeugung und Erziehung von Kindern vor der Geschlechtsgemeinschaft als Hilfe und Heilmittel gegen das Begehren die Rede war, und dass bis zur Mitte des 20. Jahrhunderts Autoren, die dies in Frage zu stellen wagten, auf den Index der verbotenen Bücher gesetzt wurden, wird ersichtlich, wie einschneidend die Konzilslehre ist. Das entscheidende Kriterium ist die personale Sicht der Ehe als freier Bund der Treue und Liebe, in dem die Fruchtbarkeit als Krönung der Liebe und als Teilhabe an der schöpferischen Kraft gedeutet wird. Das Konzil begründet seine Lehre biblisch in Rückgriff zunächst auf Gen 2,28 („Es ist nicht gut, dass der Mensch allein sei"), dann auf Mt 19,4 („Am Anfang schuf der Schöpfer den Menschen als Mann und Frau") und schließlich auf Gen 1,28 („Wachset und mehret euch").

Von der sexuellen Liebe in der Ehegemeinschaft als Ausdruck der Geschlechtlichkeit betont das Konzil, dass sie „auf wunderbare Weise alles übersteigt, was es Entsprechendes auf niedrigeren Stufen des Lebens gibt" (Nr. 51). Die Sexualität wird hierin in ihrer zutiefst personalen Dimension anerkannt. Sie ist als Ausdruck der personalen Liebe zu gestalten und zu pflegen und darf gerade nicht auf den rein biologischen Akt reduziert werden. Sie findet so nur als Ausdruck der Liebe, der Treue und Hingabe Erfüllung und nicht als Befriedigung eines naturhaften Triebes. Die Genitalität darf nicht gelöst werden von der personalen und treuen Liebe, in die sie eingebettet bleibt. Die personale Liebe findet auf diese Weise aber auch in der genitalen Sexualität ihren Vollzug, sodass das Konzil festhalten kann: „Wo das intime eheliche Leben unterlassen wird, kann nicht selten die Treue als Ehegut in Gefahr geraten" (Nr. 51).

Das Konzil hat die Unzulänglichkeit einer jahrhundertelang vorherrschenden naturalistischen und funktionalistischen Sicht der Sexualität deutlich überwunden.[104] Die sittliche Qualität des geschlechtlichen Aktes hängt entscheidend ab von der personalen Qualität der Beziehung von Liebe und Treue der Geschlechtspartner. Für das Konzil steht dabei außer Frage, dass die Rahmenbedingungen einer auf Dauer und Treue hingeordneten Liebesbeziehung nur im Sakrament der Ehe gegeben sind, sodass die Geschlechtsgemeinschaft der Ehe vorbehalten ist.

Nur in Klammern sei an dieser Stelle der kulturhistorische Hinweis eingefügt, dass auch im gesellschaftlichen Bereich das Ideal der Liebesheirat – also der freien Wahl der Partnerin bzw. des Partners aus Zuneigung und Liebe – relativ jung ist und sich erst ab der Mitte des 18. Jahrhunderts mehr und mehr zur sozialen Norm entwickelt hat. Die Entwicklung von der Ehe als Vertrags- bzw. Interessensgemeinschaft hin zur Liebesgemeinschaft ist nicht nur im Zusammenhang zu sehen mit dem Ideal der romantischen Liebe, sondern auch mit der gesellschaftlichen Entwicklung. In einem immer schneller sich verändernden Umfeld war der Wunsch nach Beständigkeit und Rückhalt groß. Während der öffentliche Raum mehr und mehr von einem kapitalistischen Konkurrenzdenken und von beständigen Veränderungen geprägt war, gewährte der private familiäre Raum hingegen Rückzug und Geborgenheit, was das Ideal der frei gewählten Liebesbeziehung sowie eine idealisierte Vorstellung vom trauten Heim förderte.

Sechstes Kapitel

Humanae vitae – viel diskutiert, kaum gelesen, weitreichende Auswirkungen

Papst Paul VI. schreibt in *Humanae vitae*, der Enzyklika „Über die rechte Ordnung von der Weitergabe menschlichen Lebens", das Zweite Vatikanische Konzil weiter und erläutert die Würde der Ehe als personale Gemeinschaft, die sich in der gegenseitigen Hingabe von Mann und Frau vollzieht. In der Ehe verwirklicht sich der in die Schöpfung eingeschriebene Liebesplan Gottes, der der Quellgrund der Liebe ist (Nr. 8). In diesem Licht sieht der Papst die eheliche Liebe in dreifacher Weise: als *vollmenschliche Liebe*, die den ganzen Menschen umfasst, „sinnenhaft und geistig zugleich"; als *Liebe, die aufs Ganze geht* und nicht unter Vorbehalten steht, denn „wer seinen Gatten wirklich liebt, liebt ihn um seiner selbst willen, nicht nur wegen dessen, was er von ihm empfängt"; als *fruchtbare Liebe*, „da sie nicht ganz in der ehelichen Vereinigung aufgeht, sondern darüber hinaus fortzudauern strebt und neues Leben wecken will" (Nr. 9). Der sexuelle Akt zwischen Mann und Frau ist Vollzug ihrer Liebe. Er ist leib-seelische Ganzhingabe, in den die Offenheit für die Zeugung eines Kindes eingeschrieben ist.

ZUR ENTSTEHUNGS- UND WIRKUNGSGESCHICHTE VON HUMANAE VITAE[105]

Darauf aufbauend geht Paul VI. auf die Frage der in *Gaudium et spes* erstmals erläuterten verantworteten Elternschaft ein, wonach die Eltern entsprechend den Umständen der Familie in ihrem Gewissen über Zeitpunkt und Anzahl der Kinder selbst entscheiden müssen. Diesbezüglich sprach das Konzil eine neue Sprache, und zwar nicht in der Vorgabe von fertigen Normen, sondern indem es Kriterien für die Gewissensentscheidung der Eltern anführt:

„Hierbei müssen die Eltern auf ihr eigenes Wohl wie auf das ihrer Kinder – der schon geborenen oder zu erwartenden – achten; sie müssen die materiellen und geistigen Verhältnisse der Zeit und ihres Lebens zu erkennen suchen und schließlich auch das Wohl der Gesamtfamilie, der weltlichen Gesellschaft und der Kirche berücksichtigen. Dieses Urteil müssen im Angesicht Gottes die Eheleute letztlich selbst fällen." (Nr. 50)

Die Frage der Methode der Familienplanung wurde auf Anordnung Pauls VI. nicht behandelt, aber es wurde festgehalten:

„Wo es sich um den Ausgleich zwischen ehelicher Liebe und verantwortlicher Weitergabe des Lebens handelt, hängt die sittliche Qualität der Handlungsweise nicht allein von der guten Absicht und Bewertung der Motive ab, sondern auch von objektiven Kriterien, die sich aus dem Wesen der menschlichen Person und ihrer Akte ergeben und die sowohl den vollen Sinn gegenseitiger Hingabe als auch den einer wirklich humanen Zeugung in wirklicher Liebe wahren. Das ist nicht möglich ohne aufrichtigen Willen zur Übung der Tugend ehelicher Keuschheit. Von diesen Prinzipien her ist es den Kindern der Kirche nicht erlaubt, in der Geburtenregelung Wege zu beschreiten, die das Lehramt in Auslegung des göttlichen Gesetzes verwirft." (Nr. 51)

In der Fußnote wird angeführt, dass bestimmte Fragen zum Studium des Bevölkerungswachstums, der Familie und der Geburtenhäufigkeit einer Kommission übergeben werden, deren Ergebnis dem Papst später als Entscheidungsgrundlage dienen soll. Diese Kommission, zusammengesetzt aus Theologen, Eheleuten, Ärzten etc., hat dem Papst schließlich zwei Empfehlungen unterbreitet: Die Mehrheitsposition hat die Zulassung von künstlicher Empfängnisverhütung als Methode der Familienplanung empfohlen, die Minderheitsposition hingegen hat den Papst bekräftigt, an der Tradition festzuhalten und die künstliche Empfängnisverhütung abzulehnen. Eine vom Papst zusätzlich eingesetzte Bischofskommission überprüfte beide Positionen und sprach sich ebenso mehrheitlich dafür aus, die Wahl der Methode der Gewissensentscheidung der Ehepartner zu überantworten. Zu dieser Kommission gehörte auch der damalige Weihbischof von Krakau, Karol Wojtyla, der spätere Papst Johannes Paul II., der die künstliche Empfängnisregelung allerdings entschieden ablehnte, und zwar mit dem Argument, sie würde der personalen Würde der Ehepartner widersprechen und den sexuellen Akt auf die animalische Ebene erniedrigen. Ein weiteres Argument gegen die Zulassung der künstlichen Empfängnisverhütung war der Treueerweis zu *Casti conubii* (31.12.1930) mit dem Hinweis, Papst Pius XI. könne seinerzeit nicht weniger vom Heiligen Geist erleuchtet gewesen sein als die anglikanische Kirche, die 1930 die künstliche Empfängnisregelung als sittlich erlaubt angenommen hat.[106]

Nach reiflicher Überlegung, hartem inneren Ringen um die richtige Lösung und intensivem Gebet folgte Paul VI. in *Humanae vitae* der Minderheitsposition. Entscheidend dafür ist die Lehre, „dass ‚jeder eheliche Akt' von sich aus auf die Erzeugung menschlichen Lebens hingeordnet bleiben muss" (Nr. 11), sodass die liebende Vereinigung und die Fortpflanzung in jedem einzelnen ehelichen Akt eine untrennbare Einheit darstellen:

„Diese vom kirchlichen Lehramt oft dargelegte Lehre gründet in einer von Gott bestimmten unlösbaren Verknüpfung der beiden Sinngehalte – liebende Vereinigung und Fortpflanzung –, die beide dem ehelichen Akt innewohnen. Diese Verknüpfung darf der Mensch nicht eigenmächtig auflösen." (vgl. Nr. 12)

Sittlich verwerflich ist daher jede Handlung,

„die entweder in Voraussicht oder während des Vollzugs des ehelichen Aktes oder im Anschluss an ihn beim Ablauf seiner natürlichen Auswirkungen darauf abstellt, die Fortpflanzung zu verhindern, sei es als Ziel, sei es als Mittel zum Ziel". (Nr. 14)

Die Begründung (Nr. 16) ist naturrechtlicher Art, wonach „es Recht und Aufgabe der menschlichen Vernunft sei, die ihr von der Naturwelt dargebotenen Kräfte zu steuern und auf Ziele auszurichten, die dem Wohl des Menschen entsprechen", und wonach man sich „an die von Gott gesetzte Ordnung halten muss". In dieser seien jedoch unfruchtbare Perioden der Frau vorgesehen, sodass es „den Gatten erlaubt ist, dem natürlichen Zyklus der Zeugungsfunktionen zu folgen und den ehelichen Verkehr auf die empfängnisfreien Zeiten zu beschränken". Es war ein Grundanliegen des Papstes, die Tradition der kirchlichen Lehre zu wahren. Dennoch tut er dies nicht ungebrochen: Bei Augustinus etwa war der Verkehr ohne Zeugungsabsicht verpönt (ein Mann würde seine Frau dadurch zur Dirne erniedrigen), später wurde er jedoch zum Wohl der Partner geduldet. Nach der Entdeckung des weiblichen Zyklus wurde der Geschlechtsverkehr während der unfruchtbaren Periode erlaubt, aber nicht zum Zwecke der

Empfängnisverhütung. Paul VI. jedoch beurteilt ihn als sittlich erlaubte Form der Familienplanung.

Die Entscheidung Pauls VI. ist zudem im Kontext der damaligen Diskussion um die befürchtete Überbevölkerung zu sehen. Die Industrienationen hatten Entwicklungsprogramme an Auflagen gebunden, dass ärmere Länder die Geburtenrate drastisch senken müssten. Deshalb haben etwa afrikanische Bischofskonferenzen die päpstliche Entscheidung begrüßt und sahen sich bestärkt in ihrer Ablehnung von staatlich verordneter Familienplanung durch künstliche Methoden. Der zweite zeitgeschichtliche Kontext ist die sexuelle Revolution der 60er-Jahre und die Forderung der Liberalisierung der Sexualität, welche eine ungemeine Sexwelle zur Folge hatte. Hinter der Position des Papstes steht auch dessen Befürchtung einer Kommerzialisierung und Banalisierung der Sexualität sowie einer sexuellen Dekadenz. Dem wollte Paul VI. entgegenwirken durch die Betonung, dass die Sexualität nie aus der personalen Dimension der ehelichen Liebe herausgelöst werden darf. Eine von der personalen Liebe gelöste Genitalität finde wohl Triebbefriedigung, aber keine ganzheitliche Erfüllung.

In vielen Ländern wurde die Ablehnung künstlicher Empfängnisverhütung jedoch kritisch aufgenommen bzw. nie voll rezipiert.[107] Weltweit sahen sich 38 nationale Bischofskonferenzen veranlasst, eigene Erklärungen zur Enzyklika zu veröffentlichen, worin sie die Grundanliegen der Enzyklika grundsätzlich positiv würdigten. 22 von ihnen, darunter auch die österreichische[108] und die deutsche[109] Bischofskonferenz, verwiesen jedoch auf die allein von den Eltern zu verantwortende Gewissensentscheidung, bei der sie die kirchliche Lehre mit einbeziehen müssten. Von Moraltheologen wurde die Frage aufgeworfen, ob die Offenheit für Kinder notwendig auf jeden sexuellen Akt zutreffe oder auf das eheliche Leben als solches, das nicht auf den einzelnen Akt reduziert ist. Erwogen wurde auch die sittliche Relevanz der Unterscheidung zwischen natürlichen und künstlichen Methoden, da der Zweck der Verhütung derselbe bleibe. Es wurde eine Kriteriologie vorgeschlagen als mögliche Orientierungshilfe für eine sittlich vertretbare Anwendung von künstlichen Methoden innerhalb einer Ehe, die grundsätzlich offen ist für Kinder: dass weder die Würde noch die Gewissensüberzeugung der Partner verletzt wird; dass ihrer Gesundheit kein Schaden zugefügt wird; dass die Methode keine irreversible Unfruchtbarkeit des Mannes oder der Frau zur Folge hat; dass die sittliche Freiheit beider Partner gewahrt bleibt und der Mann nicht den Anspruch erhebt, dass die Frau sexuell dauerverfügbar sein müsse (und umgekehrt); dass ausgeschlossen werden kann, dass die angewandte Methode abtreibende Wirkung hat; dass im Falle einer ungeplanten Schwangerschaft, also beim Versagen der Verhütungsmethode, das Kind angenommen wird.[110] Die Würzburger Synode (1975) brachte es noch kürzer auf den Punkt: „Die angewandte Methode darf … keinen der beiden Partner seelisch verletzen oder in seiner Liebesfähigkeit beeinträchtigen."[111]

Das Lehramt, sowohl Johannes Paul II. als auch Benedikt XVI.[112], hat diese moraltheologischen Überlegungen jedoch abgelehnt und die künstliche Empfängnisverhütung unmissverständlich als „in sich schlecht" gewertet, d. h. als unter keinen Umständen erlaubtes und durch keinen Zweck gerechtfertigtes sittliches Übel. Johannes Paul II. hat wiederholt betont, dass das, was die Kirche zur Empfängnisregelung lehrt, nicht zu dem gehört, was Theologen debattieren dürften, sondern dass dies die im *obsequium religiosum*, also in religiösem Gehorsam anzunehmende Lehre der Kirche ist.[113]

Die biblische und theologische Dimension der ehelichen Liebe, in deren Kontext Johannes Paul II. das Verbot der künstlichen Empfängnisverhütung vertieft, entfaltet er in einer personalistischen Theologie des Leibes und der Ehe, die auch in der Enzyklika *Familiaris consortio* grundgelegt wird. Darin deutet er die eheliche Liebe als Vollzug der Ganzhingabe der Ehepartner, die hierin gleichsam zur sakramentalen Wirklichkeit der bedingungslosen und vorbehaltlosen Liebe Christi zur Kirche und seiner Lebenshingabe werden. Grundlegend ist das Verständnis der Leiblichkeit und der Geschlechtlichkeit nicht nur als eine biologische, sondern vor allem hermeneutische Dimension, die ihrerseits wiederum in der Leib-Seele-Einheit der Person begründet liegt.

„Als Geist im Fleisch, das heißt als Seele, die sich im Leib ausdrückt, und als Leib, der von einem unsterblichen Geist durchlebt wird, ist der Mensch in dieser geeinten Ganzheit zur Liebe berufen. Die Liebe schließt auch den menschlichen Leib ein, und der Leib nimmt an der geistigen Liebe teil." (Nr. 11)

In die menschliche Leiblichkeit sind über die biologische Zeugungsfunktion hinausgehend personale Werte eingeschrieben, die durch sie kommuniziert werden. Die Leiblichkeit ist das Medium des gemeinschaftlichen Lebens, sodass sie zur Kommunikation des Zusammenlebens wird bzw. jener Werte, auf die eine Gemeinschaft gründet, im Besonderen der Treue, der Fürsorge und Hingabe. Dies gilt im Spezifischen für die eheliche Gemeinschaft und, davon ausgehend, für die Familie.

„Die Familie ist tatsächlich eine Gemeinschaft von Personen, für welche die spezifische Existenzform und Art des Zusammenlebens die Gemeinsamkeit ist: communio personarum. ... Hier tritt bei Wahrung der absoluten Transzendenz des Schöpfers der Schöpfung gegenüber der exemplarische Bezug zum göttlichen ‚Wir' hervor. Nur Personen sind imstande, ‚in Gemeinsamkeit' zu leben. Ihren Ausgang nimmt die Familie von der ehelichen Verbindung, die das Zweite Vatikanische Konzil als ‚Bund' bezeichnet, in dem sich Mann und Frau ‚gegenseitig schenken und annehmen'."[114]

Die Hermeneutik der Hingabe, die in der ehelichen Liebe einen Höhepunkt erfährt, hat deshalb einen zutiefst theologischen Charakter. Darin ist auch der unlösbare Zusammenhang der ehelichen Liebe mit dem Geheimnis der Eucharistie begründet, in dem die leibhaftige Hingabe Jesu Christi aus Liebe zu den Menschen vergegenwärtigt und gefeiert wird. „Die eheliche Liebe zwischen einem Mann und einer Frau ist dazu berufen, in der Welt das sichtbare Zeichen dieses ‚großen Geheimnisses' zu sein."[115]

Der bewusste Ausschluss der Zeugung durch künstliche Mittel stellt in der Sicht dieser theologischen Deutung der Geschlechtlichkeit und des ehelichen Aktes einen Vorbehalt in der gegenseitigen ehelichen Hingabe dar, die nicht nur eine Minderung der Würde der ehelichen Liebe selbst sowie der Ehepartner bedeutet, sondern besonders auch einen Vorbehalt gegenüber dem göttlichen Willen und – in diesem Sinne – einen Akt der Zurückweisung Gottes. Durch künstliche Verhütung wird nicht nur das Zeugnis für Gottes vorbehaltlose Liebe und unverbrüchliche Treue verdunkelt, sondern auch das Mitwirken am schöpferischen Willen Gottes durch die eheliche Liebe verweigert, da Gott gerade durch die eheliche Liebe einem neuen Menschen das Leben schenken will. Nicht zuletzt deshalb widerspricht die künstliche Empfängnisverhütung der Würde der ehelichen Liebe. Die Fruchtbarkeit ist in diesem Sinne nicht nur in die Schöpfungsordnung eingeschrieben, sondern sie entspricht auch dem Heilswillen Gottes. Deshalb wird die Bejahung der Fruchtbarkeit in jedem Akt bzw. der Verzicht darauf, sie durch künstliche Methoden willentlich abzulehnen, als konstitutiv für die Würde des ehelichen Aktes angesehen und nicht nur des ehelichen Lebens als Ganzem:

„Wenn die Ehegatten durch Empfängnisverhütung diese beiden Sinngehalte, die der Schöpfergott dem Wesen von Mann und Frau und der Dynamik ihrer sexuellen Vereinigung eingeschrieben hat, auseinanderreißen, liefern sie den Plan Gottes ihrer Willkür aus; sie ‚manipulieren' und erniedrigen die menschliche Sexualität – und damit sich und den Ehepartner –, weil sie ihr den Charakter der Ganzhingabe nehmen. Während die geschlechtliche Vereinigung ihrer ganzen Natur nach ein vorbehaltloses gegenseitiges Sichschenken der Gatten zum Ausdruck bringt, wird sie durch die Empfängnisverhütung zu einer objektiv widersprüchlichen Gebärde, zu einem Sich-nicht-ganz-Schenken. So kommt zur aktiven Zurückweisung der Offenheit für das Leben auch eine Verfälschung der inneren Wahrheit ehelicher Liebe, die ja zur Hingabe in personaler Ganzheit berufen ist. Wenn dagegen die Ehegatten durch die Zeitwahl den untrennbaren Zusammenhang von Begegnung und Zeugung in der menschlichen Sexualität respektieren, stellen sie sich unter Gottes Plan und vollziehen die Sexualität in ihrer ursprünglichen Dynamik der Ganzhingabe, ohne Manipulationen und Verfälschungen." (*Familiaris consortio*, Nr. 32)

Die Kongregation für die Glaubenslehre hat im Dokument *Donum vitae* diese Sichtweise bzw. Lehre bekräftigt:

„Die Eheleute drücken einander ihre personale Liebe in der ‚Sprache des Leibes' aus, die deutlich den Ausdruck gegenseitiger Hingabe mit der Bestimmung zur Elternschaft verbindet. Der eheliche Akt, durch den die Eheleute einander ihre Selbsthingabe kundtun, drückt zugleich die Öffnung zum Geschenk des Lebens aus: Er ist ein untrennbar leiblicher und geistiger Akt zugleich. In ihrem Leib und durch ihren Leib vollziehen die Gatten die Ehe und können Vater und Mutter werden. Um die Sprache des Leibes und seine naturgegebene Fülle zu achten, muss die eheliche Vereinigung in der Achtung vor der Öffnung auf die Fortpflanzung hin erfolgen, und die Zeugung einer Person muss Frucht und Ziel der ehelichen Liebe sein." (Nr. 4)

Nennenswert ist an dieser Stelle die Ansprache von Johannes Paul II. an die Teilnehmer des vom Opus Dei organisierten internationalen Moraltheologenkongresses in Rom am 12.11.1988 anlässlich des 20-jährigen Erscheinens von *Humanae vitae*.[116] Darin weist der Papst jegliche Kritik an *Humanae vitae* zurück und interpretiert sie als „Bekämpfung" der Enzyklika und als Ungehorsam im Glauben, und zwar nicht nur gegen das Lehramt, sondern auch gegen Gott selbst: Es würde die christliche Lehre vom moralischen Gewissen in Frage gestellt und ein Gewissensverständnis angenommen, wonach sich das Gewissen die sittliche Norm selbst schafft.

„Da das Lehramt der Kirche von Christus, dem Herrn, eingesetzt worden ist, um das Gewissen zu erleuchten, bedeutet die Berufung auf dieses Gewissen, gerade um die vom Lehramt verkündete Lehre zu bestreiten, eine Ablehnung der katholischen Auffassung sowohl vom Lehramt als auch vom sittlichen Gewissen."[117]

Das Gewissen muss sich hingegen an das halten, was vom Lehramt, erleuchtet durch den Heiligen Geist, vorgelegt wird und mit Glaubensgehorsam ebenso anzunehmen ist wie ein Glaubensinhalt.[118] In der Enzyklika *Veritatis splendor* bekräftigte Johannes Paul II., dass es einen Widerspruch zwischen der Lehre der Kirche und dem subjektiven Gewissensurteil nicht geben darf. Er beklagte, dass auf dem Hintergrund eines falschen existentialistischen und subjektivistischen Gewissensverständnisses

„in einigen Fällen eine Trennung oder auch ein Gegensatz entsteht zwischen der Lehre von der im allgemeinen gültigen Vorschrift und der Norm des einzelnen Gewissens, das in der Tat letzten Endes über Gut und Böse entscheiden würde. Auf dieser Grundlage maßt man sich an, die Zulässigkeit sogenannter ‚pastoraler' Lösungen zu begründen, die im Gegensatz zur Lehre des Lehramtes stehen". (Nr. 56)

Dem hält der Papst entgegen, dass

„das Gewissen keine autonome und ausschließliche Instanz ist, um zu entscheiden, was gut und was böse ist; ihm ist vielmehr ein Prinzip des Gehorsams gegenüber der objektiven Norm tief eingeprägt, welche die Übereinstimmung seiner Entscheidungen mit den Geboten und Verboten begründet und bedingt, die dem menschlichen Verhalten zugrundeliegen". (Nr 60)

Da nach katholischem Verständnis die Kirche „Lehrerin der Wahrheit" ist, müssen die Gläubigen bei ihrer Gewissensbildung die „heilige und sichere Lehre der Kirche sorgfältig vor Augen haben", denn die Kirche verkündet ihnen mit zweifelsfreier Sicherheit lediglich jene Wahrheiten, die zu erkennen sie auch selbst befähigt sind. „Die Kirche stellt sich immer nur in den Dienst des Gewissens, indem sie ihm hilft, ... mit Sicherheit die Wahrheit zu erlangen und in ihr zu bleiben." (Nr. 64) Das Gewissen irrt sich folglich, wenn es zu einem von der kirchlichen Lehre abweichenden Gewissensurteil gelangt. Dieser Gewissensirrtum ist jedoch dann als schuldhaft anzusehen, wenn dem Gläubigen der Widerspruch zur Lehre der Kirche bewusst bzw. bekannt ist (vgl. Nr. 64). Wenn die eigene Meinung oder die von Theologen der sicheren Lehre der Kirche vorgezogen würde, könne folglich auch nicht mehr – mit *Gaudium et spes* (Nr. 16) – davon gesprochen werden, „dass das Gewissen aus unüberwindlicher Unkenntnis irrt, ohne dass es dadurch seine Würde verliert".[119]

Hier öffnet sich die komplexe Frage der Beziehung zwischen der objektiven sittlichen Wahrheit und der subjektiven Gewissensentscheidung. Das Problem spitzt sich zu, wenn das, was jemand als sittlich richtig erkennt, nicht dem entspricht, was die Kirche als objektive Wahrheit lehrt. Im lehramtlichen Bemühen, die objektive Wahrheit dessen, was sittlich gut und richtig ist, zu schützen und deshalb ihr Gewicht im Prozess der Gewissensentscheidung zu unterstreichen, orten jedoch viele eine Einschränkung der Berufung auf die persönlichen Gewissenseinsichten, da dem Gewissen nicht die eigenständige Fähigkeit der sittlichen Einsicht zuerkannt wird. Dies offenbart auch ein gewisses Misstrauen seitens des Lehramtes in die moralische Reife der Gläubigen. Es gibt empirische und entwicklungspsychologische Studien, wonach weniger als ein Drittel der erwachsenen Menschen tatsächlich zu einer wirklichen, d. h. prinzipienorientierten Autonomie ihres sittlichen Urteils gelangen, während der größere Teil sich nicht über eine heteronome moralische Entwicklungsstufe hinaus entwickelt und sich im sittlichen Urteil vorwiegend danach ausrichtet, was „man tut", was soziale Akzeptanz findet oder persönliche Vorteile bringt.[120]

Während früher die Kirche die Möglichkeit hatte, sozialen Druck auch dahingehend auszuüben, dass sich die Gläubigen den Normen der Kirche wenigstens äußerlich untergeordnet haben, leben wir heute nicht mehr in einem vornehmlich durch christliche Werte oder kirchlichen Einfluss geprägten Umfeld, sodass der Einzelne nicht mehr genötigt ist, sich den kirchlichen Normen anzupassen, um sozial integriert zu sein. Der heutige Weg, die christlichen Wertvorstellungen zu vermitteln, darf nicht mehr in irgendeiner Form von Macht- oder Druckausübung bestehen, ebenso nicht in administrativen Maßnahmen oder gar Sanktionen, sondern muss seitens der Kirche zu einem verstärkten Bemühen um eine echte Autonomie und sittliche Mündigkeit der Gläubigen führen. Die angemessene Reaktion auf die heutige Situation kann kaum in einer gehorsamsorientierten Ethik bestehen. Vielmehr ist eine verantwortungsorientierte Ethik zu entfalten, um die sittliche Reife und die Gewissensbildung zu fördern. Die Erziehung bzw. Bildung des Gewissens, bei der das Wort Gottes, die kirchliche Lehre sowie die Ratschläge anderer wie Lichter wirken und eine sichere Orientierung bieten, bleibt eine lebenslange Aufgabe.[121] Eine Pastoral, die den Wegcharakter der sittlichen Reifung anerkennt, muss versuchen, den Sinngehalt von Normen zu vermitteln und so die Menschen zu befähigen, sich die Werte, die durch Normen geschützt werden, durch persönliche Sinneinsichten anzueignen. Erst dann werden auch kirchliche Normen nicht mehr als lebensfremd oder als unerreichbares Ideal erfahren werden. So sehr das Anliegen des Lehramtes berechtigt ist, die objektive Dimension des sittlich Guten und Richtigen zu schützen, kann eine objektive Norm dennoch nicht die Gewissensentscheidung des Einzelnen ersetzen. Diese Lehre zieht sich übrigens wie ein roter Faden durch die gesamte moraltheologische Tradition. Seit Thomas von Aquin ist die Unterscheidung zwischen dem Urgewissen (*synderesis*) und dem Situationsgewissen (*syneidesis* bzw. *conscientia*) gängig. Das Urgewissen ist ein unfehlbares Bewusstsein und Wissen darum, dass das Gute zu tun und das Böse zu meiden ist, während das Situationsgewissen in einer konkreten Handlungs- und Entscheidungssituation die aktuelle Verwirklichung dessen zu leisten hat, was als sittlich gut und richtig erkannt worden ist. In diesem Prozess der konkreten Verwirklichung dessen, was man als gut erkannt hat oder wenigstens erkannt zu haben glaubt, so Thomas von Aquin, ist das Situationsgewissen anfällig für Fehler. Dennoch ist man auch dem irrigen Gewissen verpflichtet, wenn der Irrtum nicht erkannt wird und Gewissenszweifel behoben sind. Deshalb bleibt das Subjekt verpflichtet, nach dem sittlich Richtigen zu suchen, es zu erkennen und ihm gemäß zu urteilen. Bleibt dies aus bzw. bemüht sich jemand zu wenig um die sittliche Einsicht, kann er dadurch schuldig werden, auch wenn er angehalten bleibt, dem konkreten Gewissensurteil zu folgen. Für den Einzelnen bleibt das Gewissen die Letztinstanz, in der er ein sittliches Urteil fällt, auch wenn die oberste Instanz die objektive Wahrheit ist. An ihr misst sich, ob sich jemand in seinem Gewissensurteil irrt oder nicht. Als Letztinstanz jedoch verpflichtet das Gewissen immer, sodass man immer gut handelt, wenn man dem eigenen Gewissensspruch folgt:[122] „Es ist *nie Schuld*, der *gewonnenen Überzeugung zu folgen* – man muss es sogar."[123] In diesem Sinne betont auch Johannes Paul II., dass nicht eine Norm, sondern das Gewissen das letzte konkrete Urteil darstellt.[124] Zudem ist zu bedenken, dass – besonders im Verständnis des Gehorsams im Glauben – zwischen Glaubens- und Sittenlehre ein Unterschied zu machen ist und dass es bester theologischer Tradition entspricht, dass ein Christ nach reiflicher Prüfung und einem religiös bestimmten Eingehen auf Lehraussagen im Bereich der Sittenlehre zu einem vom kirchlichen Lehramt abweichenden Urteil kommen kann und diesem auch folgen darf.[125] Auf diesem Hintergrund ist es problematisch, in solchen Fällen von vornherein einen Akt des Ungehorsams oder ein irriges – und zudem noch überwindlich irriges – Gewissensurteil anzunehmen.

ERFAHRUNGEN VON EHEPAAREN MIT DER NATÜRLICHEN EMPFÄNGNISREGELUNG

Viele Ehepaare, die die auch unter medizinischen Aspekten immer ausgereifteren natürlichen Methoden der Empfängnisregelung anwenden[126], berichten von deren positiven Auswirkungen auf ihre eheliche Liebe, was auch von Kritikern des kategorischen Verbots der künstlichen Verhütung anerkannt wird[127]: Frauen würden eine besondere Sensibilität gegenüber ihrem Körper entwickeln; Männer würden lernen, auf ihre Frau mehr Rücksicht zu nehmen; Zeiten der freiwillig angenommenen Enthaltsamkeit würden die Phantasie fördern, Liebe und Zärtlichkeit auf andere Weise als durch den Geschlechtsverkehr auszudrücken, und sie würden die eheliche Treue und die Vorfreude auf die geschlechtliche Liebe verstärken; die periodische Enthaltsamkeit würde wie ein Gegenmittel gegen Langeweile und Eintönigkeit wirken; die eheliche Liebe würde nicht dem hormonellen Haushalt der Partner unterliegen, sondern der Liebe zur Partnerin bzw. zum Partner; unerwünschte Schwangerschaften würden kaum zu Abtreibungen führen, da die Eigenverantwortung durch die Übung der natürlichen Familienplanung entsprechend ausgereifter sei. Viele Paare erleben die Übung der natürlichen Empfängnisregelung nicht nur als Form der Familienplanung, sondern als neue eheliche Lebensweise.[128] In diesem Sinne hält auch Papst Benedikt XVI. fest:

„Es ist ja bekannt, dass die Kirche die natürliche Empfängnisregelung bejaht, die nicht nur eine Methode ist, sondern ein Weg. Denn sie setzt voraus, dass man Zeit füreinander hat. Dass man in einer Beziehung lebt, die von Dauer ist. Und das ist etwas grundlegend anderes, als wenn ich ohne innere Bindung an eine andere Person die Pille nehme."[129]

Aufgrund dieser mehr praktischen sowie der oben ausgeführten naturrechtlichen und theologischen Argumente sieht es das römische Lehramt als Aufgabe der Kirche an, sich umfassend, entschlossen und systematisch dafür einzusetzen, dass die natürlichen Methoden der Geburtenregelung bekannt, geschätzt und angewandt werden.[130]

Es gibt aber auch andere Erfahrungen von Ehepaaren, um die das Lehramt ebenfalls weiß[131]: Ehepartner, denen die sittliche Norm der Kirche nicht einsichtig ist; Ehen, die der strengen Einforderung der kirchlichen Norm nicht gewachsen sind; Ehemänner, die sich ihrer der Kirche gehorsamen Frau (oder umgekehrt) und auch der Kirche, der sie dafür zürnen, entfremden; Frauen, deren Zyklus unregelmäßig ist, was die natürliche Empfängnisregelung zu unsicher macht; Frauen, die berichten, dass ihnen durch die notwendige Beobachtung ihres Körpers die Spontaneität und Freude am Sexualleben vergeht; Ehen, in denen die eheliche Treue durch die geforderten Perioden der Enthaltsamkeit gefährdet ist; Ehen, in denen das gemeinsame Geschlechtsleben so gut wie zum Erliegen kommt; Ehen, die daran zerbrechen.[132] Diese Ehepaare erfahren die kirchliche Haltung als einen Anspruch, der den Bogen des ihnen Möglichen überspannt: „Allzu straff gespannt, zerbricht der Bogen."[133] Wie können in diesen Fällen die eheliche Hingabe und das Band der Treue bewahrt werden? Auf diese pastoralen Anfragen ist noch keine befriedigende Antwort gefunden.[134] Auch stellt sich die Frage, ob die Strenge, mit der eine absolute Treue zu *Humanae vitae* eingefordert wird, nicht in einer gewissen Spannung dazu steht, dass Paul VI. selbst für ihre praktische Anwendung Geduld, Mitgefühl und Barmherzigkeit eingemahnt hat (vgl. *Humanae vitae*, Nr. 29). Paul VI. war sich bewusst, dass

„die Verwirklichung der Lehre über die rechte Geburtenregelung, die die Kirche als Gottes Gebot selbst verkündet, zweifellos vielen schwer, ja sogar ganz unmöglich erscheint". (Nr. 20)

Eingedenk dessen, dass die Ablehnung der künstlichen Empfängnisregelung ausschließlich argumentativ vielen nicht einsichtig gemacht werden kann, bat er, diese Lehre im Vertrauen auf den Heiligen Geist anzunehmen, der die Hirten der Kirche erleuchtet (vgl. Nr. 28).

Die Verwendung der Pille aus medizinischen Gründen, z. B. gegen Akne oder starke Blutungen, d. h. als therapeutisches Mittel, ist allerdings auch nach *Humanae vitae* erlaubt:

„Die Kirche hält ... jene therapeutischen Maßnahmen, die zur Heilung körperlicher Krankheiten notwendig sind, nicht für unerlaubt, auch wenn daraus aller Voraussicht nach eine Zeugungsverhinderung eintritt. Voraussetzung dabei ist, dass diese Verhinderung nicht aus irgendeinem Grunde direkt angestrebt wird." (Nr. 15)

Diese Feststellung ist bedeutsam im Kontext der seit den 1980er-Jahren geführten Debatte um den Schutz vor Ansteckung durch AIDS. Theologinnen und Theologen fordern, dass etwa die Verwendung von Kondomen – im Einklang mit der Enzyklika *Humanae vitae* – auch seitens des Lehramtes wenigstens geduldet werden müsse als eine von vielen notwendigen Maßnahmen im Kampf gegen die Ausbreitung des Virus, auch wenn Konsens darüber bestehe, dass die Verwendung von Kondomen nicht die alleinige Lösung des Problems sein kann. Selbst Papst Benedikt XVI. dachte laut darüber nach und erinnert an die im säkularen Bereich entwickelte ABC-Theorie: „Abstinence – Be faithful – Condom (Enthaltsamkeit – Treue – Kondom), wobei das Kondom nur als Ausweichpunkt gemeint ist, wenn die beiden anderen Punkte nicht greifen"[135]. In diesem Sinn äußerte sich auch der österreichische Familienbischof Klaus Küng anlässlich der 18. Welt-AIDS-Konferenz in Wien (18.–23.07.2010) zur Verwendung des Kondoms in der ehelichen Partnerschaft:

„Ich kann mir vorstellen, dass es in manchen konkreten Fällen in der Ehe, wenn sich ein Partner infiziert hat, erlaubt oder sogar geboten sein kann, zum relativ besseren, jedoch nicht absoluten Schutz des anderen ein Kondom zu verwenden. Das steht meines Erachtens nicht im Widerspruch zur Enzyklika ‚Humanae Vitae', weil in einer solchen Situation nicht Empfängnisverhütung das Ziel der Verwendung eines Kondoms ist, sondern der Schutz des anderen. Die Enzyklika ‚Humanae Vitae' lehrt ja auch, dass zum Beispiel bei Verwendung einer nicht abtreibenden Pille aus therapeutischen Gründen (etwa der Zyklusregulierung), auch wenn dies eine zeitweise Unfruchtbarkeit mit sich bringt, der Geschlechtsverkehr als Ausdruck der Liebe erlaubt ist."[136]

Papst Benedikt XVI. ging in seiner Ausführung noch weiter. Bei gleichzeitiger Warnung davor, dass „die bloße Fixierung auf das Kondom eine Banalisierung der Sexualität bedeutet", stellt er diese Überlegungen zur Verwendung von Kondomen in der Absicht, die Ansteckungsgefahr zu verringern, auch im Kontext der sittlich immer verwerflichen Prostitution an:

„Es mag begründete Einzelfälle geben, etwa wenn ein Prostituierter ein Kondom verwendet, wo dies ein erster Schritt zu einer Moralisierung sein kann, ein erstes Stück Verantwortung, um wieder ein Bewusstsein dafür zu entwickeln, dass nicht alles gestattet ist und man nicht alles tun kann, was man will. Aber es ist nicht die eigentliche Art, dem Übel der HIV-Infektion beizukommen. Diese muss wirklich in der Vermenschlichung der Sexualität liegen."[137]

Diese Aussage des Papstes hat zu lebhaften und kontroversen Diskussionen geführt. Aufgrund der Irritationen hat sich die Glaubenskongregation zur Veröffentlichung einer klärenden Note veranlasst gesehen und festgehalten: „Die Worte des Papstes ... ändern weder die Morallehre noch die pastorale Praxis der Kirche."[138] Der Vatikansprecher P. Federico Lombardi betonte dies von Anfang an, dass nämlich die Argumentation des Papstes einen mutigen, jedoch keineswegs revolutionären klärenden Beitrag in der Frage der Nutzung von Kondomen darstellt. Diese und ähnliche Positionen seien nicht neu, sondern würden von zahlreichen Theologen und angesehenen kirchlichen Würdenträgern vertreten.[139] Hat Paul VI. die Verwendung von Mitteln, obwohl sie verhütend wirken, aus therapeutischer Absicht für sittlich erlaubt erklärt, so wertet Benedikt XVI. die Verwendung des Kondoms in der Intention, die Gesundheit und das Leben der Sexualpartnerin bzw. des Sexualpartners zu schützen, als ersten Schritt „hin zu einer menschlicheren und verantwortungsbewussteren Ausübung der Sexualität"[140]. Beiden Argumentationen gemein ist sowohl die Ablehnung von künstlichen Mitteln in der Intention der Empfängnisverhütung als auch die Einbeziehung der Intention in die sittliche Bewertung von Verwendung von Mitteln mit empfängnisverhütender Wirkung. Deshalb sind die Aussagen von Papst Benedikt XVI. durchaus in Kontinuität mit den lehramtlichen Aussagen zu sehen, auch wenn er sie nicht in einer authentischen lehramtlichen Form geäußert hat.

DIE FOLGEN DER DISKUSSIONEN ZU HUMANAE VITAE

Kontrovers diskutiert werden die Folgen der Diskussion um *Humanae vitae*. Während die Einen in der Kritik an der Enzyklika ein „Nein" zum

Leben sehen mit allen negativen Folgen[141], sehen Andere in der unverrückbaren Position des Lehramtes eine der Ursachen dafür, dass sich viele Menschen der sittlichen Lehre der Kirche entfremdet haben bzw. dass die Kirche im Bereich Ehe und Sexualität an Lehrautorität und Glaubwürdigkeit verloren hat. Die Enzyklika wird als „entscheidende Bruchstelle im wachsenden Autoritätsverlust der Kirche"[142] angesehen. Viele Katholikinnen und Katholiken haben sich nach ehrlicher Auseinandersetzung mit den Argumenten des Lehramtes anders entschieden. Die Erfahrung, dass ihnen seitens des Lehramtes konstant weder die sittliche Kompetenz noch die Freiheit für diese Entscheidung zugestanden wird, sondern ihre Entscheidung als Irrtum und Sünde gewertet wird, hat Entfremdung und Vertrauensverlust gegenüber dem römischen Lehramt bewirkt. Zudem bleibt *Humanae vitae* Anlass für Spannungen zwischen dem Lehramt und Theologinnen und Theologen. Jene, die sich kritisch zum Verbot der künstlichen Empfängnisregelung äußern, fühlen sich missverstanden, wenn ihrer Kritik Illoyalität gegenüber dem Lehramt unterstellt wird, oder dass sie durch die Befürwortung der künstlichen Empfängnisregelung einer verantwortungslosen sexuellen Freizügigkeit das Wort reden würden. Sie betonen zudem, dass man anerkennen müsse, dass künstliche Verhütung das geringere sittliche Übel darstelle als Abtreibung. Künstliche Verhütung bedürfe jedoch entsprechender Aufklärung und Gewissenhaftigkeit bei der Anwendung, was jedoch seitens der Kirche nicht ermöglicht werde, solange künstliche Verhütung kategorisch abgelehnt wird. Dies sei besonders auch deshalb zu unterstreichen, weil in der Entwicklung nach den gesetzlichen Regelungen der Abtreibung in inzwischen fast allen europäischen Ländern die besorgniserregende Tendenz beobachtbar ist, dass trotz – andere meinen: aufgrund – der Möglichkeit künstlicher Empfängnisverhütung die Anzahl der Abtreibungen gewachsen sei. Die Möglichkeit künstlicher Empfängnisverhütung bedürfe jedenfalls eines verstärkten Verantwortungsbewusstseins.

Wie weiter oben ausgeführt wurde, ging es *Humanae vitae* aber nicht ausschließlich um die Frage der künstlichen Empfängnisregelung; die Pille etwa wird ausdrücklich gar nicht erwähnt. Es geht der Enzyklika ganz wesentlich auch um folgende Anliegen, die von der Diskussion um die Methode der Verhütung in den Hintergrund gedrängt worden sind: um die Integrierung der Sexualität in die personale ganzheitliche Liebe, die offen ist für die Zeugung von Kindern; um das Aufzeigen der Verantwortung, die einer Geschlechtsgemeinschaft eingeschrieben ist und die sich besonders in der Annahme des Kindes auch im Falle einer ungeplanten Schwangerschaft zeigt; um ein klares Nein zur Abtreibung. Der emeritierte Tübinger Moraltheologe Dietmar Mieth beklagt jedoch eine Selbstfixierung des Lehramtes auf das Verbot künstlicher Mittel der Empfängnisregelung und die Art und Weise, wie es seitens des Lehramtes zum Symbol der Kirchentreue von Theologinnen und Theologen gemacht wurde, sodass eine ungeteilte Zustimmung zu diesem Verbot zu einem maßgeblichen Kriterium für Bischofsernennungen und die Erteilung der akademischen Lehrbefugnis seitens der Kongregation für das katholische Bildungswesen geworden ist.

„Man kann retten, was an *Humanae vitae* ‚prophetisch' genannt wurde: die Kritik an der totalen (und nicht nur partiellen) Herrschaft der planenden Vernunft in der Liebesbeziehung und die zunehmende Technologisierung der Reproduktion. Man kann es aber auch so sehen, dass *Humanae vitae* am Ende einer Insel gleicht, an deren Riff sich Wellen und mutige Boote brachen, die diese Insel anders bebauen wollten, eine Insel, die aber jetzt auf eingefahrenen Bahnen umschifft wird. Was nicht mehr greift, das wird vergessen. Bei jungen Christen und Christinnen, Theologinnen eingeschlossen, hat sich die Aufregung gelegt. *Humanae vitae* trifft sie und ihr Verhalten nicht mehr existentiell. Es hört damit nicht auf, Gegenstand weiterer moraltheologischer Betrachtungen zu sein. Aber die Zuhörerschaft wird zusehends kleiner."[143]

Siebtes Kapitel

Sexualität in der Theologie des Leibes

Um die Bedeutung der Sexualität in der heutigen Theologie zu verstehen, ist daran zu erinnern, dass das christliche Verständnis der Sexualität in seinem innersten Wesen gerade nicht leibfeindlich ist, sondern dem Leib eine positive Bedeutung gibt und sich so abhebt von vielen philosophischen Strömungen der Antike, die dualistisch geprägt waren und das Materielle negativ abgewertet haben. Demgegenüber bedeutet der Glaube an die Menschwerdung Christi eine positive Deutung des menschlichen Körpers. „Und das Wort ist Fleisch geworden" (Joh 1,14): In diesem zentralen Geheimnis des christlichen Glaubens liegt die Quelle der Erlösung des ganzen Menschen: samt Haut und Haar! Auch der Leib ist von Christus erlöst, nicht nur die Seele.[144] Nach der biblischen Anthropologie kann der Mensch nur als Leib-Seele-Einheit verstanden werden. Die Leiblichkeit ist wesentlich für die personale Identität. Diese „Ansicht, dass Leiblichkeit für personale Identität wesentlich ist, ist grundlegend, selbst wenn sie im Zeugnis christlicher Offenbarung nicht ausdrücklich thematisiert wird. Die biblische Anthropologie schließt einen Dualismus von Geist und Leib aus. Sie spricht vom Menschen als Ganzem."[145]

VON DER UNTER- ZUR ÜBERBEWERTUNG DES KÖRPERS

Für das Verständnis der theologischen Bedeutung des Leibes und der Sexualität ist auch ein kurzer Blick in die Geschichte der Neuzeit und auf ihren Umgang mit dem menschlichen Körper hilfreich. Die Neuzeit war geprägt durch einen für viele Menschen traumatisierenden Wandel. Dieser war einerseits bestimmt durch den Zusammenbruch des mittelalterlichen Weltbildes. Die kopernikanische Wende, also das Ende des geozentrischen Weltbildes, welches doch den Schöpfungsberichten der Bibel zu entsprechen schien, bedeutete eine für viele verunsichernde Revolutionierung. Zugleich zerbrach die mittelalterliche, als gottgewollt angesehene Ständeordnung mehr und mehr. Dies konnte nicht ohne Auswirkungen auf den Glauben der Menschen bleiben.

Die Auseinandersetzungen der Reformation, die Spaltung der abendländischen Kirche und schließlich der Dreißigjährige Krieg fügten dem Glauben und Gottvertrauen der Menschen einen weiteren tiefen Riss zu: Wie kann man sich auf Gott verlassen, wenn sich im Namen dieses Gottes Menschen trennen und bekämpfen? Welche Kirchengemeinschaft darf für sich beanspruchen, den wahren Glauben zu haben? Was dient als verlässliches Kriterium der rechten Glaubenszugehörigkeit? Die Brüchigkeit des Rechtsprinzips des Augsburger Religionsfriedens (1555) und später des Westfälischen Friedens (1648), nämlich *Cuius regio, eius religio* („Wessen Gebiet, dessen Religion"), dass also der Herrscher jeweils die Religion seines Gebietes festlegen kann, war ja augenscheinlich. Traumatisch hat sich auch das Ereignis des Erdbebens und des darauffolgenden Tsunami ausgewirkt, welche am 1. November 1755 die Großstadt Lissabon heimgesucht und fast vollständig ausgelöscht haben.[146] Unter dem Eindruck dieser Naturkatastrophe brach die Theodizeefrage in voller Wucht auf, d. h. die Frage, wie der gerechte Gott in seiner Allmacht und Güte derartiges Leid zulassen könne. Der Glaube an den christlichen Schöpfergott und an eine gottgegebene natürliche Ordnung des Kosmos und der Welt wurde zutiefst erschüttert und fragwürdig, ja für viele unglaubwürdig. Der Rückzug in die Sicherheit der eigenen Vernunft, wie sie im cartesianischen Grundprinzip *cogito ergo sum* („Ich denke, also bin ich") zum Ausdruck kommt, ist auch im Kontext dieser Erfahrungen und Entwicklungen zu sehen.

Die Neuzeit war geprägt durch eine Vernunftzentriertheit. Das wiederum hatte Auswirkungen auf das Verständnis des Menschen. Der Körper spielte hier für die Konstitution der Identität der Person keine wesentliche Rolle. Von der Aufklärung bis zum 20. Jahrhundert fand allerdings eine entscheidende Bewegung statt: Nachdem schrittweise die Vernunft, die Wissenschaften und schließlich auch der technische Fortschritt als sinnstiftende Institutionen in Frage gestellt worden sind, wurde dem Körper immer mehr Bedeutung zugeschrieben.[147] Im heutigen Kontext, der geprägt ist durch die Aufsplitterung der personalen Identität in unterschiedliche Rollen und wandelbare Identitätszuschreibungen sowie durch die Brüchigkeit sozialer Netzwerke und häufig wechselnder Beziehungen, gewinnt aufgrund der raum-zeitlichen Kontinuität der leiblichen und sinnenhaften Selbst- und Welterfahrung der Bezug zum eigenen Körper eine neue, identitätsstiftende Rolle. Identität ist an der Schnittstelle zwischen Individuum und Gesellschaft angesiedelt, dort, wo ein Mensch seinen

Körper als Medium des Selbst- und Fremdbezugs vorfindet. Deshalb gewinnt die Arbeit am und mit dem eigenen Körper eine entscheidende Bedeutung für die heutige Identitätsfindung. Der Körper wird zum Objekt nicht nur der Selbstdarstellung, sondern auch der Selbstverbesserung und Selbstproduktion. Es entwickelt sich ein Körperkult, der quasi-religiöse Dimensionen annimmt.[148] Die Beschäftigung mit dem Körper wird zu einem der vordergründigen Lebensinhalte.

Darin zeigen sich die Bedürfnisse nach Gesundheit, Ganzheit, Schönheit, Heil. Ein schöner, gesunder Körper zeugt von Vitalität, Kraft, Lebensfreude. Und ein schöner Körper wird zum Gradmesser für soziale Anerkennung und Prestige. Jugendlichkeit, Schönheit, Fitness, sexuelle Attraktivität sind Zielmerkmale einer gelingenden und gelungenen Körperlichkeit. Dies ermöglicht es, dass der Körper zum Objekt der ästhetischen Chirurgie und zum Schlachtfeld eines lukrativen Marktes wird, da der Körper – und damit soziale Anerkennung, Erfolg etc. – nicht mehr einfach nur Schicksal, sondern das Ergebnis von Handlungen ist. Er wird „machbar", der Einzelne wird verantwortlich für die mit dem Körper assoziierten Inhalte und Werte, was einen entsprechend hohen Investitionsdruck nach dem Kosten-Nutzen-Kalkül schafft. Dieser Körperkult etabliert damit den Körper als „Projekt" und unterwirft das Individuum unbarmherzig sozialen Erwartungen und Anforderungen. Diese sind allerdings oft stereotyp besetzt und zwingen Männer und Frauen in kulturell und sozial geprägte, klischeehafte Geschlechterrollen, denen sie zu entsprechen haben. Die Menschen werden dadurch einer Einheitsnorm unterworfen, der sie folgen müssen. Die Individualität des Einzelnen wird verwischt, ihr wird nicht mehr Rechnung getragen.[149] Während Männer einem funktionalen Körperdesign entsprechen müssen, werden Frauen einem ästhetischen Körperdesign unterworfen: Männer müssen muskelstrotzende Kraftpakete sein, Frauen kindhaft-schlanke, d. h. harmlose, und zugleich sexy-verführerische, also dämonische Schönheiten.[150] Körperliche Eigenheiten, die zur einzigartigen Unverwechselbarkeit eines Menschen gehören oder seinen Charakter kennzeichnen, werden vielfach als Makel empfunden, den es zu retuschieren gilt.

Wo die Suche bzw. Bestätigung der eigenen Identität und des eigenen Selbstwertgefühls jedoch auf den Körper reduziert wird, gewinnt dieser eine Bedeutung, die ihm nicht zukommt.[151] Er wird vom Medium zum allein Bedingenden und zur Projektionsfläche jener Ideale, die den Menschen als Ganzen ausmachen. Der Zwang zur Perfektion zwingt viele zu einem schmerzhaften, oft zwanghaften und süchtigen Suchen. Den sozialen Normen von Schönheit, den medialen Vorgaben von körperlicher Fitness und sexueller Leistung sowie den eigenen Erwartungen entsprechen zu müssen, übt einen ungemeinen Druck aus. Dahinter steckt die gewaltige Macht des Bedürfnisses nach sozialer Anerkennung. Wo diese aber ausschließlich über den Körper gesucht bzw. seitens der Gesellschaft gewährt wird, führt dies zu krankmachenden Dynamiken und zu schweren psychosomatischen Erkrankungen. Katharina Ohana, die es im Modelbusiness bis ganz nach oben geschafft und den Ruhm der Schönheit ausgekostet hat, bevor sie durch einen Nervenzusammenbruch auf den Boden der Realität zurückgeholt wurde, erinnert sich zurück an die Sehnsucht, durch Schönheit Liebe und Anerkennung zu finden, an die Verlustangst aufgrund des Gefühls der Austauschbarkeit durch andere schöne Frauen und an die Demütigung, auf die körperliche Schönheit und sexuelle Ausstrahlung reduziert zu werden:

„Die verdiente Bewunderung, diese vermeintliche Macht, wird mit der Kürze der Blüte bezahlt und dem baldigen Austausch durch neue Blumen. Ich glaube, es war genau dieses Kurzweilige, Unbestimmte, Unpersonifizierte, was mich an der Verehrung meiner Schönheit so rasend machte. Ich hätte gerne laut hinausgeschrien: ‚Wir schönen jungen Mädchen sind nicht bloß Sinnbilder für eure Sehnsucht nach etwas Überirdischem, verführt durch eure gönnerhafte Aufmerksamkeit. Und einige von uns sind sogar bei Bewusstsein ...' ... Es ist unglaublich demütigend, vor einer gespreizt dasitzenden Jury halb nackt im Raum auf und ab zu gehen, mit dem Hintern zu wippen, dabei in reglose Gesichter zu lächeln, während man ohne jede Scham von oben bis unten angeschaut und schließlich mit einem kühlen ‚Danke' hinausgeschickt wird. Ich hatte genug ... von Leuten, die jegliche Form von Drogen und Sex als eine schnelle Zwischenmahlzeit zu sich nahmen."[152]

DIE WERTSCHÄTZUNG DES LEIBES IM CHRISTLICHEN MENSCHENBILD

Es braucht im Umgang mit dem Körper eine „neue Befreiung ... vom Korsett, in das die Sex- und Schönheitsindustrie besonders junge Frauen zwingt"[153]. Der christliche Glaube ist hier hilfreich, denn er setzt kritisch und befreiend an: Kritisch, weil er einmahnt, dass kein Mensch auf seinen

Körper reduziert werden darf, sondern dass dies vielmehr eine Verletzung seiner Würde darstellt. Der Körper findet erst als Leib, d. h. als Kommunikations- und Ausdrucksmedium des ganzen Menschen mit seiner Würde und seinen inneren und geistlichen Werten die eigentliche Bedeutung. Befreiend ist der christliche Glaube, weil er den Druck nimmt, im Körperlich-Materiellen, also im Vergänglichen, Irdischen und Hinfälligen das Heil zu finden. Im christlichen Menschenbild ist der Körper also weder marginal noch zentral. Im Vordergrund steht der ganze Mensch, die innere Dimension des Menschseins, seine Persönlichkeit und Integrität, dürfen nicht zu Lasten der Äußerlichkeit gehen.[154]

Was bedeutet dies für das Verständnis des Körpers? Der Körper ist Medium der Kommunikation und der Beziehung zu sich selbst und zu anderen Menschen. Er darf nicht nur auf die äußerliche oder rein materielle Dimension verkürzt werden. Er ist mehr als ein materielles Substrat und so „hat" ein Mensch nicht seinen Körper, sondern er „ist Leib". Zur Leiblichkeit gehören drei Grunddimensionen: (1) Die Geschlechtlichkeit: Sie dient biologisch dem Eingehen und der Festigung von Beziehungen sowie der Fortpflanzung. Sie versucht also, die Einsamkeit des Individuums zu überwinden, aber auch dem eigenen Tod zu trotzen, indem Nachkommen das Leben geschenkt wird, die einen überdauern. (2) Die Sinnenbezogenheit: All unser Erkennen, aber auch unser Fühlen und Wollen geht zunächst über die Sinne, zu denen auch die Erfahrung von Lust und Freude gehört. (3) Die Geschichtlichkeit: Bei aller Umwandlung und Veränderung, die ein Körper erfährt, bleibt er doch auch jenes Kontinuum im Lebenslauf eines Menschen, durch das jemand in Beziehung zu sich und den Mitmenschen steht. Der Körper als Leib, die Sexualität inbegriffen, ist Medium der Selbstverwirklichung und der Kommunikation. Der Umgang mit dem eigenen Körper, der nicht perfekt ist und der altert, macht die Selbstannahme mit der eigenen Unvollkommenheit (den Idealen nicht entsprechen zu müssen) und Endlichkeit (das Heil nicht im Körperlichen zu suchen) sichtbar.

Für die Sexualität als Grunddimension des Leibes bedeutet dies, dass in ihr das Heil nicht gefunden werden kann. Von einer heillosen Überforderung der Sexualität und vom menschenverachtenden Diktat eines je ausgefeilteren und technisierten „sexuellen Hochleistungssports" als Weg zum erfüllten Glück dürfen wir uns getrost verabschieden.

Zugleich aber hebt die theologische Bedeutung der Leiblichkeit hervor, dass Heil auch durch die Sexualität erfahren werden kann, so sie personaler Ausdruck und leibliche Kommunikation von Liebe und gegenseitiger Hingabe ist. Den Menschen gibt es nur leiblich: als Mann oder Frau. Der körperliche Geschlechtsunterschied ist dem Menschsein wesenhaft eingeschrieben.[155] Als „Mann und Frau", die erotische Anziehung zwischen den Geschlechtern inbegriffen, ist der Mensch Abbild und Ebenbild Gottes, seines innersten Wesens von Beziehung, Liebe und Fruchtbarkeit. So wird der Leib samt der Geschlechtlichkeit zum sinnenhaften Spiegel der Schönheit Gottes, zum leibhaftigen Lob des Schöpfers, zu einer „heiligen Wohnung". Deshalb ermahnt Paulus: „Hütet euch vor der Unzucht! … Wer Unzucht treibt, versündigt sich gegen den eigenen Leib. Oder wisst ihr nicht, dass euer Leib ein Tempel des Heiligen Geistes ist, der in euch wohnt und den ihr von Gott habt?" (1 Kor 6,18–19)[156]

Achtes Kapitel

Die Enttabuisierung der Sexualität

Das 20. Jahrhundert ist mitgeprägt von der sexuellen Revolution. Die Kirche hat sich mit der sexuellen Aufklärung nicht leichtgetan, da sich diese zunächst gegen kirchlich geprägte Moralvorstellungen durchgesetzt hat und mit einer teilweise ausgeprägten antikirchlichen Haltung aufgetreten ist. Die beiden Enzykliken, *Casti conubii* (1930) von Pius XI. und *Humanae vitae* (1968) von Paul VI., können als unmittelbare Reaktion auf die beiden großen Wellen der sexuellen Aufklärung angesehen werden. Die erste Welle in der Zwischenkriegszeit ist v. a. mit dem Freud-Schüler Wilhelm Reich (1897–1957) und seinem Konzept der orgastischen Potenz verbunden, wonach es darum gehe, Menschen zu helfen, durch die Befähigung zum orgastischen Erleben psychische Störungen zu überwinden. Die zweite Welle – unter dem Einfluss der Frankfurter Schule, besonders Herbert Marcuses (1889–1979) stehend – ist mit der „sexuellen Revolution" der 1960er- bis 1970er-Jahre und den 68er-Studentenprotesten verbunden.[157] Die sexuelle Aufklärung vorwiegend mit Slogans wie „Entfesselung der Triebsexualität", „Befreiung zur orgastischen Lustoptimierung" oder „Sexualität als unerschöpflicher Born der Glücksmöglichkeit" zu verbinden, greift jedoch zu kurz. Sie beleuchten nur eine Seite bzw. Teilaspekte und geschichtliche Ausprägungen der sexuellen Liberalisierung, als das Pendel von einer prüden Sexual- und Leibfeindlichkeit auf die Gegenseite ausschlug.

DIE AMBIVALENZ DER SEXUELLEN AUFKLÄRUNG: BEFREIUNG UND NEUE ZWÄNGE

Die Enttabuisierung der Sexualität war notwendig, um sie positiv erfahren und genießen zu können, ebenso notwendig ist es aber auch, sie vor jenen Schatten zu schützen, die auf sie fallen, wenn sie nur auf Genuss reduziert wird. Während die traditionelle Sexualmoral der Gefahr nicht immer widerstanden hat, die subjektive Erfahrung der Geschlechtslust abzuwerten und nur einer „Liebe ohne Eros" sittliche Güte zu bescheinigen, unterlag die sexuelle Revolution vielfach dem Irrtum, „Eros ohne Liebe", also größtmögliche subjektive Lusterfahrung und sexuelle Stimulierung sei glückende Sexualität. Beide Tendenzen mussten erkennen, dass sich die unterschiedlichen Ebenen der personalen Liebe nicht voneinander trennen lassen: Die Geschlechtlichkeit kann nicht von der Sexualität als Ausdruck der Affektivität, diese wiederum nicht von der Person und ihrer Sehnsucht nach Gemeinschaft getrennt werden.

Die sexuelle Aufklärung und Liberalisierung stellt einen vielschichtigen sozialen, ideologisch und politisch ebenso wie wirtschaftlich bestimmten Prozess dar. Es war notwendig, die Sexualität zu enttabuisieren, sie gleichsam zu befreien aus dem „finsteren Turm" der Anrüchigkeit und Sündhaftigkeit, in den sie jahrhundertelang eingeschlossen war. Eine der positiven Auswirkungen der sexuellen Aufklärung ist, dass viele Menschen nicht mehr wie frühere Generationen unter Angst und Schuldgefühlen leiden, sondern einen entspannteren Umgang mit der Sexualität haben und diese auch unbekümmerter, lustvoller und beglückender erfahren können. Sie reden auch leichter über ihre sexuellen Gefühle und Wünsche oder teilen sich mit bezüglich ihrer sexuellen Probleme, die vielfach auf Beziehungs- oder psychische Probleme hinweisen. Das Thema der Sexualität wurde von Angst, falscher Scham und Heimlichkeit befreit. Für die Frauen bedeutete die sexuelle Aufklärung zudem auch die Ermöglichung, die Erfahrungen ihrer eigenen Sexualität zuzulassen bzw. ihr eigenes sexuelles Erleben zu erkunden und so gleichsam aus dem Schatten einer vorwiegend männlich geprägten Sichtweise von Sexualität herauszutreten.

Die andere Seite der sexuellen Liberalisierung ist aber die, dass mit diesem Prozess der „Befreiung" auch neue Ängste und Unsicherheiten, Fremd- und Selbstzwänge geschaffen wurden.

„Rückblickend auf die unruhigen Jahre äußern die Kinder der sexuellen Revolution noch heute Kritik. Außer neuen Rechten und Möglichkeiten brachte der kulturelle Wandel auch einige unausgesprochene Pflichten mit sich, meinen manche. Vor allem Frauen erinnern sich in Interviews und Publikationen, dass sie regelmäßig ihre eigenen Grenzen missachteten, um dem Prädikat ‚prüde' zu entgehen."[158]

Von den Propagandisten wurden diese für sie „unerwünschten Nebenwirkungen" weitgehend verschwiegen oder geleugnet. Allerdings wuchs in den 1980er- bis 1990er-Jahren der Bedarf an Sexualtherapeuten enorm an, da viele Menschen dem sexuellen Leistungsdruck und den Unsicherheiten und Identitätsprobleme im Bereich der Sexualität nicht gewachsen waren.[159]

Studien aus den vergangenen Jahren bringen die Ambivalenz der Folgen der sexuellen Liberalisierung auf den Punkt. Sie zeigen auf, dass die in den 1970er- bis 1980er-Jahren propagierte sexuelle Liberalisierung im Namen der Freiheit und sexuellen Selbstbestimmung des Individuums auch einen starken politischen anti-bürgerlichen und antiklerikalen Akzent hatte und auch von marktwirtschaftlichen Interessensträgern geleitet war, besonders von der Pharma- und der Sexindustrie.[160] Die Geschichte der Antibabypille, die 1960 in den USA unter dem Namen „Enovid" zum ersten Mal auf den Markt kam, macht diese Ambivalenz deutlich. Der französische Philosoph Paul Ricœur hat übrigens bereits 1967 davor gewarnt, dass alles, was die geschlechtliche Begegnung leicht macht, ihren Absturz in die Belanglosigkeit fördert[161], und der Sozialphilosoph Max Horkheimer prophezeite 1970: „Die Pille bezahlen wir mit dem Tod der Erotik."[162] Stand die Pille anfänglich unter der Parole „Genuss ohne Reue", ist sie inzwischen in Verdacht geraten, bei Frauen langfristig als Lustkiller zu wirken, d. h. sexuelles Desinteresse zu bewirken. Umfangreiche Studien zeigen nämlich auf, dass Frauen, die regelmäßig die Pille einnehmen, im Blut eine weit höhere Konzentration des Sexualhormon bindenden Globulins aufweisen, welches die Wirkung des Sexualhormons Testosteron hemmt und damit auch das sexuelle Verlangen schwächt.[163] Zunehmend diskutiert werden inzwischen auch die gesundheitlichen Folgen der Langzeiteinnahme der Pille, besonders thromboembolische Komplikationen bis hin zur Todesfolge bei Frauen mit einer Veranlagung zu Blutgerinnseln oder die Erhöhung des Risikos für Tumore im Zentralnervensystem. Andererseits weisen Studien auf eine Senkung des Risikos für Gebärmutter- und Eierstockkrebs hin.[164] Weiters ist die Frage zu stellen, warum die hormonale Fortpflanzungsregelung einseitig der Frau aufgebürdet worden ist und nicht wenigstens zu gleichen Lasten auf beide Geschlechter aufgeteilt wurde. Der Sexualwissenschaftler Volkmar Sigusch sieht dies in der Kultur des Patriarchalismus mit begründet, in der Männer nicht bereit sind, auf einen Teil ihrer „Potenz" zu verzichten. Deshalb hat die Pharmaindustrie auch nie ernsthaft und mit demselben Ressourceneinsatz in die Erforschung entsprechender hormoneller Präparate für den Mann investiert, sondern vielmehr die Antibabypille als Errungenschaft für die Befreiung der Frau propagiert.[165] Diese „Befreiung" ist für viele Frauen jedoch auch zum Druck geworden, zu jeder Zeit und an jedem Ort sexuell willig und verfügbar zu sein. Die Mediensoziologin Sylvia Groth stellt fest, dass die Pille zwar

„die Frage der Schwangerschaft geklärt habe – nicht aber jene eines selbstbestimmten weiblichen Lustlebens. ‚In Workshops in Schulen fällt immer noch auf, dass die Form der Sexualität oft von den Wünschen der Burschen abhängt.'"[166]

Der Spannungsbogen von 50 Jahren Antibabypille reicht so von „Lust ohne Reue" über „Zwang zu einer sexuellen Dauerbereitschaft" bis zur Ernüchterung „Pille als Lustkiller". Auf dem Hintergrund der Ambivalenz dieser Entwicklung kann allerdings jede Frau nach der nötigen medizinischen Aufklärung nur selbst einschätzen, ob die Möglichkeit der Antibabypille für sie einen Zugewinn an Freiheit und Selbstbestimmung im Bereich ihres sexuellen Verhaltens darstellt oder ob sie dadurch verstärkt patriarchal bestimmten Verhaltensmustern und Erwartungszwängen ausgeliefert wird. Auch die Tatsache, dass die Pille immer noch, was seinerzeit schon Paul VI. scharf verurteilt hat, in den armen Ländern aus bevölkerungs- und entwicklungspolitischem Kalkül eingesetzt wird, vielfach ohne dass den betroffenen Frauen und Familien die Freiheit zugestanden wird, dies auch abzulehnen, darf nicht verschwiegen werden.[167]

Von Gegnern der künstlichen Verhütungsmittel wird oft auf ein Ergebnis hingewiesen, das in den vergangenen Jahrzehnten die Statistiken vieler Länder wie ein roter Faden durchzieht: Mit der zunehmenden Verwendung der Pille steigt auch die Zahl der Abtreibungen. Die Gründe hierfür sind vielfältig und komplex. Einer der Hauptgründe liegt in der Diskrepanz zwischen sexuellen Aktivitäten und sexueller Aufklärung bzw. darin, dass trotz mangelnder oder unzulänglicher sexueller Aufklärung schon Geschlechtsverkehr geübt wird. Auch bedeutet die Verwendung der Pille vor allem dann, wenn sie nicht im Rahmen einer festen und dauerhaften, grundsätzlich für Kinder offenen Beziehung stattfindet, nicht selten die faktische Reduzierung der sexuellen Begegnung auf den Genuss des Moments unter Ausblendung möglicher Folgen. Das Verantwortungsbewusstsein für die Folgen, besonders für die mögliche Zeugung eines Kindes, ist oft schwach ausgebildet. Wenn durch fehlerhafte oder nachlässige Einnahme der Pille deren Zuverlässigkeitsfaktor sinkt, steigt vielfach auch die Bereitschaft, auf die Abtreibung als „zweite Option" der Familienplanung zurückzugreifen. Ärzte weisen darauf hin, dass bei unregelmäßiger Einnahme der Pille, die durch Unverträglichkeit bzw. Übelkeit oder schlichtweg Nachlässigkeit bedingt sein kann, die Fruchtbarkeitsphasen ausgeprägter sind. Da umgekehrt Ehepaare, die bewusst die natürliche Familienplanung ausüben, ein hohes Verantwortungsbewusstsein und die grundsätzliche Offenheit für Kinder mitbringen, kommt für sie in der Regel die „Option Abtreibung" nicht in Frage, sodass die Anzahl der Abtreibungen im Falle von ungewollten Schwangerschaften nach Anwendung der natürlichen Methode niedrig ist. Besonders bei Ehepaaren, die aus religiösen Gründen künstliche Empfängnisverhütung ablehnen, ist die Bereitschaft der Annahme des Kindes auch im Falle einer ungewollten Schwangerschaft hoch. Anders stellt sich die Situation dar, wenn auf die Verwendung von künstlichen Mitteln aus Gedanken- oder Verantwortungslosigkeit verzichtet wird und die grundsätzliche Offenheit für Kinder nicht gegeben ist: In diesen Fällen stellt für die Betroffenen die Abtreibung vielfach eine Form von „nachträglicher Verhütung" dar. Auch Präparate mit abtreibender Wirkung – so die Abtreibungspille Mifegyne „RU 486" und die sogenannte „Pille danach", bei der eine abtreibende Wirkung nicht ausgeschlossen werden kann – werden nicht selten als „nachträgliche Verhütung" verstanden und praktiziert.

SEXUALITÄT ALS BEZIEHUNGS- UND KOMMUNIKATIONSGESCHEHEN

In der christlichen Tradition wurde die Sexualität zu einseitig auf die biologische Funktion der Zeugung reduziert. Die Kirche hat gelernt, auf die Wissenschaften hinzuhören und ihre Erkenntnisse, für die die psychoanalytischen Beobachtungen und Studien Sigmund Freuds (1846–1939) bahnbrechend waren und die für das umfassende Verständnis der Sexualität unverzichtbar sind, ernst zu nehmen und in die Morallehre einfließen zu lassen. Es war notwendig, die Sexualität zu enttabuisieren, um sie als Geschenk Gottes neu wertzuschätzen zu lernen.

Die Humanwissenschaften haben aufgezeigt, dass der Sexualität beim Menschen auch biologisch nicht nur die Funktion der Zeugung zukommt. Sie ist eine vitale Kraft, in der sich Lust und Liebe in nie voll erklärbarer Weise durchdringen[168], eine Kraft, die Leben schaffen will und dazu drängt, über sich selbst hinauszuwachsen und tiefe, sinnerfüllte Beziehungen einzugehen und zu festigen. Die Sexualität und der sexuelle Trieb sind auch Ausdruck von Gefühlen, Wünschen und Grundbedürfnissen wie Gemeinschaft und Überwindung der Einsamkeit, Angenommensein und Geborgenheit, Zuneigung und Verbundenheit, Vertrauen und Verlässlichkeit, Freundschaft und Liebe: also alles dessen, was auf personale Beziehung hinweist. Im sexuellen Begehren und im Wunsch, begehrt zu werden, ist zudem die Sehnsucht zu erkennen, im Leben eines anderen Menschen eine bedeutende Rolle zu spielen. Der Berliner Sexualforscher Klaus M. Beier sieht dies darin begründet, dass in einer Beziehung psychosoziale Grundbedürfnisse erfüllt werden, auf die alle Menschen angewiesen sind:

„Diese Bedürfnisse wurzeln im tiefen Wunsch nach Akzeptanz, nach Sicherheit und Schutz, nach Geborgenheit und Vertrauen. Letztlich danach, als Mensch angenommen zu werden, sich zugehörig zu fühlen. Das ist ein evolutionäres Erbe. Als hochentwickelte, sozial organisierte Säugetiere sind wir biologisch auf Bindung programmiert. Denn isoliert, nur für uns allein, ohne soziale Anerkennung können wir nicht glücklich werden. Darum sind Bindungen von existenzieller Bedeutung. Und besonders intensiv vermögen wir Akzeptanz und Annahme in einer Liebesbeziehung zu erleben. Wenn wir es schaffen, eine solche Beziehung zu gründen, dann ist das ein Garant für Lebensqualität."[169]

Zudem ist die Sexualität Quelle von Entspannung und Lusterfahrung. Sexuelles Begehren und Lust allerdings, die sich von der Liebe loslösen, degradieren Menschen zu Objekten sexueller Erregung und Befriedigung. Die Partnerin bzw. der Partner bleibt anonym und wird austauschbar, ihre bzw. seine eigenen Empfindungen, Gefühle oder Wünsche werden als störend empfunden, in der konkreten sexuellen Begegnung ebenso wie in der digitalisierten Form des Cybersex, der vorwiegend der sexuellen Stimulation dient, bei gleichzeitiger Vermeidung der Begegnung und Auseinandersetzung mit einem konkreten Gegenüber. Reine Triebbefriedigung macht den Menschen jedoch nicht glücklich, sie überwindet Einsamkeit nicht und neigt zum Süchtig-Werden, denn sie bietet immer nur eine kurzfristige und isolierte Befriedigung, die nach Wiederholung und Intensivierung drängt. Abgesehen davon, dass moralische Grundsätze verletzt werden, geht es

„um eine Verarmung der Liebesfähigkeit und der personalen Beziehung zwischen zwei Menschen, um das Stehenbleiben auf einer infantilen Entwicklungsstufe unserer Liebesfähigkeit und Sexualität"[170].

Erst eine in personale Liebe integrierte sexuelle Begegnung stiftet und festigt beglückende Beziehungen. Sexuelles Begehren, das leibliche und seelische Sehnsucht nach dem geliebten Menschen ist, und Lust, die sich an ihm und seiner körperlichen Gegenwart erfreut, binden zwei Menschen aneinander und festigen ihre Beziehung. „Genau betrachtet, gibt es die Liebe ohne die Lust nicht, denn das Lieben an sich ist etwas Lustvolles."[171] Die Erfahrung von Verliebten zeigt, dass Lust umso intensiver und beglückender erfahren wird, wenn sie nicht angestrebt bzw. durch bestimmte Techniken angepeilt wird, sondern wenn „sie sich ergibt" als Folge der Hingabe an die geliebte Person und als spontane Freude an ihr:

„Aus der Liebesbeziehung der Geschlechter erwächst Lust. Wenn aber von Mann und Frau oder auch von beiden zugleich Lust als das Erste und Oberste angestrebt wird, handelt es sich bereits um eine Beeinträchtigung dieser Beziehung. Früher oder später führt dieses direkte Anpeilen von Lust auch zur Abschwächung der Lust. Sexualleben, das beglückend sein soll, braucht nämlich Unmittelbarkeit. ... Sexualität braucht in diesem Sinne eine Art Unabsichtlichkeit. ... Das Anpeilen der Lust, des Orgasmus ist eine Falle. Je mehr darüber nachgedacht wird, je intensiver das Lusterlebnis programmiert wird, um so mehr wird das sexuelle Leben zur Last."[172]

Die Lust in einer beglückenden sexuellen Erfahrung hat nicht den Selbstzweck eines isolierten Sexualgenusses. Als solche entschwindet sie schnell und schenkt keine tiefe Befriedigung. Lust, die sich aus der Hingabe an die geliebte Person ergibt, dauert auch nach der Erfahrung des sexuellen Höhepunktes an. Sie wirkt fort als wohltuende Befriedigung und hält zugleich das körperliche Verlangen nach dem geliebten Menschen wach. Die Erfahrung von Lust bindet an den geliebten Menschen, sie will nicht durch irgendeinen austauschbaren Sexualpartner befriedigt werden, sondern sehnt sich nach dem einen geliebten Menschen.

Wenn der Slogan „Genuss ohne Reue" suggeriert hat, dass eine sexuelle Begegnung ohne Folgen sein würde, sondern auf den Moment beschränkt bliebe, hat er gerade diese Wirkmächtigkeit gemeinsam erlebter Intimität ausgeblendet. Eine sexuelle Begegnung bleibt nicht folgenlos, und deshalb wird sie dann als lustvoll und beglückend erfahren, wenn die konkreten Folgen auch dem entsprechen, was von den biologischen und psychologischen Gesetzmäßigkeiten her bewirkt wird. Etliche Studien zum Sexualverhalten weisen neben vielen Unterschieden wie einen gemeinsam

Nenner die Erfahrung auf, dass Sexualität dann als beglückend erfahren wird, wenn sie eingebettet ist in eine feste Liebesbeziehung, die getragen ist von Treue und Verlässlichkeit, von gegenseitigem Verstehen und Vertrauen.[173] Galt in der 68er-Generation vorwiegend die Devise, uneingeschränkt mit wechselnden Partnerinnen und Partnern Sex zu haben, haben auch diese Menschen die Erfahrung gemacht, dass dann, wenn zwischen zwei Personen Gefühle und Zuneigung wachsen, nicht nur die Sexualität beglückender erfahren wird, sondern auch Eifersucht entsteht und mit ihr der Wunsch nach Ausschließlichkeit und Treue.[174] Prägend für die Sexualmoral wurde auf diesem Hintergrund zunehmend auch das Verständnis der Sexualität als Kommunikationsgeschehen und „körperliche Sprache" der Liebe: Sexualität wird als beglückend und lustvoll erfahren, wenn sie vorhandene Liebe, entfaltet in Achtung, Vertrauen, Annahme, Treue, Verlässlichkeit …, mitteilt und festigt.[175] Eine sexuell beglückende Beziehung festigt und stabilisiert eine Partnerschaft.

„Ging es früher um den Trieb des Mannes und den Orgasmus der Frau, geht es heute darum, wie junge Frauen und Männer am besten miteinander zurechtkommen. Wichtiger als der sexuelle Akt ist eine feste Beziehung, in der sich die Partner angenommen und aufgehoben fühlen."[176]

Der Schlüssel zu einer gelingenden Sexualität liegt auf der Beziehungsebene: in der ganzheitlichen Wertschätzung der Partnerin bzw. des Partners und in der personalen Liebe. Sexualität wird hierin in die leiblich vollzogene, vertrauens- und liebevolle Hingabe an die geliebte Person eingebettet, die ihrerseits ebenso ganz angenommen wird im sexuellen Empfang ihres Leibes. Die Sexualität wird zur körperlichen Sprache der personalen Liebe, die sexuelle Begegnung zum leiblich vollzogenen „Liebesgedicht". Dabei gibt es unterschiedliche Weisen der sexuellen Begegnung und eine Stufenleiter der Zärtlichkeit: eine Gradualität an Intimität, die vom ersten Kuss über Umarmung und Streicheln bis hin zum vollzogenen Geschlechtsakt reicht. Zur Realität personaler Liebe gehört ihr Reifeprozess von der vorwiegend affektiv geprägten Verliebtheitsphase hin zur gegenseitigen Annahme, die auch im festen Willen besteht, zur geliebten Person zu stehen „in guten wie in bösen Tagen".

„In der ersten Begeisterung der jungen Liebe sieht alles so leicht und selbstverständlich, einmalig schön aus. Im Enthusiasmus erscheinen alle

Grenzen überschreitbar. Aber der Mensch muss es oft schmerzlich erleben, dass er wieder die Grenzen spürt, die Begrenzungen des Ich und des geliebten Du müssen erfahren werden."[177]

Erfahrungen einer spürbaren Gebrochenheit und Begrenztheit der menschlichen Hingabefähigkeit sind unausweichlich. Sie gilt es auszuhalten, ohne dass eine Beziehung gleich in Frage gestellt wird, und es ist wichtig, dass der Partnerin bzw. dem Partner diese Grenzen zugestanden werden, um sie bzw. ihn nicht zu überfordern. Die Partnerin bzw. der Partner ist nicht vollkommen und kann nicht alles bieten. In einer Beziehung braucht es aber auch die Sensibilität, dass das Wissen um die Fehler, Schwächen oder Blößen nicht ausgenützt wird, um Macht auszuüben oder bewusst zu verletzen, sondern vielmehr um die geliebte Person zu schützen und zu unterstützen; sie braucht das Vertrauen-Können, mitsamt den Grenzen angenommen und geliebt zu sein; sie braucht Verlässlichkeit, um Belastungen gemeinsam bestehen zu können; und sie braucht Verbindlichkeit und Treue, denn das Damoklesschwert einer ständig drohenden Trennung erzeugt einen kaum ertragbaren Druck. Ebenso müssen aber auch zu hohe Ansprüche oder Glückserwartungen auf ein realistisches Maß heruntergebrochen werden, damit eine Beziehung nicht überfordert wird. Das offene Gespräch darüber, aber auch über Wünsche, Bedürfnisse oder Vorlieben im Bereich der Sexualität gehört zum Reifeprozess ebenso wie die Bereitschaft und Fähigkeit, auf die Bedürfnisse der Partnerin bzw. des Partners einzugehen. Die Ehepartner

„sollen für ein gesundes und beglückendes Sexualleben alles gut einüben und eine möglichst feine und abwechslungsreiche Praxis für das Eheleben entwickeln. ... Aber es ist ebenso wichtig anzustreben, bei dieser Betrachtungsweise von Kunst im Ehebett und sexuellen Techniken nicht hängenzubleiben. ... In der Liebe überschreitet der Mensch sein Selbst."[178]

Im Prozess dieser Überschreitung eines Menschen auf die geliebte Person hin ist es wichtig, dass er die ganz persönliche Sprache der Liebe des geliebten Menschen erlernt. Der amerikanische Erfolgsautor Gary Chapman nennt in seinem Bestseller *Die fünf Sprachen der Liebe. Wie Kommunikation in der Ehe gelingt,* die Sprache von (1) Lob und Anerkennung, (2) Zweisamkeit – Zeit nur für dich, (3) Geschenke, die von Herzen kommen, (4) Hilfsbereitschaft und (5) Zärtlichkeit.[179] Demgegenüber zählt der amerikanische Beziehungspsychologe John M. Gottman aufgrund seiner langjährigen Beziehungsanalyse und Beobachtungen über Ehestabilität fünf Formen von Kommunikation auf, die eine Beziehung zerstören: (1) vorwurfsvolle Kritik, (2) offensive Selbstrechtfertigung, (3) demütigende Verachtung, (4) Machtdemonstration, um der Partnerin bzw. dem Partner ihre bzw. seine Ohnmacht vor Augen zu führen, und (5) Rückzug in die Einsamkeit zu zweit.[180]

Für eine gelingende Beziehungskommunikation ist jedenfalls entscheidend, dass die leiblich vollzogene Sprache der Liebe sowohl der psychischen Reife der Partner angemessen ist, als auch der Qualität und Intensität der Beziehung entspricht, dass sie aber auch die konkreten, oft sich unterscheidenden Wünsche und Bedürfnisse der Partner berücksichtigt. Dieses rücksichtsvolle Eingehen auf die Bedürfnisse der Partnerin bzw. des Partners verlangt nicht selten die Bereitschaft, auf eigene Bedürfnis- und Wunscherfüllung zu verzichten. Darin vollzieht sich eine gewisse Selbstvergessenheit, in der der Liebende auf die geliebte Person hin frei wird. Diese Selbstvergessenheit bedeutet auch, von der Sorge um sich, um Leistung, um eigene Lusterfahrung befreit zu sein, und so frei für den geliebten Menschen zu sein, im Verlangen, ihm Lust und Freude zu schenken und sich ihm ganz schenken und hingeben zu können.[181] Dies bedarf der Beziehungsarbeit und der Pflege einer Kultur der Schamhaftigkeit, nämlich zu respektieren, wann und wie weit sich die geliebte Person seelisch öffnen und leiblich hingeben möchte. Scham, die weder mit sexueller Verklemmung verwechselt werden darf noch mit Schuldgefühlen, als sei Sexualität etwas Schmutziges oder Sündhaftes, ist einerseits Respekt und Ehrfurcht vor der anderen Person, andererseits eine Form von angeborenem Schutzmechanismus. Scham ist eine Gabe und Tugend,

„die weiß, *dass das Feine und Schöne auch zerbrechlich, vergänglich und leicht zu vernichten ist*; sie ist die Scham, die sich als Schutz und in Ehrfurcht um diese zerbrechliche Menschlichkeit legt"[182].

Diese Scham wird zwar kulturell und pädagogisch geformt, ist aber nicht nur anerzogen; sie wird höchstens aberzogen. Gerade weil ein Mensch im Bereich des Geschlechtlichen nicht nur am Körper, sondern an der Seele berührt wird und verletzlich ist, öffnet und entblößt er sich nicht vor irgendjemandem, sondern nur vor jenem, dem er vertrauen und sich anvertrauen kann. Deshalb sind Missbrauch, sexuelle Nötigung und Gewalt so schlimm, weil sie nicht nur dem Körper, sondern auch der Psyche des Opfers Gewalt antun und ihr tiefe Wunden schlagen, die nicht so verheilen wie körperliche Verletzungen. In diesem Sinn funktioniert die sexuelle Begegnung eben nicht nur als Begegnung zweier Körper, die wie eine Turnübung erlernt und technisch perfektioniert werden könnte; in ihr begegnen und berühren sich vielmehr zwei zerbrechliche und verwundbare Herzen.

DAS GEHEIMNIS DER LIEBE: ZWEI WERDEN EINS – UND BLEIBEN DOCH ZWEI

Die Liebe hat Verlangen nach der geliebten Person, nimmt sie aber nicht in Besitz. Sie erfreut sich daran, die geliebte Person tiefer zu erkennen, und staunt zugleich darüber, dass sie immer auch Geheimnis bleibt. Zur reifen Liebe und zu den Bedingungen glückender Sexualität gehört die Fähigkeit, die Spannung zwischen Selbsthingabe und Bei-sich-Bleiben auszuhalten. Die Liebe strebt nach Vereinigung, aber nicht in Form von symbiotischer Verschmelzung. Sie überwindet Einsamkeit und wahrt dennoch die Individualität. Eine gesunde, reife Distanz zwischen zwei Liebenden braucht ein Maß an Eigenständigkeit, um Halt nicht nur in der Partnerin bzw. im Partner zu suchen, sondern auch in sich selbst zu finden.[183] Die personale Vereinigung ist gekennzeichnet durch ein Wechselspiel zwischen ganzheitlicher Hingabe und Wahrung der eigenen Autonomie: „In der Liebe kommt es zu dem Paradoxon, dass zwei Wesen eins werden und trotzdem zwei bleiben."[184]

Da die Geschlechtsgemeinschaft den körperlichen Vollzug von personaler Ganzhingabe und -annahme bedeutet, betont die Kirche, dass sie nur dann glücken kann und der Würde der Geschlechtspartner entspricht, wenn sie in eine Beziehung der Treue, Dauer und Verlässlichkeit eingebettet ist, die nicht verheimlicht werden muss, sondern sich auch öffentlich sehen lassen kann, und wenn sie die Dimension der Fruchtbarkeit annimmt, die in die Biologie der Sexualität mit eingeschrieben ist. Deshalb behält die Kirche folgerichtig die rechtmäßige volle Geschlechtsgemeinschaft einer für Kinder offenen Lebensgemeinschaft vor, wie sie in der sakramentalen Ehe Erfüllung findet.[185] „Genuss ohne Reue" wird nicht durch die Verhinderung von Folgen ermöglicht, sondern durch die Übernahme der Verantwortung für die Folgen von Anfang an; also nicht erst, wenn passiert ist, was ungeplant ist, sondern bevor Ungeplantes passieren kann.

Neuntes Kapitel

Liebe zwischen Eros und Seligkeit

Die rechte Einschätzung der Sexualität wird diese weder einseitig abwerten, noch idealistisch verherrlichen. Vielmehr wird sie sowohl die Potentialitäten an Menschlichkeit, die in ihr liegen, entfalten, als auch auf die mögliche Gefahr hinweisen, dass durch ein falsches oder verkürztes Verständnis von Sexualität die Würde eines Menschen sehr leicht verletzt werden kann. Die Sexualität hat zwei Gesichter, die nicht voneinander losgelöst und für sich isoliert werden dürfen.

Der italienische Maler Tiziano Vecellio hat um 1514 in einem Auftragswerk anlässlich einer Hochzeit die beiden Gesichter der Liebe dargestellt: *Amor sacro e amor profano*[186]: Der *amor sacro*, die himmlische Liebe, ist nackt und rein, im hellen Licht und unverhüllt den Blicken ausgesetzt, umwallt von einem Tuch in Rot, der Farbe der göttlichen Liebe; im Hintergrund weist ein Kirchturm wie ein Finger zum Himmel; der *amor profano* hingegen, die irdische Liebe, ist in reiche profane Prunkgewänder gekleidet und hebt sich ab von dunklen Schatten im Hintergrund, in dem eine mächtige Burg auf die weltliche Macht verweist. Die Kunsthistoriker interpretieren das Werk mithilfe der platonischen Philosophie, unter deren Einfluss Tizian stand: Die irdischen Wirklichkeiten sind wie Schatten der ewigen Ideen und verhülltes Abbild der göttlichen Herrlichkeit. Das heißt umgekehrt, dass in der irdischen Schönheit gleichsam wie in einem Spiegel die himmlische Vollkommenheit betrachtet werden kann. Erst sehr viel später, im 18. Jahrhundert, hat das Bild von Tizian eine moralistische Interpretation erfahren: Dargestellt seien zwei unterschiedliche, sich gegenseitig ausschließende Formen der Liebe. Die irdische Liebe würde die begehrende, mit weltlichem Prunk verblendende Verführung darstellen (*amor concupiscentiae*), die himmlische Liebe hingegen die reine, sich verschenkende Unschuld (*amor benevolentiae*). Darin spiegelt sich die jahrhundertelang vorherrschende rigoristische Deutung einer Liebe wider, die in sich gespalten ist: in den begehrenden, zuchtlosen, den Menschen hinabstürzenden Eros und in die sich verschenkende, reine, den Menschen erhebende Hingabe. Es ist eine Errungenschaft der theologischen Anthropologie und Ethik der letzten Jahrzehnte, diesen Widerspruch überwunden zu haben in der Erkenntnis, dass die beiden Bewegungen sich nicht widersprechen und einander ausschließen, sondern in der personalen Liebe zwischen zwei Menschen in eins fallen: Der Eros wird durch die Hingabe geheiligt, und die Hingabe kann auf erhabene Weise durch den Eros vollzogen werden.

In der Enzyklika *Deus caritas est* geht Papst Benedikt XVI. darauf ein und führt nach einem kurzen Blick auf das Bild des *Eros* in Geschichte und Gegenwart zwei Aspekte aus:

„Zum einen, dass Liebe irgendwie mit dem Göttlichen zu tun hat: Sie verheißt Unendlichkeit, Ewigkeit – das Größere und ganz Andere gegenüber dem Alltag unseres Daseins. Zugleich aber ..., dass der Weg dahin nicht einfach in der Übermächtigung durch den Trieb gefunden werden kann. Reinigungen und Reifungen sind nötig, die auch über die Straße des Verzichts führen. Das ist nicht Absage an den *Eros*, nicht seine ‚Vergiftung', sondern seine Heilung zu seiner wirklichen Größe hin." (Nr. 5)

Der Papst führt dann weiter aus, dass aufgrund der Einheit von Seele und Leib der Eros nur dann zur wahren Liebe reifen kann, wenn er in diese Einheit integriert ist und wenn der Mensch als Ganzer in seiner leibseelischen Einheit durch den Eros liebt. Ansonsten wird der Eros auf den Körper reduziert und ein Mensch wird verdinglicht: „Der zum ‚Sex' degradierte *Eros* wird zur Ware, zur bloßen ‚Sache'; man kann ihn kaufen und verkaufen, ja, der Mensch selbst wird dabei zur Ware" (Nr. 5). Die wahre Bestimmung des Eros liegt jedoch nicht in der Reduzierung des Menschen auf das Körperliche, sondern darin, ihn über sich selbst hinauszuführen und zum Göttlichen hinzureißen:

„Demgegenüber hat der christliche Glaube immer den Menschen als das zweieinige Wesen angesehen, in dem Geist und Materie ineinandergreifen und beide gerade so einen neuen Adel erfahren. Ja, *Eros* will uns zum Göttlichen hinreißen, uns über uns selbst hinausführen, aber gerade darum verlangt er einen Weg des Aufstiegs, der Verzichte, der Reinigungen und Heilungen." (Nr. 5)

Auf diese Weise wird die erotische Liebe nicht auf den Genuss des Augenblicks reduziert, sondern schenkt einen gewissen Vorgeschmack der Höhe der Existenz, jener Seligkeit, auf die hin die tiefsten Regungen und Sehnsüchte des Menschen gerichtet sind.

Die Ausführungen von Papst Benedikt XVI. nehmen die differenzierte Sichtweise der Sexualität sowie ihre neue und grundsätzlich positive Wertschätzung auf, die in der Moraltheologie der vergangenen Jahrzehnte herausgearbeitet worden sind, und betonen ihre notwendige Integrierung in die Person und Beziehungskultur eines Menschen. Dies ist auch einer der Gründe dafür, dass viele Moraltheologen dafür plädieren, nicht mehr nur von Sexualmoral, sondern vielmehr von „Sexual- und Beziehungsethik" zu sprechen.[187]

Zehntes Kapitel
Sexualität in unterschiedlichen Lebensformen

Sexualität ist ein Grundbedürfnis und ein starker, aber plastisch formbarer Trieb des Menschen, der auf Leben hin ausgerichtet ist. Sie kann auf verschiedene Weise Leben wecken und Erfüllung finden: Sowohl ihre Befriedigung durch die praktizierte Geschlechtlichkeit als auch der Verzicht auf ausgelebte Sexualität bedürfen aber der behutsamen Pflege und Einübung.

„Es ist nicht gut, dass der Mensch allein bleibt" (Gen 2,18). Die Soziologen glauben, dass die Zahl der Menschen, die bewusst als Singles leben, wieder im Abnehmen ist. Besonders in Krisenzeiten spüren viele, dass sie sich nicht selbst genügen, und sehnen sich nach Gemeinschaft und Beziehung. Gerade im Zeitalter der digitalen Kommunikationsmittel gibt es aber immer mehr Menschen, die aufgrund unterschiedlichster Ursachen unfreiwillig allein bleiben und darunter leiden. Als Hilfe können hier u. a. seriöse Partnervermittlungsagenturen dienen, die jedoch persönliche Reife und realistische Ansprüche an eine Partnerschaft voraussetzen. Besonders jenen, die unfreiwillig allein bleiben und die dennoch nicht einfach verantwortungslose Triebbefriedigung in punktuellen sexuellen Abenteuern suchen, ist ein hohes Maß an Selbstbeherrschung abverlangt, um die Spannung eines ungestillten vitalen Bedürfnisses auszuhalten und die Leben spendende Kraft der Sexualität auf andere Weise fruchtbar werden zu lassen.

DAS SAKRAMENT DER EHE UND DIE BEDEUTUNG EINES ERFÜLLTEN SEXUALLEBENS[188]

Im Sakrament der Ehe erhält die Sexualität ihre Würde darin, dass sie zum „Einfallstor Gottes" werden kann als erhabenes Zeugnis der göttlichen Liebe. Die gesamte biblische Offenbarung ist durchzogen davon, dass die menschliche Erfahrung der ehelichen Liebe gedeutet wird als Erfahrbarkeit der Liebe Gottes zu den Menschen und seiner Freude am Menschen: „Wie der junge Mann sich mit der Jungfrau vermählt, so vermählt sich mit dir dein Erbauer. Wie der Bräutigam sich freut über die Braut, so freut sich dein Gott über dich." (Jes 62,5)

„Vor allem die Propheten Hosea und Ezechiel haben die Leidenschaft Gottes für sein Volk mit kühnen erotischen Bildern beschrieben. Das Verhältnis Gottes zu Israel wird unter den Bildern der Brautschaft und der Ehe dargestellt; der Götzendienst ist daher Ehebruch und Hurerei."[189]

Hosea erhält den Auftrag, durch seine eigene Erfahrung einer leidvollen Liebesbeziehung die Treue und Liebe Gottes zu bezeugen. Er ehelicht eine Kultdirne, die ihm jedoch, nachdem sie ihm drei Kinder geboren hat, untreu wird. Nochmals erhält er den Auftrag, wieder um sie zu werben, sie wieder aufzunehmen und ihr treu zu sein. Hosea bildet in seiner Biographie die Liebe Gottes zu seinem Volk ab und zugleich das Leiden Gottes an der Untreue seines Volkes. In seinem festen Entschluss, wieder um seine treulose Frau zu werben und sie heimzuholen, spiegelt sich die Liebe Gottes wider, der ohne sein Volk nicht sein kann und der nicht einfach taten- und emotionslos zusehen kann, wie sich das Volk in den Armen nichtiger Liebhaber, von deren Gold und Prunk es verblendet ist, der Hurerei hingibt:

„Ja, ihre Mutter war eine Dirne, die Frau, die sie gebar, trieb schändliche Dinge. Dann entblöße ich ihre Scham vor den Augen ihrer Liebhaber. Ich verwüste ihre Reben und Feigenbäume, von denen sie sagte: Das ist mein Lohn, den mir meine Liebhaber gaben. Sie hat ihre Ringe und ihren Schmuck angelegt und ist ihren Liebhabern gefolgt, mich aber hat sie vergessen. Darum will ich selbst sie verlocken. Ich will sie in die Wüste hinausführen und sie umwerben. Ich traue dich mir an auf ewig; ich traue dich mir an um den Brautpreis von Gerechtigkeit und Recht, von Liebe und Erbarmen, ich traue dich mir an um den Brautpreis meiner Treue: Dann wirst du den Herrn erkennen." (aus Hos 2,7–22)

Die leidenschaftliche Eifersucht, mit der Gott seinem Volk nachgeht, und der lodernde Eifer, mit dem er um sein Volk wirbt, sind die Kehrseite der tiefen Liebe und der unverbrüchlichen Treue zu seinem Volk. Die Heilsgeschichte ist in ihrem tiefsten Wesen eine Liebesgeschichte Gottes zu seinem Volk, beseelt vom innigsten Wunsch Gottes, dass das Volk sich als von Gott geliebt erfährt und darin erblühe und sich entfalte.

Auf die eheliche Liebe angewendet bedeutet dies, dass auf Untreue und Ehebruch, so eine der Grundbotschaften von Hosea, kein Segen liegt. Untreue und Ehebruch verhindern, dass die Lebensgemeinschaft zweier

Menschen zu einem fruchtbaren Lebensraum wird, in dem sich auch neues Leben entfalten kann. Hingegen können in einer von Liebe und Treue, von Erbarmen und Gerechtigkeit getragenen Beziehung zwei Partner Geborgenheit und Annahme erfahren, sich entfalten, wachsen und reifen. All die Güter und Werte, die eine Beziehung ausmachen, von der emotionalen Zuwendung bis hin zur materiellen Absicherung, werden durch Untreue und Ehebruch aufs Spiel gesetzt. Dies ist nicht nur die schmerzliche Erfahrung Hoseas, sondern unzähliger Ehepaare auch in unserer Zeit. Allerdings muss ein Seitensprung oder eheliche Untreue nicht das Ende einer Beziehung bedeuten, sondern bei beiderseitigem Willen der Partner kann diese schmerzliche Erfahrung des Scheiterns und des Betrogen-worden-Seins auch die Chance für einen gemeinsamen Neubeginn darstellen. Dies verlangt allerdings von beiden Partnern Liebe, Geduld und Versöhnungsbereitschaft sowie in vielen Fällen die Bereitschaft, biographische – vorwiegend familiäre – „Altlasten"[190] aus der Zeit vor der gemeinsamen Paargeschichte aufzuarbeiten, um sich dann gemeinsam als Paar weiterentwickeln zu können.[191] Eine weitere Grundbotschaft des Propheten Hosea liegt darin, dass zwei Ehepartner in ihrer menschlichen Beziehung der göttlichen Liebe und Hilfe bedürfen, damit ihre durch menschliche Grenzen mitbedingte Beziehung ein Ort des Lebens und des Wachsens werde.

Im Neuen Testament findet die liebende Zuwendung Gottes zu allen Menschen ihren Höhepunkt in Jesus Christus, der mensch- und fleischgewordenen Liebe Gottes. Die Leidenschaft Gottes für den Menschen findet Ausdruck in der Lebenshingabe Christi. Gott hat sich den Menschen um den Brautpreis der Lebenshingabe Christi angetraut: Das am Kreuz durch einen Lanzenstich geöffnete Herz (vgl. Joh 19,34) wird zum Realsymbol der göttlichen Liebe. Der Blick auf das Kreuz ist der Blick in das innerste Wesen Gottes, ins Innerste seines Herzens, welches bloßgelegt ist als radikalste Form der Liebe, denn „es gibt keine größere Liebe, als wenn einer sein Leben für seine Freunde hingibt" (Joh 15,13). Der Brautpreis, um den Gott sich die Menschen angetraut hat, ist der Leib und das Blut seines Sohnes. Darin gründet der Zusammenhang zwischen der Ehe und der Eucharistie:

„Die Eucharistie ist die Quelle der christlichen Ehe. Das eucharistische Opfer macht ja den Liebesbund Christi mit der Kirche gegenwärtig, der mit seinem Blut am Kreuz besiegelt wurde. In diesem Opfer des neuen und ewigen Bundes finden die christlichen Eheleute die Quelle, aus der ihr

Ehebund Ursprung, innere Formung und dauernde Belebung empfängt. Als Vergegenwärtigung des Liebesopfers Christi durch die Kirche ist die Eucharistie eine Quelle der Liebe. Diese in der Eucharistie geschenkte Liebe ist das lebendige Fundament der Gemeinschaft und Sendung der christlichen Familie."[192]

In den Schriften des Neuen Testaments, besonders bei Johannes, bei Paulus und in der Offenbarung, finden sich wiederholt Anklänge an die Metapher der Ehe als Ausdruck der Beziehung Christi zur Kirche:[193]

„Es gibt einen paulinischen Brief, in dem die Kirche ... als Braut Christi bezeichnet wird (vgl. Eph 5, 21–33). Damit wird eine frühe Metapher der Propheten wieder aufgenommen, mit der das Volk Israel als Braut des Bundesgottes beschrieben wurde (vgl. Hos 2, 4.21; Jes 54, 5–8): Das soll zum Ausdruck bringen, wie eng die Beziehung zwischen Christus und seiner Kirche ist, sowohl in dem Sinne, dass sie der Gegenstand der zärtlichsten Liebe ihres Herrn ist, als auch in dem Sinne, dass die Liebe gegenseitig sein muss, und dass also auch wir, als Glied der Kirche, ihm gegenüber leidenschaftliche Treue bezeugen müssen."[194]

In den liturgischen Texten des Trauritus, besonders in den Segensgebeten, wird die Ehe gedeutet als Sinnbild und Realsymbol der Liebe Gottes zu seinem Volk und der Liebe Christi zur Kirche. So wie Gott treu zu seinem Volk steht und wie Christus die Kirche liebt, so versprechen zwei Partner einander Liebe und Treue. Der sakramentale Charakter der Ehe besteht darin, dass in der menschlichen Liebe mit all ihren Höhen und Tiefen die Liebe Gottes nicht nur erfahrbar, sondern auch konkret, d. h. real verwirklicht wird: Es ist, als würde Gott einwilligen, dass seine unendliche Liebe in der begrenzten Liebe zweier Menschen Form annimmt.[195] Dadurch wird die menschliche Liebe aufgebrochen. Trotz aller Begrenztheit der Liebes- und Hingabefähigkeit zweier Menschen bricht in ihre Liebe zueinander mehr ein, als sie aus sich zu tun und zu schaffen vermögen. In der Zeugung eines Kindes wird dies auf wunderbare Weise greifbar. Die Liebe ist schöpferisch, sie schenkt neues Leben: „Diese Liebe ist schließlich fruchtbar, da sie nicht ganz in der ehelichen Vereinigung aufgeht, sondern darüber hinaus fortzudauern strebt und neues Leben wecken will."[196]

Auch wenn in unserer Zeit Ehescheidungen sehr häufig geworden sind, ist die Sehnsucht nach Dauer und Beständigkeit einer Beziehung groß.

Diese Sehnsucht ist trotz vieler gegenteiliger Erfahrungen kein bloßer Wunschtraum und keine moralische Überforderung. Zum Gelingen einer dauerhaften Beziehung der Zuneigung und Liebe trägt auch ein erfülltes Sexualleben bei. Wie schon das Zweite Vatikanische Konzil in *Gaudium et spes* (Nr. 51) festgehalten hat, kann die eheliche Treue gefährdet sein, wenn in einer ehelichen Beziehung die sexuelle Erfüllung ausbleibt. Deshalb gehört es mit zur Beziehungsarbeit eines Ehepaares, ihr Geschlechtsleben so zu gestalten, dass es für beide Partner befriedigend ist, und es ist nicht verwerflich, wenn ein Paar im Rahmen dessen, was beide Partner mit ihrem Gewissen vertreten können, experimentierfreudig ist.[197] Paartherapeuten betonen vielmehr die Wichtigkeit, dass Ehepaare auch im Bereich ihrer sexuellen Beziehung einander immer wieder überraschen und die Kunst, einander zu verführen, nicht verlernen. Auch nach vielen Jahren ehelichen Lebens mangelt es einem Menschen nicht an Charme und Reizen, durch die er die Ehepartnerin bzw. den -partner verführen kann. Dafür empfänglich zu sein, signalisiert der Partnerin bzw. dem Partner nicht nur, dass sie bzw. er immer noch begehrenswert ist, sondern auch ihre bzw. seine ganzheitliche Attraktivität. Für die Ehepartner, besonders auch für Frauen, ist es zudem wichtig, ein Bewusstsein für den eigenen Körper zu schaffen, z. B. durch gezielte Übungen, und ohne Leistungsdruck gemeinsam Methoden einzuüben, sodass die sexuelle Begegnung von der Frau und vom Mann als lustvoll und befriedigend erfahren werden kann, bzw. herauszufinden, welche Berührungen oder Akte der Partnerin bzw. dem Partner Lust und Freude bereiten. Hier ist auch Wert darauf zu legen, sowohl das Vor- als auch das Nachspiel zu pflegen und kreativ zu gestalten, nicht nur den reinen Geschlechtsakt, sowie auf die Bedürfnisse, Wünsche und Vorlieben der Partnerin bzw. des Partners einzugehen, umgekehrt aber auch nichts zu verlangen, was von der Partnerin bzw. dem Partner abgelehnt oder als demütigend erfahren wird. Dies ist auch deshalb von Bedeutung, weil es lustvoller ist, die Befriedigung der Partnerin bzw. des Partners zu erleben, als die eigene Befriedigung zu suchen, bzw. sich die Befriedigung schenken zu lassen, als sie für sich selbst erlangen zu wollen. Auch ist die Lust dann am höchsten, wenn sie von beiden Partnern gemeinsam erfahren wird.[198]

Ehepaare, die Probleme im Bereich ihres sexuellen Lebens haben bzw. die Schwierigkeit, eine für beide Partner erfüllte Sexualität zu erfahren, sollten sich jedenfalls nicht scheuen oder schämen, therapeutische und fachliche Hilfe in Anspruch zu nehmen.

Zu beachten ist, dass die Sexualität bzw. der Geschlechtsverkehr nicht als Mittel zur Konfliktlösung dienen kann und dass die sexuelle Verweigerung nicht als „Bestrafung" des Partners bzw. der Partnerin eingesetzt werden soll, da dies tiefe emotionale Verletzungen bewirken kann, bedeutet die sexuelle Zurückweisung doch oft die Demütigung einer tief empfundenen ganzheitlichen Ablehnung. Konflikte sollten vielmehr auf der verbalen Ebene ausgetragen und geklärt werden. Die intime Begegnung als „Feier der Versöhnung" kann zwei Partner durchaus wieder stärker aneinander binden und das gegenseitige Vertrauen stärken. Die sexuelle Begegnung ist eben Ausdruck der ganzheitlichen Beziehung zwischen den Ehepartnern. Dieser muss sie entsprechen, um als beglückend und erfüllend erfahren zu werden.

EINE BEMERKUNG ZUM PROBLEM DER WIEDERVERHEIRATETEN GESCHIEDENEN

Die Ehe geht nicht in der Geschlechtsgemeinschaft auf, auch wenn nach katholischem Verständnis zur Gültigkeit der Ehe sowohl der Konsens (*matrimonium ratum*) als auch der Vollzug der Ehe (*matrimonium consummatum*) wesentlich dazugehören. Die Geschlechtsgemeinschaft ist also wesentlich für die Ehe und ist der gültigen sakramentalen Ehe vorbehalten. Auf diesem Hintergrund ist die kirchliche Regelung zu verstehen, nach der wiederverheiratete Geschiedene dann,

„wenn die beiden Partner aus ernsthaften Gründen – zum Beispiel wegen der Erziehung der Kinder – der Verpflichtung zur Trennung nicht nachkommen können, sich verpflichten (müssen), völlig enthaltsam zu leben, das heißt, sich der Akte zu enthalten, welche Eheleuten vorbehalten sind"[199]

Das Grundanliegen des Lehramtes ist der Schutz der Unauflöslichkeit der Ehe sowie der Eucharistie. Beide Sakramente sind Zeichen des Bundes und der Treue zu Christus. Geschiedene Wiederverheiratete dürfen zum Sakrament der Buße und in Folge der Eucharistie nur dann zugelassen werden, wenn sie „bereuen, das Zeichen des Bundes und der Treue zu Christus verletzt zu haben, und sich verpflichten, in vollständiger Enthaltsamkeit zu leben"[200]. Auf dem Hintergrund der personalistischen Sicht der Geschlechtlichkeit sowie der Theologie des Leibes ist diese Forderung verständlich, da sich im ehelichen Akt jene Ganzhingabe vollzieht, die zugleich das Wesen der ehelichen Treue darstellt. Auch im Falle einer Wiederheirat nach Scheidung bleibt diese Hingabe nach der kirchlichen Lehre der nach wie vor gültigen sakramentalen Ehe vorbehalten, obwohl diese durch die Scheidung und Wiederheirat de facto eine Trennung von Tisch und Bett erfahren hat.

Anzumerken ist an dieser Stelle, dass der Umgang mit den wiederverheirateten Geschiedenen weniger ein sexualethisches, sondern mehr ein pastoraltheologisches Problem darstellt. Bei allen lehrmäßigen Übereinstimmungen bezüglich der Unauflöslichkeit der Ehe sowie des Schutzes der Eucharistie sind viele Seelsorger, Theologen und auch Bischöfe überzeugt, dass auf praktischer Ebene viele pastorale Probleme weiterhin nicht gelöst sind. Sie verweisen auf die klassische Tradition der Tugend der Epikie. Durch diese wird versucht, die außergewöhnlichen inneren wie äußeren Lebensumstände zu berücksichtigen, die eine allgemeine Norm nie regeln kann, und in die konkrete pastorale Umsetzung einer Norm einfließen zu lassen, um so den Menschen in ihren differenzierten Lebenssituationen besser gerecht zu werden. Dabei wird weder die Subjektivität kanonisiert, noch eine subjektive Gewissensentscheidung – gleichsam als Gegennorm – zu einer allgemeinen und objektiv gültigen Norm erhoben, aber die Gewissensentscheidung, zum Empfang der heiligen Kommunion hinzuzutreten, wird als eine Entscheidung anerkannt, die die betroffene Person unvertretbar treffen muss, auch wenn sie dafür den klärenden Beistand sowie die unvoreingenommene Begleitung durch das kirchliche Lehramt braucht. Dadurch soll das Gewissen des Einzelnen geschärft und dafür Sorge getragen werden, dass die grundlegende Ordnung der Kirche nicht verletzt wird. Es wurde versucht, pastorale Hilfestellungen zu erarbeiten, um den Betroffenen in ihren komplexen und oft schmerzlichen Lebenssituationen gerecht zu werden. Dazu gehörten Fragen wie: ob eine Ehe zerbrochen ist, ohne dass jemand dafür die Hauptschuld trägt; ob der eigene Anteil an Schuld aufgearbeitet worden ist; ob die Trennung der ersten Ehe mit Achtung und Rücksicht auf alle Betroffenen, also nicht nur die Partnerin bzw. den Partner, sondern gegebenenfalls auch die Kinder, stattfand; ob in der neuen Beziehung personale Qualitäten und Werte wie Liebe, Treue, Dauer, Beistand, Achtung voreinander und Fürsorge füreinander gelebt werden. Allerdings wurde und wird diese Argumentation vom römischen Lehramt wiederholt und entschieden zurückgewiesen. Dies sowie die Tatsache, dass viele – unter ihnen gläubige Katholiken – auch die Forderung nach sexueller Enthaltsamkeit von wiederverheirateten Geschiedenen im Falle, dass eine Trennung nicht möglich ist, als unrealistisch und untragbar ansehen, hat besonders bei Betroffenen nicht nur Enttäuschung, sondern auch einen Vertrauensverlust in das Lehramt bewirkt. Auf dem Hintergrund der Erfahrung von Betroffenen ist zu fragen, ob die kirchliche Regelung nicht – ganz menschlich gesehen – die Kraft der Liebe, die nach körperlicher Vereinigung drängt, unterbewertet, und ob nicht zugleich die Sexualität überbewertet wird als das ausschlaggebende Kriterium dessen, was eine eheliche Gemeinschaft im Letzten ausmacht. Es stellt sich die Frage, ob die Geschlechtsgemeinschaft nicht idealistisch zu sehr religiös aufgeladen und überhöht wird, wenn ihr für den sakramentalen Charakter der Ehe ein derart hoher Stellenwert zuerkannt wird.[201] In der konkreten pastoralen Praxis jedenfalls halten es viele Seelsorger – wenn auch unerlaubterweise[202] – für verantwortbar, einen anderen Weg einzuschlagen und die als zu rigoros empfundenen Vorgaben des Lehramtes nicht zu befolgen, sodass sich die Problematik der Geschiedenen-Wiederverheirateten-Pastoral wie ein Riss durch die Kirche zieht. Niemand stellt dabei in Frage, dass das kirchliche Lehramt der Lehre Jesu verpflichtet ist und dem Wort Jesu von der Unauflöslichkeit der Ehe treu bleiben muss. Betroffene erinnern aber auch an das Wort Jesu: „Ihr ladet den Menschen Lasten auf, die sie kaum tragen können …" (Lk 11,46).

Wenn man bedenkt, dass nach dem Zeugnis der Evangelien in der Ehemoral Jesu das Ehescheidungsverbot im Zentrum steht, nicht die Wiederheirat von Geschiedenen, ist in der Seelsorge von Anfang an alle Aufmerksamkeit darauf zu legen, dass Ehen gelingen und dass ein heiratswilliges Paar zur christlichen sakramentalen Ehe befähigt wird. Auf eine gewissenhafte und gründliche Ehevorbereitung muss bei der Gewährung des Ehesakramentes großer Wert gelegt werden. Die theologischen Grundlagen des sakramentalen Charakters des Ehebundes und die Sinngehalte einer Theologie des Leibes und der Ehe müssen so vermittelt werden, dass sie ein Brautpaar verstehen, nachvollziehen und sich persönlich aneignen kann; schließlich geht es ja nicht darum, ihm eine Ideologie – etwa der Unauflöslichkeit – aufzuzwängen. Aber gerade weil die Kirche aus lehrmäßigen Gründen die Unlösbarkeit der Ehe betont und bewahrt, muss zwei heiratswilligen Menschen auch die volle kirchenrechtliche Tragweite ihres Entschlusses deutlich gemacht werden. Das gehört zu den seelsorglichen Aufgaben und Verpflichtungen der Ehepastoral. Auch qualitativ hochwertige kirchliche und psychologische Eheberatungsdienste für Paare, die eine Beziehungskrise durchmachen, müssen angeboten werden. Zusätzlich geht es wesentlich auch darum, das positive Zeugnis von gelingenden Ehen zu stärken. Dies kann beispielsweise durch Treuegottesdienste mit Segnung der Ehepaare oder durch die Einbindung von Ehejubiläumsfeiern in die Gemeindegottesdienste geschehen.

DER ZÖLIBAT UND DIE SEXUELLE ENTHALTSAMKEIT

Grundsätzlich sind zwei Formen des kirchlichen Zölibats zu unterscheiden: der priesterliche Pflichtzölibat und das Ordensgelübde der Ehelosigkeit. Der priesterliche Zölibat wird als solcher zwar immer frei angenommen, ist jedoch verpflichtende Bedingung für den Empfang der Priesterweihe. Bestrebungen, den Zölibat verpflichtend für alle Priester einzuführen, sind seit dem 4. Jahrhundert nachweisbar, jedoch erst das Zweite Laterankonzil (1139) führte die bis heute verbindliche Zölibatsregelung ein. Bis dahin war die gängige Regelung, dass den Klerikern der Vollzug der Ehe nach der Weihe untersagt worden war. Die Gründe für diese Entwicklung sind vielfältig. Neben dem Einfluss des monastischen Ideals, welches auf das Priesteramt übertragen worden ist – so wurden kirchliche Rerformbewegungen wie die gregorianische Reform oft durch Päpste angeregt, die Mönche waren –, ist auch auf das damalige wirtschaftliche Interesse der Kirche hinzuweisen, Kirchengüter nicht durch Erbansprüche zu verlieren sowie die Ausbildung von Priesterdynastien zu verhindern. Zudem ging es schlichtweg auch darum, vielen zweifellos vorhandenen sittlichen Missständen zu begegnen. Später wurde der Zölibat zunehmend spirituell begründet. Das Zweite Vatikanische Konzil führt in *Presbyterium ordinis*, dem Dekret über den Dienst und das Leben der Priester, aus:

„Die Kirche hat die vollkommene und ständige Enthaltsamkeit um des Himmelreiches willen, die von Christus dem Herrn empfohlen, in allen Jahrhunderten bis heute von nicht wenigen Gläubigen gern angenommen und lobenswert geübt worden ist, besonders im Hinblick auf das priesterliche Leben, immer hoch eingeschätzt. Ist sie doch ein Zeichen und zugleich ein Antrieb der Hirtenliebe und ein besonderer Quell geistlicher Fruchtbarkeit in der Welt. Zwar ist sie nicht vom Wesen des Priestertums selbst gefordert. ... Der Zölibat ist jedoch in vielfacher Hinsicht dem Priestertum angemessen. ... Durch die Jungfräulichkeit und die Ehelosigkeit um des Himmelreiches willen werden die Priester in neuer und vorzüglicher

Weise Christus geweiht; sie hangen ihm leichter ungeteilten Herzens an, schenken sich freier in ihm und durch ihn dem Dienst für Gott und die Menschen, dienen ungehinderter seinem Reich und dem Werk der Wiedergeburt aus Gott." (Nr. 16)

Während die Kirchenleitung aus diesen und ähnlichen Gründen am Pflichtzölibat für Priester festhält, werden heute sowohl vom Kirchenvolk als auch unter den Priestern selbst unterschiedliche Meinungen dazu heftig diskutiert und auch in diversen Initiativen vertreten. Allerdings wird inzwischen weniger als in den vergangenen Jahren in der Lockerung des Pflichtzölibats eine mögliche Antwort auf den Priestermangel gesehen. In der gegenwärtigen Diskussion hingegen wird verstärkt die Aufmerksamkeit gelenkt auf die Vereinsamung vieler Priester aufgrund der Arbeits- und Lebensbedingungen, die durch den Priestermangel und die daraus folgenden pastoralen Anforderungen mit bedingt sind. Zugleich wächst die Sensibilität für das Problem von Beziehungen, die manche Priester geheim unterhalten, besonders für die Situation von Kindern, die solchen Beziehungen entstammen. Von geheimen Beziehungen betroffene Frauen und Kinder leiden meist schwer unter der Existenz im Verborgenen, zu der sie sich genötigt sehen.[203] Zuallererst sind natürlich die Priester selbst gefordert, für sich eine klare Entscheidung zu treffen, auch aus Rücksicht und Verantwortung gegenüber der betroffenen Frau, bzw. besonders dann, wenn sie schon Vater geworden sind, für ihre Familie Verantwortung zu übernehmen. Eine eventuelle berufliche Neuorientierung für Priester, die sich für die Beziehung bzw. ihre Familie entscheiden, sollte seitens der Kirche erleichtert werden. Aus wenigstens zwei Gründen sollte ihnen das Verbleiben im pastoralen Dienst möglich sein, z. B. im Religionsunterricht oder als Pastoralassistent: Erstens ist die Option, sich beruflich durch eine zweite Ausbildung völlig neu auszurichten, in der Regel nicht möglich; zweitens können sie ihr Wissen, ihre Erfahrungen und ihre Kompetenzen weiterhin für das Leben der Kirche fruchtbar einbringen. Rein kirchenrechtlich wäre es sogar möglich, dass betroffene Priester nach erteilter Dispens von der Verpflichtung zum Zölibat ihr Amt weiterhin in vollem Umfang ausüben.[204] Dies würde es vielen Betroffenen erleichtern, die moralisch fragwürdige und bedenkliche Situation, in der sie leben, zu bereinigen. Für die Kirche ist es wohl ein Gebot der Stunde, offene Diskussionsforen zu diesen Fragen zuzulassen, und zugleich erneute Sorgfalt bei der Aufnahme von Priesteramtskandidaten und deren Ausbildung an den Tag zu legen, besonders bezüglich des Umgangs mit der Sexualität im ehelosen Leben. Insgesamt jedoch stellt sich die Frage, ob die „immergrüne" Zölibatdiskussion dem Ansehen des Priesterberufes nicht dahingehend schadet, dass er in der öffentlichen Wahrnehmung – besonders in kirchen- und religionskritischen Kreisen – zu sehr mit der Problematik des Pflichtzölibats identifiziert bzw. auf diese reduziert wird.

Das Ordensgelübde der Ehelosigkeit, die zweite Form kirchlichen Zölibats, ist gemeinsam mit den Gelübden der Armut und des Gehorsams wesentlich für das Selbstverständnis des Ordenslebens und seit dem Beginn des monastischen Lebens im 3. Jahrhundert bezeugt. Seine Begründung ist biblisch (Mt 19,12; 1 Kor 7,32–34). Neben dem Wunsch, sich jene Lebensform anzueignen, die nach dem Zeugnis der Evangelien Jesus selbst gelebt hat, ist es dadurch motiviert, dem Himmelreich besser dienen zu können. Dem Aufbau des Reiches Gottes dient ein Mensch, der sein Leben Gott schenkt, indem er in der Liebe zu Gott und den Menschen wächst und reift. Das bedeutet nicht, die Gottes- und Nächstenliebe in einem Konkurrenzverhältnis zueinander zu denken, so als würde Gott jemandem, der sich ihm ganz weiht, keine menschliche Liebe zugestehen. Die Ehelosigkeit verlangt aber den Verzicht auf sexuelle Liebe und darauf, einen anderen Menschen ganz an sich zu binden: Beides ist der ehelichen Beziehung vorbehalten. Verstanden als Befreiung zur Gottes- und Nächstenliebe, beinhaltet die Ehelosigkeit die Aufgabe, in der Fähigkeit zur Liebe und Hingabe zu reifen. Sie verlangt nach einem verantwortungsvollen Umgang mit der Sexualität, die weder verdrängt noch genital ausgelebt wird. Als Kraft der Liebe und Beziehung wird sie auf einer anderen Ebene als der genitalen gelebt und fruchtbar gemacht.

Damit der Zölibat nicht in die Einsamkeit und emotionale Verhärtung führt, braucht der ehelos lebende Mensch feste und verlässliche Freundschaften sowie die Gemeinschaft mit Gleichgesinnten, durch die er getragen und gestützt wird. Auch der ehelos lebende Mensch hat das Bedürfnis nach Nähe, Vertrauen und Zuneigung. Es ist vielfach eine Gratwanderung, diese Nähe zuzulassen, ohne die Grenzen des Gelübdes der Ehelosigkeit zu überschreiten.[205] Dabei geht es nicht nur darum, es in einer Beziehung nicht zu sexuellen Handlungen kommen zu lassen, sondern auch darum, keine Beziehung bzw. Bindung zu einer Person einzugehen oder zu pflegen, die einer Liebes- und Partnerbeziehung gleichkommt. Wird gleichsam ein Ersatz gepflegt, verliert auch die zölibatäre Lebensform ihren Sinngehalt. Das tiefere Verständnis dieser Lebensform beinhaltet den

Verzicht auf jene Form von Beziehung, auf die hin eigentlich das Leben, wie es ja der Natur entspricht, ausgerichtet ist und die nicht zuletzt in einer sexuellen Beziehung ihren angemessenen und authentischen Ausdruck findet. Die Herausforderung besteht in der notwendigen Verwandlung dieser Sehnsucht in eine andere Form von Liebe und Freundschaft, die nicht den Charakter der Ausschließlichkeit hat und dennoch nicht einfach unverbindlich ist. In einer partnerschaftsähnlichen Liebesbeziehung hingegen, in die Ordenschristen und noch häufiger Weltpriester oft involviert sind, wird der andere Mensch – zumeist eine Frau – nicht mit seinen tiefen Bedürfnissen nach Liebe, gegenseitiger Hingabe und Ausschließlichkeit ernst genommen. Nicht wenige Frauen dulden das und sind zu vielem bereit, um den Mann nicht ganz zu verlieren, der für sie faktisch doch eine Art Lebenspartner ist. So geschieht vielfach ein hoffnungsloses und leidvolles Aneinander-Ketten, in dem keiner der beiden Partner wirklich zur Liebe in der je eigenen Berufung befreit wird. Zudem kann aufgrund der oft verdrängten bzw. nicht zu leistenden alltäglichen Beziehungsarbeit leicht ein idealisiertes Verständnis von Partnerschaft entstehen, das Betroffene noch stärker aneinander bindet. Der Ehelose, der sich auf eine Beziehung einlässt, muss sich darüber hinaus auch selbstkritisch fragen, ob er die andere Person nicht funktionalisiert zur Stillung eigener Bedürfnisse oder zur psycho-sexuellen Reifung, oder ob er in einer solchen Beziehung nicht der einseitig Empfangende ist, ohne sich jedoch selbst verbindlich und verantwortlich auf die andere Person einzulassen.

Die Ehelosigkeit darf jedoch nicht nur auf den Verzicht auf eine sexuelle Beziehung reduziert werden, d. h. dass der Zölibat nicht in der Frage der sexuellen Enthaltsamkeit aufgeht. Der zölibatär Lebende muss besonders auch eine lebendige und tiefe Spiritualität pflegen, denn im Letzten lebt er ehelos, weil er darauf vertraut, dass Gott ihn dazu berufen hat: nicht weil dieser ihm menschliche Glückserfahrungen vorenthalten will, sondern damit er in dieser Lebensform zu einer umfassenden Gottes- und Menschenliebe heranreift, in der sein Leben erfüllt und glücklich werden kann. Ziel der sexuellen Enthaltsamkeit im Sinne der „Ehelosigkeit um des Himmelreiches willen" ist die Sublimation und Verwandlung der sexuellen Energie in die Liebe zu Gott sowie in die kreative Umsetzung dieser Gottesliebe in die aufmerksame und tätige Nächstenliebe. Trotz aller Entbehrung, die die sexuelle Enthaltsamkeit mit sich bringt und die von zölibatär lebenden Menschen unterschiedlich stark erlebt wird, weist es auf eine gelingende ehelose Lebensform hin, wenn durch sie Einsamkeit überwunden und Freude am Leben sowie eine lebendige, Leben schaffende Kreativität gefördert werden.

In der heutigen Zeit stellt der Zölibat sicher eine Provokation dar, aber eine heilsame: Er erinnert daran, dass der Mensch im Irdischen nicht aufgeht, sondern auf Ewigkeit hingeordnet ist. Papst Benedikt XVI. nennt den Zölibat einen Skandal für alle jene, die nicht glauben, aber gerade deshalb sei er ein großartiges Glaubenszeugnis: Er bezeuge konkret den lebendigen und vertrauensvollen Glauben an Gott und lasse auf diese Weise Gott in diese Welt und in das Leben eines Menschen „einbrechen". So wird er zum Sinnbild für die Präsenz Gottes in der Welt und öffnet zugleich die Welt auf jene Zukunft hin, in der die volle Gemeinschaft mit Christus die menschlich begrenzte Fähigkeit zu lieben und sich lieben zu lassen radikal entgrenzen wird. Allerdings betonte der Papst auch, dass die Ehelosigkeit nicht einfach bedeutet, für sich allein zu leben und verbindliche Beziehungen abzulehnen, sondern vielmehr das Gegenteil, ein endgültiges Ja zum Dienst für Gott durch den Dienst am Menschen zu leben.[206] Auch wenn sich der Papst vordergründig auf den Pflichtzölibat für Priester bezog, treffen seine Aussagen auch auf das Ordensgelübde der Ehelosigkeit zu.

Im Kontext einer oft als hypersexualisiert charakterisierten Gesellschaft wirkt der Zölibat zudem wie ein Gegenpol und zeigt Grenzen der Sexualität auf, ohne diese abzuwerten. Erstens: Liebes- und Hingabefähigkeit können auch bei Verzicht auf gelebte Sexualität gepflegt und entfaltet werden. Zweitens: Auch ohne sexuelle Intimität kann das Leben glücken und Erfüllung finden.

Die Ehelosigkeit um des Himmelreiches willen kann immer nur freiwillig und nicht als Pflicht übernommen werden, und zwar als ein Charisma und eine Berufung. Nur getragen von der Gnade Gottes und vom Gebet ist sie authentisch lebbar und wird auch Leben für andere ermöglichen.

ZÖLIBAT UND EHE: ZWEI GLEICHRANGIGE FORMEN DES ZEUGNISSES DER LIEBE GOTTES

Jede Entscheidung für eine dieser Lebensformen ist getragen vom Vertrauen, darin die eigene, ganz persönliche und unverwechselbare Berufung zu leben. Deshalb dürfen sie nicht gegeneinander ausgespielt werden: Keine ist besser oder schlechter. Bis zum Zweiten Vatikanischen Konzil wurde der Priester- und Ordensstand als dem Ehestand übergeordnet angesehen. Dies kann nicht zuletzt als Relikt eines mittelalterlichen Ständeordnungsdenkens angesehen werden. Möglicherweise liegt es aber auch in einem Übersetzungsfehler von Eph 5,1 begründet, wo es heißt, dass jeder Hohepriester aus den Menschen „genommen" ist, was auf der Grundlage der lateinischen Bibelübersetzung, der Vulgata, als „auserwählt" und „erhoben" verstanden worden ist. Das Zweite Vatikanische Konzil hat jedoch die ursprüngliche Ebenbürtigkeit und Gleichrangigkeit der verschiedenen Berufungen in deren Verwurzelung in der gemeinsamen Berufung durch die Taufe herausgestrichen und betont.

Auch kann die Ehelosigkeit nicht, wie es in der Tradition üblicherweise geschehen ist, als die höhere oder „saubere" Form der Sexualität im Gegensatz zur ehelich ausgelebten angesehen werden. Beide Formen verlangen Reifen und Wachsen. Die Ehelosigkeit bedeutet durch Verweigerung der Erfüllung aller Bedürfnisse eine Abkehr von einer konsumorientierten Mentalität, um so frei zu werden für die Zuwendung zu anderen, jedoch ohne die Erhebung des Selbstwertgefühls in Form eines „Über-den-Dingen-Stehens" bzw. einer trügerischen Selbstgenügsamkeit oder gar „Selbstvollkommenheit". Die sexuelle Enthaltsamkeit ist kein Selbstzweck und ist in erster Linie auch nicht auf den Zweck der moralischen Vollkommenheit hingeordnet. Die eheliche Treue hingegen verlangt die Aufarbeitung eigener infantiler oder überhöhter Ansprüche, und zwar mit der nötigen Beziehungsarbeit, den geliebten Menschen mit seinen Grenzen und seinem Anderssein anzunehmen sowie von ihm nicht die Erfüllung eigener paradiesischer Sehnsüchte zu erwarten. Dies gelingt auch durch die Entwicklung eines Selbstwertgefühls, das nicht durch Erfolg oder Leistung im Bereich der Sexualität definiert wird oder ausschließlich von der Anerkennung seitens des Gegenübers abhängt, sondern das einen befähigt, auf den eigenen Beinen zu stehen und die geliebte Person auch ihrerseits frei zu geben. In beiden Lebensformen sind ein starkes Selbstbewusstsein, charakterliche Reife und Ich-Stärke, aber auch die Überwindung von überzogenen Perfektionsvorstellungen Voraussetzungen für deren Gelingen.

Jede dieser Lebensformen bezeugt auf ihre Weise die Liebe Gottes und ist verbunden mit der Aufgabe, die Sexualität als Teil der Persönlichkeit zu entfalten, um sie so in die personalen Lebensvollzüge zu integrieren, dass sie der Fähigkeit zu lieben und sich lieben zu lassen dient. In der Tradition sprach man von der Tugend der Keuschheit. Dieser Begriff ist heute vorbelastet[207]: Vielfach wird er mit Enthaltsamkeit verwechselt oder sexualfeindlich als Prüderie oder unbeschmutzte Reinheit missverstanden, als würde ausgelebte Geschlechtlichkeit beflecken oder verunreinigen. Die Realisierung der menschlichen Liebe geschieht nicht automatisch; sie will wie eine Kunst erlernt werden und bedarf der Übung und geduldigen Pflege einer Kultur der Scham und der Zärtlichkeit. Die Keuschheit als Tugend ist deshalb eine Frage der psychischen und sexuellen Reifung. Dabei bezieht sie sich nicht nur auf die Ebene der Genitalität bzw. auf den konkreten Umgang mit der Geschlechtlichkeit, sondern sie besitzt auch eine innere Seite[208], in der sich die grundlegende Einstellung zur Sexualität zeigt. Diese Grundeinstellung wirkt sich nämlich aus auf die Art und Weise, wie jemand sich selbst und den anderen Menschen sieht bzw. wie er ihm begegnet und ihn behandelt. In diesem Sinn bedarf der sittlich gute Umgang mit der Sexualität einer psychischen und geistigen Hygiene. Der Einzelne muss sich im Klaren darüber sein, was ihm hilft bzw. was ihn daran hindert, in der Sexualität als Fähigkeit der Beziehung und Liebe zu reifen, seiner gewählten Lebensform – sei es die eheliche oder die ehelose – treu zu bleiben, den anderen Menschen als Person mit eigenen Empfindungen, Wünschen, Interessen usw. wahrzunehmen und nicht nur als Geschlechtswesen. Weil sich Beziehungsprobleme und psychische Störungen darüber hinaus vielfach im Bereich des Sexuellen Ausdruck verschaffen, ist es in jeder Lebenslage und -form wichtig, verantwortungsvoll mit der eigenen Sexualität umzugehen. Probleme und Schwierigkeiten im Bereich der Sexualität müssen anders gelöst werden als z. B. durch die Wahl von Lebensformen, d. h. umgekehrt, dass die Entscheidung für eine bestimmte Lebensform nicht motiviert sein darf vom Wunsch, dadurch sexuelle Probleme zu lösen. Weder die Ehelosigkeit bzw. der Zölibat noch die Ehe sind „Lösungen" für sexuelle Probleme, auch wenn es im Rahmen einer verantwortungsvoll gelebten Beziehung leichter ist, sexuell zu reifen und auch nachzureifen. Schließlich gelingt das Reifen in der Tugend der Keuschheit nicht allein durch eigene Anstrengung, sondern bedarf auch der Hilfe Gottes. Zur inneren Seite der Keuschheit gehört ihre spirituelle Dimension. Wird diese Tugend ausschließlich als eigenes Verdienst oder eigene Kunstfertigkeit angesehen, können Erfahrungen des Scheiterns leicht zu Enttäuschung und Resignation führen. Weil menschliches Können und Bemühen begrenzt sind, bedürfen sie des Vertrauens in die barmherzige Liebe Gottes, die nicht nur die letzte Motivation für die Einübung in die Keuschheit gibt, sondern menschliches Mühen auch zum Ziel führt.[209]

Elftes Kapitel

Einige Anmerkungen zu sexualethischen „heißen Eisen"

Kontrovers und emotional werden immer wieder einige „heiße Eisen" der Sexualmoral diskutiert wie Selbstbefriedigung, Homosexualität und vor- und außereheliche Beziehungen. Diese Themen dürfen nicht einfach im luftleeren Raum abgehandelt werden, sondern sind in die umfassendere Frage der affektiven und psycho-sexuellen Reifung eines Menschen zu integrieren. Diese stellt einen anspruchsvollen Prozess dar. Ihr Ziel ist die Integrierung der Sexualität in die Gesamtpersönlichkeit und der verantwortungsvolle Umgang mit ihr. Keinem Menschen wird sie in die Wiege gelegt, aber jedem ist sie als Lebensaufgabe anvertraut.

SELBSTBEFRIEDIGUNG

Das Lehramt hat in seiner langen Tradition nie gezögert, die Selbstbefriedigung oder Masturbation als „schwere ordnungswidrige Handlung zu brandmarken"[210]. Diese Gewichtung fällt umso mehr ins Auge, wenn man bedenkt, dass in der Bibel über diese Form sexuellen Handelns nie gesprochen wird.[211] Onan, auf dessen Verhalten die Bezeichnung „Onanieren" zurückgeht, hat nach dem Zeugnis der Bibel weder onaniert noch sich in erster Linie eines sexuellen Vergehens schuldig gemacht: Er hat sich vielmehr geweigert, seinem kinderlos verstorbenen Bruder durch die sogenannte Leviratsehe, die Schwagerehe, zu Nachkommenschaft zu verhelfen:

„Onan wusste, dass die Nachkommen nicht ihm gehören würden. Sooft er zur Frau seines Bruders ging, ließ er den Samen zur Erde fallen und verderben, um seinem Bruder Nachkommen vorzuenthalten." (Gen 38,8–9)

Die Vergeudung des Samens, der biologisch die Funktion der Befruchtung einer weiblichen Eizelle und somit der Zeugung eines Kindes hat, sowie die Ausübung der Geschlechtskraft als eines von einer personalen Beziehung abgekapselten, auf sich selbst bezogenen Lustgewinns, waren die hauptsächlichen Gründe für die sittlich negative Beurteilung der Selbstbefriedigung. Bestärkt wurde dieses Urteil durch die bis ins 19. Jahrhundert vorherrschende Meinung, der Same allein sei Lebensträger. Dazu kamen irrige medizinische Annahmen, Selbstbefriedigung sei gesundheitsschädlich und würde dem Nervensystem Schaden zufügen oder zu Erblindung und Lähmung führen. Solche irrigen Vorurteile wurden noch bis ins 20. Jahrhundert pädagogisch missbraucht, um pubertierende Jugendliche beim Erwachen ihrer Geschlechtskraft vor Selbstbefriedigung abzuschrecken.

„Zur Formulierung eines ausgewogenen Urteils über die sittliche Verantwortlichkeit … liefert die moderne Psychologie … eine Reihe von gültigen und nützlichen Daten."[212] Zur Beurteilung der sittlichen Qualität dieser sexuellen Handlung ist es also notwendig, die Konditionen und Umstände des handelnden Menschen mit zu berücksichtigen, sodass selbst das Lehramt feststellt, dass im konkreten Fall „subjektiv gesehen nicht immer eine schwere Schuld vorliegt"[213].

In der Sexualwissenschaft wird die Selbstbefriedigung inzwischen als eigenständige Form geübter Sexualität anerkannt, die der Entwicklung des Sexuallebens dient. Ethnologen haben nachgewiesen, dass sie in allen Kulturen und Völkern praktiziert wird, wenn auch in unterschiedlich starker Ausprägung. Schon Säuglinge und Kinder empfinden beim Berühren ihrer Geschlechtsteile Lustgefühle. Während des psycho-sexuellen Reifeprozesses, v. a. während der Pubertät, kann die Selbstbefriedigung eine bedeutende Rolle spielen beim Entdecken des eigenen Körpers oder bei der Suche nach der persönlichen sexuellen Identität. Es besteht allerdings ein geschlechtsspezifischer Unterschied dahingehend, dass mehr Buben als Mädchen Erfahrungen mit Selbstbefriedigung machen. Die Zahl der Jugendlichen, die diese Erfahrungen machen, ist diversen Studien zufolge allerdings im Wachsen, besonders bei den Mädchen, was u. a. auf eine zunehmende Sexualisierung der medialen Welt und eine dadurch mitbedingte sexuelle Überreizung der Alltagswelt zurückgeführt wird. Manche suchen durch Selbstbefriedigung körperliche Entspannung bei Stress und Anspannung. Für viele Menschen, besonders allein oder ehelos Lebende, wird sie zu einer Art „Notsexualität". Aber auch für verheiratete und generell für erwachsene und ältere Menschen bleibt Selbstbefriedigung „ein Thema" und eine Quelle von Lust und Entspannung.[214] Oft machen verwitwete Menschen die Erfahrung, dass die Erinnerung an die Geschlechtsgemeinschaft mit ihrem verstorbenen Partner sie zur Selbstbefriedigung drängt, in der sich dann die leibliche Sehnsucht nach ihrem Partner Ausdruck verschafft, die zugleich aber auch schmerzlich erfahren wird in der Leere, die die Selbstbefriedigung vielfach hinterlässt. Diese kann die intime Beziehung mit dem geliebten Menschen nicht kompensieren.

Zur sittlichen Beurteilung sind folgende Überlegungen wichtig: Es ist weder hilfreich noch angemessen, die Selbstbefriedigung ausnahmslos rigoristisch abzulehnen als schwere Verfehlung und damit Menschen enorme Schuldkomplexe aufzulasten. Ebenso ist es aber auch weder hilfreich noch angemessen, sie als „ganz normale" Form erfüllter Sexualität anzusehen, denn in der Selbstbefriedigung findet die Sexualität keine ganzheitliche Erfüllung.[215] Vielfach ist sie Ausdruck einer unreifen Sexualität. In ihr bleibt jemand auf sich selbst bezogen. Oft ist sie deshalb auch ein Indiz für Einsamkeit; dann verstärkt sie eine innere Isolation. Sittlich bedenklich wird sie, wenn sie zur Gewohnheit wird. Als krankhaft gilt sie, wenn sie zwanghaft ausgeübt oder exhibitionistisch in der Öffentlichkeit ausgeführt wird oder wenn sie ein Indiz dafür ist, dass jemand übermäßig auf die Sexualität fixiert ist bzw. von ihr beherrscht wird. In diesen Fällen ist therapeutische Hilfe notwendig. Sittlich abzulehnen ist sie, wenn sie Ausdruck dafür ist, dass sich jemand narzisstisch in sich selbst zurückzieht. In diesem Fall spricht man vielfach von der Ipsation.

Als Hilfe im Umgang mit der Selbstbefriedigung kann dienen, die vitale Kraft der Sexualität, die nicht nur durch die Geschlechtlichkeit ausgedrückt werden kann, auf andere Menschen hin zu öffnen durch Sublimation der sexuellen Kräfte. Viele machen die Erfahrung, dass sie weniger oft Selbstbefriedigung üben oder damit aufhören, wenn sie sich verlieben oder wenn sie sich in einem sozialen Engagement auch emotional einbringen können. Es ist also hilfreicher, eine Fixierung auf die Selbstbefriedigung und den Anspruch auf moralische Vollkommenheit aufzubrechen und jene Kräfte, die möglicherweise im Kampf gegen die Selbstbefriedigung aufgebracht werden, in einer aufmerksamen Wahrnehmung des Lebens einzusetzen, sie in kreative Tätigkeiten zu übersetzen und in lebendige und liebevolle Beziehungen zu investieren.

HOMOSEXUALITÄT

Bei der Homosexualität sind zu unterscheiden: die Neigungshomosexualität, die in den ersten Lebensjahren grundgelegt wird und nach heutigem Wissensstand nicht mehr geändert werden kann; die Entwicklungs- oder

Pubertätshomosexualität als mögliche, aber vorübergehende homoerotische Phase der sexuellen Reifung; die Verführungshomosexualität, wenn durch einschlägige Erfahrungen die vorübergehende homophile Phase während der Pubertät verfestigt wird; die Nothomosexualität als Ersatz für heterosexuelle Beziehungen, z. B. beim Militär oder in Gefängnissen, der jedoch keine homosexuelle Neigung zugrunde liegt, sondern nicht bewältigte sexuelle Enthaltsamkeit. Diese Formen von Homosexualität sind – ausgenommen die Neigungshomosexualität – veränderbar. Besonders im Falle der pubertären homoerotischen bis homosexuellen Phasen sind Jugendliche vor Kontakten – durch einschlägige Internet-Chatrooms oder Magazine – zur homosexuellen Szene zu schützen, um sie vor einer Verfestigung der homosexuellen Tendenz zu bewahren.

Als eigentliche Homosexualität ist nur die Neigungshomosexualität anzusehen. Sie kann sowohl biologische als auch psychologische Ursachen haben. Die biologischen Ursachen können genetischer oder neurobiologischer Natur sein oder hormonell sowohl während der Schwangerschaft als auch nach der Geburt bedingt sein. Die psychologischen Ursachen hingegen sind vorwiegend entwicklungspsychologischer Natur, bedingt v. a. durch ungünstige familiäre Konstellationen während der ersten Lebensjahre wie mangelnde Bindung an den gleichgeschlechtlichen Elternteil oder, umgekehrt, überstarke Bindung an den gegengeschlechtlichen Elternteil, Ablehnung des Geschlechts des Kindes seitens der Eltern und der Versuch, dies zu kompensieren durch eine überstarke Identifikation mit dem anderen Geschlecht bzw. mit der Ablehnung des eigenen Geschlechts.[216] Die möglichen Ursachen, die noch nicht restlos geklärt sind, sind jedenfalls komplex. Tiefen- und Entwicklungspsychologen gehen heute davon aus, „dass die häufigsten Ursachen späterer Homosexualität auf einer Störung der geschlechtlichen Identität innerhalb der sensiblen Phase der frühen Kindheit zu suchen sind"[217]. Die Anzahl der (neigungs-) homosexuellen Menschen lässt sich nur schwer ermitteln. Laut einer vom Bielefelder Medien- und Sozialforschungsinstitut Emnid 2001 im Auftrag von Eurogay in Deutschland durchgeführten Studie gaben 1,3 % der befragten Männer und 0,6 % der befragten Frauen an, homosexuell zu sein, weitere 2,8 % der Männer und 2,5 % der Frauen sagten, sie seien bisexuell.[218] Selbst in einer Zeit der weitgehenden Anerkennung der Homosexualität ist die Häufigkeit manifester Homosexualität sehr viel niedriger, als gemeinhin angenommen wird. Die Neigungshomosexualität stellt als solche keine Krankheit dar. Die Amerikanische Psychiatrische Gesellschaft (APA) hat die Homosexualität 1973 aus der Liste der psychischen Störungen gestrichen. Deshalb ist es verfehlt, von einer „Heilbarkeit" der Neigungshomosexualität zu sprechen oder eine Veränderung der sexuellen Ausrichtung anzustreben.

Dies betonen auch die lehramtlichen Äußerungen, die zudem unterstreichen, dass diese Neigung als solche keine Sünde ist, da sie ja nicht frei gewählt wird, sodass Betroffene nicht dafür verantwortlich sind, und dass homosexuellen Menschen mit Respekt, Mitgefühl, Takt und ohne Diskriminierung zu begegnen ist.[219] Allerdings verlangt die Kirche von diesen Menschen sexuelle Enthaltsamkeit, da homosexuelle Akte als widernatürlich und sündhaft angesehen werden. Dies wird auch biblisch begründet. Die Exegeten sind sich allerdings uneins, ob die entsprechenden Stellen im Sinne einer generellen sittlichen Verurteilung der Homosexualität auszulegen sind.[220] In Gen 19 etwa steht die Verurteilung eines Gewaltverbrechens sowie die Verletzung des Gastrechts im Vordergrund, und in Lev 18,22 und 20,13 geht es vom Kontext her um die Wahrung der sozialen Ordnung, die auch dadurch verletzt wird, dass ein Mann, mit dem man „wie mit einer Frau schläft", wie eine Frau einem anderen Mann untergeordnet wird. Zu bedenken ist in diesem Kontext auch die Freundschaft, die zwischen David und Jonatan bestand und von der David sagt, dass sie ihm „wunderbarer als Frauenliebe" ist. Von Jonatan heißt es, dass er David „in sein Herz schloss und ihn wie sein eigenes Leben liebte" (vgl. 1 Sam 18,1). Jonatan entkleidet sich vor David bis auf die Unterkleidung, ja selbst den Gürtel löst er, der die Unterkleidung zusammenhält, und übergibt ihm Waffenrock, Schwert und Bogen, d. h. die Insignien seiner Mannhaftigkeit. Er ordnet sich David unter und verzichtet darauf, ihm von Mann zu Mann auf gleicher Augenhöhe zu begegnen. Als sich die beiden trennen müssen, kommt es im Schutz der Einsamkeit, abgeschirmt vor den Blicken unerwünschter Zeugen, zu einer berührenden Abschiedsszene: „Sie küssten einander und beide weinten" (vgl. 1 Sam 20,41). Nach dem Tod Jonatans klagt David um ihn: „Weh ist mir um dich, mein Bruder Jonatan. Du warst mir sehr lieb. Wunderbarer war deine Liebe für mich als die Liebe der Frauen" (2 Sam 1,16). Die ausführlichste Stelle im Neuen Testament ist Röm 1,26–27. Diese Verse spiegeln eine durch die Stoa geprägte funktionalistische Sicht der Sexualität wider, wonach diese naturgemäß auf die Zeugung von Nachkommen hingeordnet ist. Die Homosexualität wird von Paulus nicht im Kontext einer Liebesbeziehung gesehen, sondern als Verirrung der Leidenschaften und der sexuellen Begierde.

Interessant ist, dass Paulus die angeprangerte Homosexualität – wobei aus dem Text nicht ersichtlich wird, ob er nur die praktizierte Homosexualität oder auch das homosexuelle Begehren meint – als Folge von der Abkehr von Gott deutet und nicht als Sünde, durch die sich die Betroffenen von Gott abwenden. Er klagt die Römer an, dass sie die gottgegebene Ordnung nicht erkannt hätten und deshalb dem Götzendienst sowie dem widernatürlichen Begehren verfallen seien.

Auf den ersten Blick überraschend ist die Beobachtung, dass in der kirchlichen Tradition so gut wie ausschließlich die männliche Homosexualität in den Blick genommen wurde, bzw. dass die weibliche Homosexualität kaum Reaktionen provoziert hat. Das kann mehrere Gründe haben: In der Bibel wird die weibliche Homosexualität nur in Röm 1,26 erwähnt; den Frauen ist in der Tradition grundsätzlich kein eigenes sexuelles Empfinden und Luststreben zugestanden worden; die Frauen nahmen kaum am öffentlichen gesellschaftlichen Leben teil; bei der weiblichen Homosexualität kommt es zu keiner Vergeudung des Samens, welcher bis ins 19. Jahrhundert als alleiniger Lebensträger angesehen wurde.[221] Aber nicht nur die kirchliche Tradition, sondern auch die Sexualwissenschaften haben die weibliche Homosexualität lange stiefmütterlich behandelt. Auch das hat verschiedene Gründe: So wurden die Sexualwissenschaften ursprünglich ausschließlich von Männern betrieben, die sich vorwiegend für die männliche Sexualität interessierten und die weibliche entweder mit Vorurteilen behafteten oder die Erkenntnisse über die männliche Sexualität einfach auf die weibliche übertrugen. Ebenso unterlagen sie lange dem Irrtum, die weibliche (Homo-)Sexualität sei eine defizitäre Form von Sexualität. So konnten sie sich „kaum jemals vorstellen, dass Frauen miteinander und ohne männliche Beteiligung Befriedigung finden"[222].

Neuere sexualwissenschaftliche Untersuchungen weisen auf entscheidende Unterschiede im Ausleben der homosexuellen Neigung bei Männern und Frauen hin:

„Lesben haben ein geringeres Interesse an unpersönlichen, flüchtigen Sexualkontakten als Schwule, und sie neigen stärker dazu, sich in monogamen Zweierbeziehungen zu bewegen. Insgesamt haben sie weniger Sexualkontakte. Oder, wie die amerikanische Kulturhistorikerin Camille Paglia formuliert: ‚Schwule suchen vielleicht Sex ohne Gefühle; Lesben finden sich aber oft mit Gefühlen ohne Sex.'"[223]

Die Neigung zu promiskuitivem Verhalten von homosexuellen Männern ist die Ursache für das signifikant höhere Ansteckungsrisiko durch Geschlechtskrankheiten im Vergleich zu den anderen Bevölkerungsgruppen. So stellten beispielsweise in Deutschland die homosexuellen Männer mit 64 % im ersten Halbjahr 2007 die größte Gruppe der HIV-Neuinfektionen.[224]

Gerade auf diesem Hintergrund wird die Bedeutung der psycho-sexuellen Reifung auch von Menschen mit homosexueller Neigung deutlich sowie die Aufgabe, sie in ihrer Beziehungs- und Bindungsfähigkeit zu fördern. Es ist ein Gebot unserer Zeit, alles zu vermeiden, was es homosexuellen Menschen erschwert, zu ihren Gefühlen zu stehen oder ihre sexuelle Identität anzunehmen, da erst die Selbstannahme – und damit auch die Annahme der homosexuellen Neigung – die Überwindung einer verunsicherten Geschlechtsidentität sowie die psycho-sexuelle Reifung ermöglicht und schließlich den Weg zu personaler Liebe bahnt.[225] Für die meisten Betroffenen stellt diese Annahme den schwierigen Prozess dar, ein positives Selbstwertgefühl aufzubauen. Sie machen es sich mit einem solchen Eingeständnis vor sich selbst und vor anderen Menschen nicht leicht. Das öffentliche Bekenntnis zur homosexuellen Neigung wird vielfach als psychisch belastend und mit Angst verbunden erfahren. Immer noch werden diese Menschen nicht nur von der Gesellschaft, sondern auch vom engsten sozialen Umfeld, etwa von der Familie, mit Unverständnis und Diskriminierung konfrontiert.

Von Seiten der Kirche, die von homosexuellen Menschen sexuelle Enthaltsamkeit fordert, ist eine Pastoral gefordert, die diesen Menschen hilft, ein positives Selbstwertgefühl zu entwickeln, ihrer Einsamkeit und Isoliertheit, unter der sie oft leiden, zu entkommen und den Leidensdruck zu überwinden, der vielfach durch falsche Schuldgefühle und Scham aufgrund ihrer sexuellen Neigung, die sie nicht selbst gewählt haben, aufgebaut wird. Auch homosexuelle Menschen bedürfen tiefer emotionaler Beziehungen und einer Kultur des Eros, die auch ohne gelebte Homosexualität gestaltet werden können, sowie guter Freundschaften, in denen sie auch außerhalb einer Geschlechtsgemeinschaft, also ohne sexuelle Kontakte Anerkennung und Bestätigung finden. Aufgrund ihrer Erfahrung, dass ihnen die gelebte Homosexualität nicht die ersehnte Erfüllung schenkt, gibt es homosexuelle Menschen, die Selbsthilfegruppen gebildet haben, in denen sie sich gegenseitig unterstützen wollen, enthaltsam zu leben. Andere Homosexuelle aber wollen oder können diesen Verzicht der sexuellen Enthaltsamkeit, der ihnen von der Kirche abverlangt wird, nicht auf sich nehmen. Unter Berücksichtigung der empirischen Tatsache, dass homosexuelle Männer mehr als homosexuelle Frauen an unpersönlichen, flüchtigen Sexualkontakten interessiert sind, stellt sich die Frage, wie auch sie zu einer stabilen und dauerhaften Zweierbeziehung befähigt werden können. Es kann begründete Fälle geben, bei denen eine solche Beziehung jedenfalls besser ist, als wenn jemand promiskuitiv lebt oder in die „Gay-Kultur" abgedrängt wird, in der Sexualität banalisiert und die Homosexualität verantwortungslos gelebt oder als Programm bzw. Lebensstil propagiert wird.[226] Auch wenn in einer homosexuellen Beziehung nicht alle Sinngehalte der Sexualität, zu denen die Zeugungsfähigkeit gehört, verwirklicht werden können, ist eine solche Beziehung, wenn sie eingebettet ist in personale Qualitäten wie Treue, Dauer, gegenseitige Hilfe, Achtung vor- und Verantwortung füreinander, ein Schritt hin zu einer menschlicheren und verantwortungsbewussteren Sexualität. Im heutigen Kontext ist hier die Frage zu stellen nach möglichen kirchlichen Segensfeiern für Menschen gleichen oder unterschiedlichen Geschlechts, die in zivilen nichtehelichen Lebensgemeinschaften zusammenleben. Solche Segensfeiern würden eine gewisse Wertschätzung der Kirche gegenüber den zivilen Partnerschaften bedeuten, wobei es nicht darum geht, diese Partnerschaften, die nicht auf die Frage der Geschlechtsgemeinschaft eingeführt werden dürfen, der Ehe gleichzustellen. Im Besonderen bleibt die Ehe zu schützen als Ort bzw. sozialer Raum der Zeugung und Erziehung von Kindern. Bei den nichtehelichen zivilen Lebensgemeinschaften geht es vielmehr um die Anerkennung von berechtigten Anliegen der Regelung von rechtlichen Fragen wie Auskunftsrecht im Krankenhaus, Miet- oder Erbrecht. Kulturhistorisch interessant ist, dass es im Mittelalter Rituale gab mit verschiedenen Segensformeln für unterschiedliche Lebenspartnerschaften: für das Sakrament der standesgemäßen Ehe; für zweigeschlechtliche Lebensgemeinschaften, bei denen aufgrund der Standesunterschiede der Partner eine reguläre Heirat nicht möglich war; für gleichgeschlechtliche Lebenspartnerschaften; für geistige Bruderschaften. Solche Segensfeiern für Lebensgemeinschaften, bei denen es vorwiegend um eine vertraglich vereinbarte Zweck- und Interessensgemeinschaft ging und nicht um die Legitimierung der Geschlechtsgemeinschaft, wurden bis ins späte Mittelalter vorgenommen.[227]

VOREHELICHE BEZIEHUNGEN

Bei vorehelichen Beziehungen ist zu differenzieren zwischen Partnerschaften, die auf Ehe hin ausgerichtet sind, und solchen, bei denen es sich um frühzeitige oder permissive, also wechselnde und sexuell freizügige Beziehungen handelt. Letztere zeugen von mangelnder psycho-sexueller Reife oder von der Reduktion der sexuellen Begegnung auf Triebbefriedigung, sodass die Partner zu austauschbaren Sexualobjekten werden, was ihrer Würde immer widerspricht. Vergnügen auf Gegenseitigkeit steht im Widerspruch zu echter Freude und ungeschuldeter Hingabe.

Die Gründe für frühzeitige sexuelle Beziehungen sind komplex. Zwei grundsätzliche Anmerkungen: (1) Die landläufige Annahme, dass Jugendliche immer früher sexuelle Kontakte eingehen, trifft so nicht zu und lässt sich empirisch nicht verifizieren. Dies geht auch aus der Studie „Jugendsexualität 2010" der Bundeszentrale für gesundheitliche Aufklärung in Deutschland hervor.[228] Der Sexualmediziner Hartmut Bosinski weist zudem darauf hin, dass heute Jugendliche wieder stärker als in den vergangenen Jahrzehnten Sexualität nicht nur als Triebabfuhr verstehen, sondern mit dem Wunsch nach Nähe, der Sehnsucht nach Beziehung und dem Bedürfnis nach Zuwendung verbinden, sodass mehr Jugendliche als in den vergangenen Jahrzehnten ihr „erstes Mal" in einer festen Partnerschaft erleben.[229] (2) Je früher sexuelle Kontakte stattfinden, desto weniger sind sie verbunden mit Gefühlen und auch nicht als Ausdruck von sexuellem Begehren und Luststreben zu sehen, sondern vielmehr als Wunsch und Sehnsucht, Annahme und Geborgenheit zu erfahren. In diesem Sinn sind frühzeitige sexuelle Beziehungen oft der Versuch, vermisste „familiäre Nestwärme" zu kompensieren. Sex wird zum Ersatz für fehlende Liebe, Geborgenheit und personale Werte.[230] Freilich wird dabei körperlich etwas vollzogen, wofür die Psyche noch nicht reif ist, und im körperlichen Vollzug wird etwas gesucht, wofür die sexuelle Begegnung (noch) nicht angemessener Ausdruck ist. Wenn Jugendliche mit Sex beginnen, obwohl sie eigentlich noch nicht so weit sind, will auch ihr Körper nicht mitspielen.[231] Die Folgen sind nicht nur physische Schmerzen, sondern auch Enttäuschungen, die Erfahrung von Demütigung und psychische Verletzungen. Das hinterlässt Spuren und kann sich auf spätere sexuelle Beziehungen und die Beziehungsfähigkeit der Betroffenen belastend auswirken. Auch kann die Vorstellung von Sexualität und Partnerschaft durch zu frühe sexuelle Erfahrungen nachhaltig verzerrt werden.

Auf das sexuelle Verhalten wirkt sich auch die Beeinflussung durch Werbung, Fernsehen und Internet aus, charakterisiert durch eine sexuelle Überstimulierung und durch die Vorgabe eines permissiven und konsumorientierten Sexualverhaltens. Kinder und Jugendliche wissen heute in der Regel früher und mehr Bescheid in Sachen Sexualität als noch vor zwei bis drei Generationen. Allerdings entspricht dem Wissen um explizite sexuelle Inhalte nicht immer eine entsprechende sexuelle Aufklärung, z. B. in Sachen Verhütung oder Ansteckungsgefahr. Trotz breit angelegter Aufklärungskampagnen wissen Menschen – Jugendliche ebenso wie Erwachsene – beispielsweise immer noch zu wenig über HIV/Aids und gehen dementsprechend sorglos damit um, wie eine aktuelle GfK-Studie zeigt.[232] Es gibt Jugendliche, die schon über sexuelle Praktiken Bescheid wissen, bevor sie überhaupt die „Schmetterlinge im Bauch" der ersten Verliebtheit gespürt haben, und die sexuell experimentieren, ohne sich über mögliche Folgen den Kopf zu zerbrechen. Sexualpädagogen weisen auf diese Diskrepanz zwischen Wissen und einer „emotionalen Kompetenz" im Bereich der Sexualität hin. Zu überwinden ist deshalb eine Form sexueller Aufklärung, die vordergründig als vorwiegend technische Wissensvermittlung geschieht.[233] Überraschend, aber umso bedenklicher und erschreckender ist, dass es immer noch minderjährige Mädchen gibt, die, wenn sie bei einer ungewollten Schwangerschaft eine Abtreibung durchführen lassen, angeben, sie hätten nicht gewusst, dass man vom miteinander Schlafen schwanger werden kann.[234] Zudem steht das Sexualverhalten vieler dieser Jugendlichen im Zeichen eines hohen Leistungsdenkens: Sex wird zu einem vordergründigen Leistungsmaßstab, mit dem sie sich selbst und anderen beweisen können, was sie „draufhaben" bzw. woraus sie ihre Bestätigung ziehen.[235]

Unterschiede sind zwischen dem Verhalten männlicher und weiblicher Jugendlicher festzustellen.[236] Das Sexualverhalten männlicher Jugendlicher folgt oft den Verhaltensmustern eines offensiven Eroberungsgebarens: Sexuelle Abenteuer bzw. „sexuelle Eroberungen" stärken das Selbstwertgefühl, die sexuelle Attraktivität wird durch die Anzahl sexueller Erfahrungen definiert, die sexuelle Erfahrung dient dem Rausch der Selbstbestätigung, Grenz- und Tabuverletzungen werden leichter hingenommen. Vor allem bei männlichen Jugendlichen geht es in der Pubertätsphase noch nicht so sehr um die Begegnung mit einer konkreten Person weiblichen Geschlechts, sondern eher mit „dem Weiblichen", sodass die konkrete Frau mehr Vertreterin des weiblichen Geschlechts ist und nicht als die einmalige und einzigartige Person geliebt wird. Das bedeutet dann aber auch, dass sie leicht zu einer austauschbaren Partnerin wird. Das Sexualverhalten weiblicher Jugendlicher hingegen ist in der Regel mehr defensiv und gibt oft dem sozialen Druck nach, durch sexuelle Erfahrungen Anerkennung zu bekommen. Mädchen lassen an sich geschehen, was sie selbst eigentlich nicht wollen, oft in der trügerischen Annahme, sie könnten damit den Freund an sich binden. Während für männliche Jugendliche vielfach nur die „vollzogenen Eroberungen" zählen, reicht für weibliche Jugendliche oft schon die Erfahrung aus, von jemandem begehrt zu werden, sodass sie nicht den direkten sexuellen Kontakt suchen, um ihr Selbstwertgefühl zu stärken. Manche Mädchen geben auch an, dass sie sich an einen Jungen binden und mit ihm eine sexuelle Beziehung eingehen, weil sie dadurch für andere Burschen „tabu werden" und sie sich so nicht mehr dem Druck ausgesetzt fühlen, deren Annäherungsversuche abwehren zu müssen. Es gibt bei den Mädchen aber auch das Bestreben, Bestätigung zu finden durch sexuelle Freizügigkeit, um nicht als verklemmt oder prüde zu gelten. Tabubrüche hingegen werden von ihnen als verletzender empfunden als von Burschen.[237]

Andererseits weisen verschiedene Studien[238] auf, dass die allermeisten Jugendlichen Sex ohne Gefühle ablehnen und das „erste Mal" umso schöner empfinden und positiver bewerten, je vertrauter die Partnerin bzw. der Partner ist und je stärker eine Beziehung getragen ist von gegenseitigem Vertrauen, Treue zueinander und gelebter Zärtlichkeit.[239]

„62 Prozent der Mädchen und 40 Prozent der Jungen geben laut ‚Bravo'-Dr.-Sommer-Studie an, dass Sex ohne Liebe für sie nicht in Frage komme. Fremdgehen ist für die meisten keine Option, Treue und Liebe ist ihnen zu wichtig."[240]

Eine Sexualpädagogik, die nicht nur unter den Vorzeichen einer Verbotsmoral operiert und die vor der realen Lebenswelt der meisten Jugendlichen nicht die Augen verschließt, muss gerade bei diesen Erfahrungen ansetzen sowie beim Wunsch, das „erste Mal" im Kontext einer Beziehung erleben zu dürfen, die geprägt ist durch Vertrauen, Zärtlichkeit, Romantik und Treue: eben Liebe. Zugleich geht es auch um die Bildung eines Risikobewusstseins, wie die Wiener Sexualpädagogin Bettina Weidinger einfordert:

„Wir arbeiten nicht nur mit Jugendlichen und Erwachsenen, indem wir ihnen sagen, was sie zu tun haben, das wäre grenzüberschreitend, sondern wir müssen ein Risikobewusstsein schaffen. Jugendliche müssen wissen, dass sie für sich verantwortlich sind. ... Sexualpädagogik bedeutet die Vermittlung von Körperkompetenz, das Erlernen, sich wahrzunehmen und zu spüren. Es geht um ein positives Identitätsgefühl in der Sexualität."[241]

Es bedarf also einer Sexualpädagogik, die nicht nur Wissen vermittelt, sondern auch die Emotionen anspricht. Die Entwicklung einer Kultur der Zärtlichkeit und der Rücksicht voreinander bedeutet in diesem Sinn gerade nicht einen Rückfall in eine übertriebene Schamhaftigkeit, sondern die Befähigung zu wahrer Intimität. Deshalb muss auch die Sexualethik darauf abzielen, Jugendlichen nicht nur etwas zu verbieten, sondern ihnen einsichtig zu machen, dass sie nichts versäumen, wenn sie die Hingabe ihres Leibes als „Sprache der Liebe" für den Richtigen bzw. die Richtige aufbewahren, sondern dass sie gerade dann die sexuelle Begegnung umso schöner und positiver empfinden können. Frühzeitige sexuelle Erfahrungen sind vielfach verbunden mit Schuldgefühlen oder psychischem Druck, mit Unsicherheit oder Gewalt, mit der Angst zu versagen oder dem Gefühl, ausgenützt zu werden, mit der Angst vor einer ungewollten Schwangerschaft, vor Ansteckung mit einer Geschlechtskrankheit oder dem Zwang zur Pille. Ebenso können sie zu einer zu frühen Fixierung auf nur eine Person führen, da die intime Begegnung immer auch bindende Kraft hat, und so zwei junge Menschen in ihrer Partnerwahl unfrei machen. Eine sexuelle Begegnung hingegen, die Ausdruck von Ganzhingabe und „Sprache der Liebe" ist, bedarf der Treue, der Ausschließlichkeit und der Dauer. In ihr wird die Partnerin bzw. der Partner mitsamt ihrer bzw. seiner Geschichte und Persönlichkeit ernst genommen, mit ihren bzw. seinen Eigenheiten, Hobbys und Ansichten, mit dem Gemeinsamen und mit dem Trennenden. In eine solche Partnerschaft integrierte Sexualität findet Erfüllung und ist authentische Kommunikation personaler Liebe. Eine solche Partnerschaft bedarf der Reifung, um die Stufenleiter der Zärtlichkeit „Stufe für Stufe" zu erklimmen, wo die volle Geschlechtsgemeinschaft die höchste, nicht aber die erste Stufe ist. Die Sexual- und Beziehungsethik will deshalb Liebespaare nicht nur zur Ehe ermutigen, sondern sie auch motivieren, sich auf die „Gradualität der Intimität" einzulassen und auf dem Weg vom Liebes- zum Ehepaar den Reiz auszukosten, auch warten zu können, sowie die Fähigkeit einzuüben, auch Frustrationen und Wartezeiten zu ertragen.[242]

Andererseits bedeutet es für die Kirche natürlich eine Herausforderung, dass im Kontext der heutigen Gesellschaft nicht nur der Körper als Medium sozialer Kommunikation an Bedeutung gewonnen hat, sondern auch die Sexualität als Mittel der Gestaltung von Beziehungen, und zwar außerhalb traditioneller Verhaltenskodizes. Die Entwicklung, dass sich das durchschnittliche Heiratsalter um 10 bis 15 Jahre nach oben verschoben hat, verschärft die Anfrage an die kirchliche Sexualmoral nach der sittlichen Bewertung von vorehelichen Beziehungen zudem. Ebenso bleibt zu bedenken, dass der komplexe und schwierige sexuelle Identitätsfindungsprozess dem einzelnen Individuum überlassen bleibt, nicht nur außerhalb von tradierten, sondern mehr und mehr auch außerhalb von virtuell, also medial vermittelten Geschlechtsstereotypen. Sexualität ist nicht nur ein von der persönlichen Entscheidung abhängiger Bestandteil von Beziehungen geworden, sondern auch ein ebensolches Mittel auf der Suche nach der eigenen sexuellen und sozialen Identität. Die Entscheidung, mit einer sexuellen Beziehung bis zur Ehe zu warten, bleibt sittlich hoch einzuschätzen, jedoch ist sie unter den genannten Bedingungen nicht nur ungemein schwerer zu verwirklichen, sondern für viele auch nicht mehr einsichtig.

AUSSEREHELICHE BEZIEHUNGEN

Außereheliche Beziehungen, die einen ehelichen Treuebruch darstellen, sind sittlich immer abzulehnen. Paare hingegen, die bewusst nicht heiraten wollen, müssen sich fragen, aus welchen Gründen sie diesen Schritt ablehnen, der zugleich ja auch ein Akt der Öffentlichkeit ist, das bedeutet: des Sich-sehen-Lassens, und ob möglicherweise nicht doch ein Rest an Vorbehalt in der gegenseitigen Annahme und Hingabe sie daran hindert, sich zu (ge-)trauen. Das Zurückweichen vor dem letzten definitiven Schritt weist aber auch auf die Bindungsangst hin, die dem heutigen Menschen eigen ist. Nicht selten ist eine beeinträchtigte Beziehungsfähigkeit das Erbe von schwierigen und irregulären Familienverhältnissen. Sie kann einerseits Ausdruck eines geschwächten Urvertrauens sein, d. h. es zu wagen, sich einem anderen Menschen ganz anzuvertrauen, andererseits aber auch einer verkürzten Autonomievorstellung, wonach die Selbstbestimmung und sittliche Freiheit darin bestehe, keine definitiven Entscheidungen zu treffen, um sich für die Zukunft andere Optionen offenzulassen.[243] Für manche Paare wiederum kann die Angst vor einem möglichen Scheitern ein Grund sein, nicht institutionell zu heiraten. Die Erfahrung zeigt, dass nicht-eheliche Paare im Falle von Trennungen oft nicht weniger leiden als Ehepaare, die sich trennen, was widerspiegelt, dass ihre Liebe und ihr Bindungsbedürfnis nicht weniger echt sind.[244] Wieder andere Paare machten die leidvolle Erfahrung, dass ihre Beziehung gescheitert ist, nachdem sie, oft nach langjähriger Beziehung, geheiratet haben. Der Trauschein kann hier auch trägheitsfördernde Wirkung haben, als ob der Schein allein schon Sicherheit bieten und die alltägliche Beziehungsarbeit ersetzen würde.

SITTLICHE DIFFERENZIERUNGEN UND DAS „GESETZ DER GRADUALITÄT"

Den Menschen heute ist nicht einsichtig, wieso in der Vergangenheit etwa Nötigung in der Ehe – unter Verweis auf die Ehepflicht sowie auf die Verfügungsgewalt (in der Regel) des Ehemannes über den Körper seiner Ehefrau – stillschweigend geduldet wurde, während die freie sexuelle Begegnung zweier sich Liebender vor der Ehe als schwere Sünde gewertet wurde. Die ethische Einschätzung jeder sexuellen Handlung außerhalb der Ehe als sittlich schweres Übel greift ebenso zu kurz wie die Meinung, die Ehe als Institution würde sexuelle Handlungen legitimieren.

Auch wenn das kirchliche Lehramt daran festhält, dass die Ausübung der Sexualität ihren legitimen und rechtmäßigen Ort in einer für Kinder offenen Ehebeziehung hat und andere Formen gelebter Sexualität als sittliches Übel wertet, gilt es zu differenzieren. Darauf weist auch das Dokument *Persona humana* der Glaubenskongregation hin, wenn es die weiter oben schon angeführte Unterscheidung trifft zwischen der allgemeinen objektiven Ebene der sittlichen Schuld und der subjektiven Ebene des konkreten Menschen und so zum Schluss kommt, dass selbst dann, wenn objektiv gesehen die Übertretung einer gewichtigen sittlichen Norm vorliegt, auf der subjektiven Ebene jedoch die Schwere der sittlichen Schuld gemindert sein kann.

Zu erinnern ist auch an die Differenzierung, die die Glaubenskongregation in der Erklärung *Donum vitae* macht. Das Dokument geht auf die Unterscheidung der homologen und der heterologen künstlichen Befruchtung ein. Bei der homologen Befruchtung stammen Samen- und Eizelle vom Ehepaar selbst, bei der heterologen stammt die Samen- oder Eizelle von einer dritten Spenderperson. Das Lehramt lehnt beide Formen als „in sich unerlaubt" ab, da sie „in Widerspruch stehen zur Würde der Fortpflanzung und der ehelichen Vereinigung" (Nr. 5). Dennoch wird der homologen Form „weniger ethische Negativität" zugeschrieben, da „Familie und Ehe weiterhin der Raum für die Geburt und die Erziehung des Kindes bleiben" (Nr. 5). Das bedeutet, dass wesentliche und grundlegende Güter und Werte geschützt und gewahrt bleiben, auch wenn nicht der volle Sinngehalt einer übergeordneten Norm verwirklicht wird – in diesem Fall das Verbot der künstlichen Befruchtung zum Schutz des Rechtes eines jeden Menschen, Frucht des ehelichen Liebesaktes zu sein. Unter Berücksichtigung dieser Differenzierung sowie der Überlegungen, die im folgenden Abschnitt angestellt werden, wird die sittliche Beurteilung von sexuellen Handlungen, die nicht ganz den kirchlichen Normen entsprechen, nochmals anders ausfallen. Unter dieser Rücksicht stellt sich weniger die Frage, ob eine Handlung den Normen entspricht, sondern umgekehrt, welche grundlegenden Güter dennoch gewahrt und verwirklicht werden können, auch wenn nicht der volle Sinngehalt einer Norm verwirklicht wird.

Papst Johannes Paul II. hat im Zusammenhang mit der Geschiedenen-Wiederverheirateten-Pastoral vom „Gesetz der Gradualität" gesprochen, um dem Wegcharakter des sittlichen Wachsens und Reifens Rechnung zu tragen.

„Auch die Eheleute sind im Bereich ihres sittlichen Lebens auf einen solchen Weg gerufen, getragen vom aufrichtig suchenden Verlangen, die Werte, die das göttliche Gesetz schützt und fördert, immer besser zu erkennen, sowie vom ehrlichen und bereiten Willen, diese in ihren konkreten Entscheidungen zu verwirklichen. Jedoch können sie das Gesetz nicht als reines Ideal auffassen, das es in Zukunft einmal zu erreichen gelte, sondern sie müssen es betrachten als ein Gebot Christi, die Schwierigkeiten mit all ihrer Kraft zu überwinden. Daher kann das sogenannte ‚Gesetz der Gradualität' oder des stufenweisen Weges nicht mit einer ‚Gradualität des Gesetzes' selbst gleichgesetzt werden, als ob es verschiedene Grade und Arten von Geboten im göttlichen Gesetz gäbe, je nach Menschen und Situation verschieden. Alle Eheleute sind nach dem göttlichen Plan zur Heiligkeit in der Ehe berufen, und diese hehre Berufung verwirklicht sich in dem Maße, wie die menschliche Person fähig ist, auf das göttliche Gebot ruhigen Sinns im Vertrauen auf die Gnade Gottes und auf den eigenen Willen zu antworten."[245]

Das „Gesetz der Gradualität" verlangt danach, den Reifegrad des Gewissens des Einzelnen zu achten, und es verpflichtet, die Vermittlung sittlicher Normen als Dienst am Menschen und als Begleitung eines Menschen zu verstehen. Es lebt aus dem Vertrauen, dass im Herzen des Menschen der Geist Gottes wirkt, der ihn durch das Gewissen zum Guten antreibt und zur Einsicht in sittliche Werte befähigt. Es geht also keineswegs um die Anpassung der Norm an die Gewissensentscheidung, noch darum, eine persönliche Gewissensentscheidung in den Rang einer auch für andere verbindlichen Norm zu erheben, wohl aber geht es um das rechte Verhältnis zwischen allgemein gültigen objektiven Normen und persönlichen Gewissensentscheidungen.[246] Normen stellen eine unverzichtbare und wichtige Orientierung für das Leben dar. Die ethische Reflexion soll motivieren, ihnen nach den persönlichen Fähigkeiten und Möglichkeiten zu entsprechen. Es geht darum, jene Werte, die von Normen geschützt werden, in der Normvermittlung aufleuchten zu lassen, damit sich der Einzelne diese Werte in den unvertretbaren Gewissenseinsichten aneignen und sie in Freiheit verwirklichen kann. Diese Werte dienen dann auch als Kriterien für die sittliche Beurteilung konkreter Handlungen. Ein sexueller Akt erhält die sittliche Qualität auch von der Beziehung, in die er integriert ist. Das Maß der Liebe bestimmt die sittliche Qualität einer Beziehung – auch einer vorehelichen – mit. Liebe aber entfaltet sich in Werten wie Treue, Dauer, Achtung von Freiheit, Gleichheit und Selbstbestimmung, Abbau von Machtverhältnissen, Vermeidung von Verletzungen, Übernahme der Verantwortung füreinander sowie für die Folgen einer sexuellen Beziehung, besonders für ein Kind – gerade im Fall einer ungeplanten Schwangerschaft.

Zwölftes Kapitel
Einige Anmerkungen zu aktuellen sexualethischen Herausforderungen

Heftig und emotional diskutiert werden jedoch nicht nur die klassischen „heißen Eisen", sondern auch dringliche Probleme wie sexuelle Gewalt und Missbrauch, Pädosexualität, Pornografie im Internet oder Internetsexsucht. Gerade zu diesen brennenden Fragen wird der Kirche oft eine gewisse Sprachlosigkeit vorgeworfen.

Die Geschlechtlichkeit ist gleichsam die Scharnierstelle der leib-seelischen Einheit eines Menschen. Im Bereich der Sexualität ist ein Mensch deshalb nicht nur körperlich, sondern auch seelisch verletzlich. Das macht die Sexualität so anfällig für Gewalt und Missbrauch, die eine schwere Verletzung der leiblichen und seelischen Integrität und der Würde eines Menschen darstellen. Die unterste, nicht zu unterschreitende sexualethische Grenze stellt die Verletzung der Freiwilligkeit, des gegenseitigen Einverständnisses, der sittlichen Überzeugungen, der körperlichen und psychischen personalen Integrität dar sowie die Missachtung der psychischen und psycho-sexuellen Unreife eines Menschen.

SEXUELLER MISSBRAUCH UND PÄDOSEXUALITÄT[247]

Ein sexueller Missbrauch liegt immer dann vor, wenn jemand ein Abhängigkeits-, Vertrauens-, Autoritäts- oder Machtverhältnis ausnützt, um eigene emotionale und sexuelle Bedürfnisse zu befriedigen oder um Anerkennung und Selbstbestätigung zu erfahren. Wird dabei auch – subtile bis offene – Gewalt angewandt, handelt es sich um sexuelle Nötigung. Sexueller Missbrauch hat eine weite Bandbreite und reicht von emotionaler Ausbeutung bis hin zu tätigen sexuellen Übergriffen, von Verletzungen der nötigen Distanz über verbale Übergriffe bis hin zu sexuellen Akten und zur sexuellen Nötigung. Von Missbrauch im engeren Sinn spricht man, wenn es zu expliziten sexuellen Handlungen oder sexualisierter Gewalt kommt.

Bei Kindern ist jede Form von sexueller Beziehung Missbrauch, denn einen „legitimen sexuellen Gebrauch" von Kindern gibt es nicht.

„Sexueller Missbrauch an Kindern ist jede sexuelle Handlung, die an oder vor einem Kind entweder gegen den Willen des Kindes vorgenommen wird oder der das Kind aufgrund körperlicher, psychischer, kognitiver oder sprachlicher Unterlegenheit nicht wissentlich zustimmen kann. Der Täter nützt seine Macht- und Autoritätsposition aus, um seine Bedürfnisse auf Kosten des Kindes zu befriedigen."[248]

Bei Kindern kann von Freiwilligkeit bzw. sexueller Mündigkeit nicht die Rede sein. Sie suchen nicht Sexualität, sondern Nähe und Zärtlichkeit. Sexuelle Neugier von Kindern dient in erster Linie der Entdeckung und Erfahrung ihres eigenen Körpers, aber nicht der sexuellen Kontaktaufnahme. Kinder werden bei sexuellen Handlungen nicht aktiv, sondern bleiben passiv. Wenn sie sich nicht zur Wehr setzen, bedeutet das nicht, dass sie es wollen oder einverstanden sind, auch wenn es von Tätern oft so interpretiert wird. Vielfach „machen Kinder mit", weil sie Angst davor haben, bei Ablehnung von Handlungen selbst abgelehnt zu werden, also mit Liebesverlust bestraft zu werden. Zudem wird ihnen von Tätern meist zugeredet, es bestehe eine besondere exklusive Beziehung zwischen ihnen beiden, ein besonderes Geheimnis, das sie verbindet und das nicht verraten werden darf. Dadurch entsteht vielfach eine Doppelbindung: die Bindung durch das Autoritäts- oder Vertrauensverhältnis sowie die Bindung des „Geheimnisses". Differenzierter, wenn in den Grundlinien auch gleich, stellt sich das Problem der Ephebosexualität dar, also die erotisch-sexuelle Neigung zu pubertären, meist männlichen Jugendlichen. Schätzungen, die auf Kriminalstatistiken oder Angaben von Ombudsstellen basieren, gehen davon aus, dass 15 bis 20 % aller Mädchen und 5 bis 10 % der Buben vor dem 18. Lebensjahr Opfer sexueller Übergriffe geworden sind. Von betroffenen Mädchen und Jungen werden auch Blicke oder eine sexualisierte Sprache oft schon als sexuelle Übergriffe erlebt. Oft sprechen Opfer ein Leben lang nicht von den erfahrenen Missbräuchen oder erst sehr viel später als Erwachsene. Die Missbrauchsdebatte in den vergangenen Monaten hat vielen Opfern geholfen, ihr Schweigen zu brechen.

Sexueller Missbrauch hinterlässt bei den meisten Opfern tiefe Wunden. Bei den Folgen differenziert man zwischen den Folgen auf der Gefühls- und auf der Verhaltensebene.[249] Auf der Gefühlsebene reichen sie von Verwirrung, Vertrauensverlust, Angst, Scham und Schuldgefühlen bis zu Selbstmordgedanken. Auf der Verhaltensebene können sie regressives Verhalten bewirken wie Verwenden von Babysprache oder Bettnässen, sozialen Rückzug, Zwangshandlungen wie exzessives Baden, Waschen oder Masturbieren, aber auch sexuell provozierendes bis promiskuitives Verhalten. Das Opfer erfährt absolute Ohnmacht, Hilflosigkeit und Schwäche, sein seelisches Gleichgewicht wird zerstört. Der sexuelle Missbrauch beschädigt zutiefst die natürlichen Körperempfindungen, das Selbstwertgefühl, die Vertrauens- und Beziehungsfähigkeit. Angst, ein Gefühl der Verlassenheit, ein gestörtes Verhältnis zum eigenen Körper, zerbrochenes Selbstvertrauen, Schuld- und Schamgefühle können das ganze Leben andauern und beeinträchtigen oft auch das eheliche Sexualleben von Opfern. Viele Opfer entwickeln Abwehrmechanismen wie Vergessen, Verdrängen und Leugnen. Andere wiederum entwickeln ein Schuldgefühl: Indem sie Mitschuld übernehmen am Geschehenen, haben sie das Gefühl, ihrem Opfer nicht ganz wehrlos und ohnmächtig ausgeliefert gewesen zu sein, sondern auch selbst gehandelt und damit ein Mindestmaß an Kontrolle ausgeübt zu haben. Diese Mechanismen helfen ihnen, seelisch und körperlich zu überleben. Die Zeit aber heilt die Wunden sexuellen Missbrauchs nicht. Heilung kann hingegen dadurch geschehen, dass frühere Erfahrungen sexuellen Missbrauchs „umgekehrt" werden: indem über den Missbrauch gesprochen werden darf; indem dem Opfer Glauben geschenkt wird; indem die verletzten Gefühle benannt werden; indem durch die Erfahrung von Liebe und Wertschätzung die Erfahrung des „Benutzt-Werdens" überwunden wird; indem statt der Erfahrung von Scham die Berechtigung von Körperempfindungen zugelassen wird; indem die Sexualität als Quelle von Freude und Lust anstatt von Schmerz und Leid erfahren werden kann. Jedenfalls ist es wichtig, dass das Opfer erfahren kann, dass es sich nicht schämen muss für das, was ihm widerfahren ist, sondern dass die moralische Schuld zu Lasten des Täters geht. Wenn ein Mensch, dem Missbrauch widerfahren ist, lernt, „erhobenen Hauptes durchs Leben zu gehen", kann er sein gestörtes Selbstwertgefühl wieder aufbauen, in seiner Beziehungsfähigkeit wachsen und seine Sexualität positiv erfahren als Quelle von Leben, Lust und Freude.

Grundsätzlich gilt bei Missbrauchsvergehen, dass sie zwar rechtlich verjähren können, nicht aber moralisch. Ein Täter bleibt ein Leben lang moralisch verantwortlich für sein Vergehen.

In der Öffentlichkeit besteht eine weit verbreitete, aber falsche Vorstellung vom sogenannten „Sexualstraftäter" oder „Triebtäter". Die Täter treten nicht als Monster auf. Tatsächlich findet Missbrauch bis zu 80 % in den Familien statt, dann aber auch in Freizeitgruppen wie Sportvereinen oder in der Schule. Innerkirchliche Missbrauchsfälle werden auf maximal 3 bis 6 % geschätzt.[250] Sexueller Missbrauch durch Fremde ist im Verhältnis eher selten. Von den Tätern sind über 90 % Männer. Die Täter kommen aus allen sozialen und Berufsschichten. In den meisten Fällen kennen sich Täter und Opfer, und die Täter nützen die Abhängigkeit des Opfers aus. Dazu kommt noch: Je näher das Opfer dem Täter steht, desto intensiver ist der Missbrauch und desto länger dauert er an. Für viele missbrauchte Mädchen und Jungen gehört der sexuelle Missbrauch über einen kürzeren oder längeren Zeitraum zum Lebensalltag.

Der Theologe Anselm Grün nennt vor allem drei Ursachen, die zum Missbrauch führen[251]: (1) die fehlende Integration der Sexualität in die Persönlichkeit und in den Lebensvollzug eines Menschen, wodurch jemand unfähig wird, sich auf eine schwierige und anspruchsvolle Beziehung zu einem gleichrangigen Partner einzulassen, weshalb er stattdessen seine Sexualität an jüngeren und schwächeren Menschen auslebt; (2) die subtilere Form des „archetypischen Helfers" (Lehrer, Erzieher, Priester), der „unter dem Vorwand, dem Kind zu helfen oder seine Verklemmtheit zu heilen, seine eigenen sexuellen Bedürfnisse oder sein Bedürfnis nach Nähe und Zärtlichkeit ausagiert"[252]; (3) die tragische und traumatische Erfahrung des Täters, selbst Opfer von Missbrauch gewesen zu sein. Das ist allerdings keine Rechtfertigung für sein Verhalten; eine solche gibt es nicht. Gerade für diese Menschen ist es wichtig, sich in einer Therapie mit ihren erlittenen Wunden auszusöhnen, um sie nicht anderen zuzufügen bzw. sie an andere weiterzugeben.

Nach dem heutigen Stand der Wissenschaft ist eine pädophile Neigung nicht abänderbar.[253] Die Betroffenen fühlen sich in der Regel lebenslang zu Kindern sexuell hingezogen. Diese sexuelle Neigung wird bis zum 18. Lebensjahr verfestigt. Die Ursachen sind komplex und noch nicht vollständig geklärt. Vielfach liegen Entwicklungsstörungen in der Kindheit und Pubertät zugrunde, die es dem Täter erschweren oder verunmöglichen, sexuelle Beziehungen zu Gleichaltrigen einzugehen. Auch eine zu rigide Moral seitens der Erwachsenen wird als möglicher Grund angeführt, der es einem pubertären Menschen, der bereits gewisse Dispositionen wie sexuelle Unsicherheit, Ich-Schwäche oder ein schwaches Selbstwertgefühl mitbringt, nicht ermöglicht, sich in einen verantwortbaren Umgang mit seiner Sexualität einzuüben. Auch weisen Täter vielfach Defizite in ihrer Empathiefähigkeit und in der Wahrnehmung und Wahrung emotionaler, körperlicher und sexueller Grenzen anderen gegenüber auf.

Ziel einer therapeutischen Behandlung muss eine differenzierte diagnostische Abklärung sein sowie die Verhinderung des Auslebens einer pädophilen Neigung bzw. der Wiederholung von Missbrauch, also regressiven Verhaltens. Ein pädophiler Mensch muss lernen, ein Leben ohne Ausübung seiner sexuellen Neigung zu führen.

SEXUELLER MISSBRAUCH IN DER KIRCHE[254]

Missbrauch in der Kirche ist deshalb so schlimm, weil den missbrauchten Kindern und Jugendlichen durch eine moralische Institution, wie sie die Kirche auch darstellt, solches Leid zugefügt worden ist. Einerseits tritt die Kirche mit dem selbstlosen Anspruch auf, dem Wohl und dem Heil der Menschen zu dienen. Deshalb wird ihr seitens vieler Menschen, besonders auch von Eltern und Erziehungsberechtigten, ein großer Vertrauensvorschuss entgegengebracht. Andererseits berichten viele Opfer sexuellen Missbrauchs, dass sie nicht den Eindruck hatten, dass es den kirchlichen Verantwortlichen um ihr Wohl bzw. um mögliche Wiedergutmachung nach erlittenem Missbrauch gegangen sei oder darum, Vorwürfe seriös aufzuarbeiten, sondern eher darum, Skandale zu vermeiden und den Ruf der Kirche zu schützen. Während die Täter zumeist nicht belangt worden seien, seien sie als Opfer hingegen zum Schweigen gebracht worden. Sie hätten die Kirche als eine Institution erlebt, gegen die sie sich als Einzelne kaum wehren konnten. Erst jetzt hätten sie den Mut gefasst, über das ihnen zugefügte Leid und Unrecht zu sprechen, da ihnen endlich Glauben geschenkt würde und da es die Gesellschaft nicht mehr dulde, dass die Kirche mutmaßliche Täter vor dem Zugriff der staatlichen Justiz schütze.

Erst unter dem öffentlichen Druck aufgrund der Missbrauchsfälle wurde seitens des Vatikans bestimmt, dass kirchliche Instanzen, die vom sexuellen Missbrauch Minderjähriger durch Priester erfahren, dies den staatlichen Behörden anzeigen müssen. Am 12. April 2010 veröffentlichte der Vatikan eine Verständnishilfe aus dem Jahre 2003 für eine Richtlinie aus dem Jahre 2001[255], wonach bei Fällen von sexuellen Übergriffen auf Kinder und Jugendliche durch Kleriker *immer* die Behörden eingeschaltet werden sollen. Die an den verantwortlichen Ortsbischof gerichtete Weisung legt fest: „Das bürgerliche Gesetz, das die Anzeige von Verbrechen bei den Behörden betrifft, soll immer befolgt werden." In Folge des Missbrauchsskandals wurde am 15. Juli 2010 eine Verschärfung der Normen zum Umgang mit Missbrauchsfällen bekanntgegeben. Bei den Straftaten gegen die Sitten beispielsweise wurde eine volljährige Person, deren Vernunftgebrauch habituell eingeschränkt ist, dem Minderjährigen gleichgestellt. Ebenso wurde der Tatbestand des Erwerbes, der Aufbewahrung und der Verbreitung pornografischer Bilder von Minderjährigen unter 14 Jahren in jedweder Form und mit jedwedem Mittel durch einen Kleriker in übler Absicht hinzugefügt.[256]

Missbrauch in der Kirche ist eine schwere Sünde gegenüber den Opfern, aber auch gegenüber Gott, weil man den Opfern den Weg zu Gott erschwert und oft versperrt hat. Manche leiden ein Leben lang unter Schuldkomplexen, andere ringen verzweifelt um ihren Glauben und ihre Beziehung zur Kirche. Wieder andere haben sich verbittert von der Kirche abgewandt oder den Glauben ganz verloren, denn ihre Beziehung zu Gott wurde vergiftet und zerstört: Das ist es, was den Missbrauch in der Kirche besonders schlimm macht. Gewalt und Missbrauch, erlitten durch Priester und Ordensleute, färben auf die ganze Kirche ab. Diese Menschen wurden nicht nur als Einzelpersonen erlebt; die Kinder sind durch sie der Kirche als Gemeinschaft begegnet. Gewalt und sexueller Missbrauch durch Geistliche schmeckt „bitter-kirchlich". Gewiss: Missbrauch ist ein gesamtgesellschaftliches Problem, aber das entschuldigt den Missbrauch in der Kirche nicht. Dieser ist Vertrauens- und Amtsmissbrauch und ein schwerwiegendes Gegenzeugnis gegen die Aufgabe der Kirche, für Christus und sein Evangelium einzustehen. Eine der eindringlichsten und auch schärfsten Warnungen spricht Jesus gegen jene aus, die durch ihr skandalöses Verhalten Ärgernis geben und andere in ihrem Glauben verunsichern oder sie sogar von ihrem Glauben abbringen: „Wer einen von diesen Kleinen, die an mich glauben, zum Bösen verführt, für den wäre es besser, wenn er mit einem Mühlstein um den Hals im tiefen Meer versenkt würde" (Mt 18,6 par). Mit den „Kleinen" sind ursprünglich die Christen gemeint, deren Glauben noch schwach ist, aber im umfassenderen Sinn sind unter ihnen auch all jene zu verstehen, die jemandem anvertraut sind, damit dieser ihnen Vorbild im Glauben sei bzw. sie leite und zum Heil führe. Die unerbittliche Härte der angedrohten Strafe unterstreicht unmissverständlich die Schwere des Missbrauchs von religiöser Macht und Autorität und des sexuellen Missbrauchs von Schutzbefohlenen.

Sind es nur „einzelne Menschen in der Kirche", die schuldig geworden sind? Darf die Scham über den Missbrauch auf die persönliche, individualethische Ebene reduziert werden? Dass Missbrauch in so erschütterndem Ausmaß möglich war, verdeckt wurde und ungeahndet blieb, entlarvt Strukturen der Sünde innerhalb der Kirche. Sie wurden genährt durch die Sünden Einzelner: ihr Vergehen, ihr Mitwissen, ihr Schweigen, ihr Verdrängen, ihre falsche Sorge um das Ansehen der Kirche. Mechanismen haben sich ausgebildet, die Opfer zum Schweigen genötigt und Täter geschützt haben; die eine schwer durchschaubare Eigendynamik entwickelt und den Missbrauch Einzelner erleichtert haben; und die dadurch wieder selbst verfestigt worden sind. Als dunkler Schleier liegt der Umgang der Kirche mit der Sexualität darüber: Sie wurde allzu oft wie ein Dämon behandelt; mit der Macht eines Dämons hat sie sich verbrecherische Schlupflöcher verschafft.

Ecclesia semper reformanda! Wir sind als Kirche zuerst Christus verpflichtet, der sich auf die Seite der Opfer und der Schwächeren gestellt und die Täter entlarvt hat. Der Weg der Läuterung führt über ein demütiges Bekenntnis der Schuld hin zu einer neuen Sensibilität für die Opfer. Eine Kirche, der das Zeugnis für Christus und sein Evangelium anvertraut ist, muss sich den Blick aus der Perspektive des Opfers aneignen. Sie muss in offenen Diskussionen Wege suchen, um Strukturen so zu verändern, dass sie das Leben der Menschen fördern und die Leuchtkraft des Evangeliums strahlen lassen. Eine demütige Selbst-Vergessenheit ist einzuüben: Es geht nicht um das äußere Ansehen der Kirche, sondern um die Glaubwürdigkeit des Zeugnisses für Christus. Dies geschieht im Dienst an den Menschen – an den Opfern zuerst. Und es geschieht dadurch, dass alles getan wird, um Missbrauch in Zukunft zu vermeiden.

Dass zwischen Missbrauch und Zölibat oder zwischen Missbrauch und Homosexualität direkte Zusammenhänge bestünden, lässt sich empirisch nicht belegen.[257] Zölibat oder Homosexualität machen Menschen nicht zu Missbrauchstätern. Vielmehr ist es eine Frage der psycho-sexuellen Reife in jeder Lebensform und -lage, die sowohl hetero- als auch homosexuelle, sowohl verheiratete als auch ehelos lebende Menschen betrifft. Die Frage ist deshalb, wie auch ehelosen oder homosexuellen Menschen zur psycho-sexuellen Reifung und zur Integrierung der Sexualität in ihre Persönlichkeit und ihren Lebensvollzug geholfen werden kann, da die sexuelle Unreife immer einen Risikofaktor darstellt.

SEXUALISIERUNG ODER PORNOFIZIERUNG DER GESELLSCHAFT

Unsere Gesellschaft wird oft als hypersexualisiert charakterisiert. Die sexuelle Liberalisierung des 20. Jahrhunderts hat längst die Gesellschaft in all ihren Dimensionen durchdrungen. Bei all den unbestreitbaren positiven Auswirkungen, die weiter oben schon angeführt wurden, müssen aber auch die Schatten bzw. die negativen Auswirkungen benannt werden. Im Versuch, sie auf einen kurzen gemeinsamen Nenner zu bringen, kann man mit der Journalistin Mithu M. Sanyal festhalten:

„Sex ist allgegenwärtig. Gleichzeitig ist Sex jedoch ganz und gar nicht enttabuisiert. ... Wie Michel Foucault bereits in den 1970er Jahren treffend analysierte, sind wir keineswegs die sexuell unterdrückten Viktorianer, als die wir uns gerne sehen, die sich durch das Sprechen über Sexualität befreien müssen, sondern in einem System gefangen, in dem pausenlos über Sex geredet und gerade dadurch häufig eine sexuelle und anderweitige Befreiung verhindert wird."[258]

Die niederländische Journalistin Myrthe Hilkens hat in ihrem Buch *McSex* umfassendes Studienmaterial sowie eigene Gespräche mit Jugendlichen ausgewertet. Sie plädiert dafür, nicht von Sexualisierung der Gesellschaft zu sprechen, da die Sexualität als solche ebenso wie die sexuelle Befreiung kein Problem darstelle. Das Problem sieht sie vielmehr in der Art und Weise, wie mit der Sexualität umgegangen wird, besonders in ihrer Verdinglichung und Vermarktung als Ware. Sexualität begegnet mit immer mehr und immer expliziteren Bildern und Inhalten allenthalben in der Werbung, in der Musikwelt der Jugendlichen, in Fernsehen und Internet:

„‚Pornofizierung' bezeichnet meines Erachtens besser, was wir hier meinen. Nämlich wie eine einst obskure und kommerzielle, lukrative Milliardenindustrie unser Alltagsleben beeinflusst. Die Werbebranche, die Musikindustrie, die Frauen- und Männerzeitschriften und andere Mainstream-Medien. Das Denken über Sex. Die Erhaltung und Wiedergeburt stereotyper Beziehungen zwischen den Geschlechtern. Eine neue Generation Jugendlicher und ihre digitalisierte Lebenswelt. Das Bild, das die-#selben Jugendlichen, insbesondere Mädchen, sich über ihren eigenen Körper bilden und wie der aussehen sollte. Wir sprechen über Sex als Konsumartikel. Sex als Essen zum Mitnehmen."[259]

Hilkens spricht die grundlegenden ambivalenten Auswirkungen der sexuellen Aufklärung an, dass sie nämlich vielfach einer milliardenschweren Industrie mit Sex zum Durchbruch verholfen hat, die von den subtilen und gesellschaftsfähigen Modelcasting-Shows im Hauptabendprogramm bis hin zu einschlägigen Privatpartys und expliziten Erotik- und Pornomessen reicht.

Gemein ist diesen Wirtschaftszweigen die Propagierung eines Menschenbildes, in dem der Mensch auf seinen Körper reduziert und über sein sexuelles Verhalten identifiziert wird. Ansichten und geschlechtsstereotype Rollenbilder, die die sexuelle Befreiung eigentlich überwinden wollte, kehren wieder zurück. Die Leidtragenden sind hauptsächlich Frauen: Sie haben die männlichen Phantasien zu bedienen und sich männlichen Wünschen unterzuordnen; ihre Schönheit wird zur Projektionsfläche männlicher Sehnsüchte; die Ansprüche an ihre körperliche Makellosigkeit ist derart hoch, dass sich viele unzähligen Schönheitsoperationen unterwerfen und ihr Bild dann immer noch am Computer nachgebessert werden muss: „selbst diejenigen, die gemäß den herrschenden Idealen ‚schön' sind, sind für Zeitschriften und Poster nicht mehr schön genug"[260].

Das Problem stellen die unterschwellig vermittelten falschen Vorstellungen vom Glück bzw. falsche Leitbilder gelungenen Lebens durch ewige Jugend und Schönheit dar. Jugendliche, besonders Mädchen, werden dem Zwang ausgeliefert, vorwiegend durch den Körper zu gefallen. Das Hauptproblem z. B. in der Werbung ist nicht vordergründig im „Zuviel an Haut" zu sehen, sondern in der heillosen Überforderung und Überbewertung des schönen Körpers, als würde er – im Genuss der Sexualität – Heil schenken. Der Anblick des (fast) nackten Körpers in der Werbung suggeriert Geborgenheit, Annahme, Wärme usw., die mit einem bestimmten Mittel, das vielfach mit dem dargestellten Körper nichts zu tun hat, erworben werden könnten. Hier werden an sich berechtigte sexuelle Sehnsüchte und Bedürfnisse kommerzialisiert. Weil die Bedürfnisse nach Liebe und Treue, die Sehnsucht nach Angenommensein und Geborgenheit so stark, ja überlebensnotwendig sind, und weil die Sprache des Körpers, im Besonderen der Sexualität so mächtig ist, kann die Werbung und die Industrie auch derart Kapital daraus schlagen und mit den sexuellen Schlüsselreizen operieren. Die Sexualpsychologie zeigt, dass besonders Männer die Sehnsucht nach Annahme und Anerkennung stark mit dem Sexuellen verbinden, das dann in seiner Übermacht alle Bedürfnisbefriedigung vortäuscht: das ozeanische Gefühl, die symbiotische Verschmelzung, die totale Erfüllung.

Auf diesem Hintergrund gibt es heute so etwas wie eine „transzendentale Überhöhung" der Sexualität, die dazu führt, dass die bzw. der

Einzelne in einer Art sexueller Dauerbereitschaft zu sexuellen Höchstleistungen befähigt werden soll, um „ganz Mensch zu sein". Sinn wird als verwirklicht angesehen in Erfahrung von Schönheit und Ekstase. Zugleich werden hier die Übergänge von einer transzendental überhöhten Sexualität zur pornografischen Reduktion und Banalisierung der Sexualität fließend, gerade weil die Sexualität auf Lusterfahrung reduziert und diese anschaulich gemacht bzw. ästhetisch inszeniert wird. Die mächtige Projektion „Sehnsuchts- und Sinnerfüllung über Körperbedürfnisse" gilt es aufzuzeigen und zu überwinden. Dem „Dämon" einer überbewerteten oder idealisierten Sexualität muss ins Auge geschaut werden, da er in der Phantasie immer dazu neigt, fesselnder zu sein als in der Realität. Erst die Stärke des Charakters und die tiefgreifende Selbstsicherheit der Partner schaffen eine Basis für Nichtenttäuschung. Konkrete Erfahrungen können dann helfen, in der Phantasie verklärte Vorstellungen über die Sexualität zu entzaubern. Alles andere hat sonst viel mit Überforderung, Angst, Demütigung, Machtkämpfen, Schamgefühlen, Verkrampfung und schließlich Enttäuschung zu tun.

PORNOGRAFIE, INTERNET UND INTERNETSEXSUCHT

Eine besondere Herausforderung stellt die Problematik der Pornografie dar. Pornografie ist die direkte Darstellung des Sexualaktes oder anderer sexueller Handlungen mit dem Ziel, den Betrachter sexuell zu erregen. Durch die völlige Loslösung der Sexualität von personalen Werten wie Liebe und Treue wird die Sexualität auf die reine lustbetonte Geschlechtlichkeit reduziert.

„Ihre Gefahr liegt nicht so sehr darin, dass sie nur unmittelbar die Scham verletzt, sondern darin, dass sie ein Verständnis von Geschlechtlichkeit und vom Menschen überhaupt vermittelt, das die menschliche Würde beeinträchtigt. Das wird noch deutlicher, wenn man die Erscheinung der Pornografie mit der Darstellung von Brutalität bedenkt und wenn man gar bedenkt, wie diese beiden Phänomene heute oft gemeinsam auftreten."[261]

Pornografie reduziert die Sexualität auf den reinen sexuellen Akt. Die angesprochene häufige Verbindung mit Gewalt zeigt, wie auch die in pornografische Handlungen Involvierten auf ihre Genitalität reduziert werden. Die dargestellten Menschen werden verdinglicht zu Objekten der eigenen

Triebbefriedigung. Es wird ausgeblendet, dass es Menschen sind, die eigene Schamgefühle, Schmerzempfinden und Wünsche haben. Zudem stellt sich das drastische Problem, dass Pornografie meistens sexistisch und frauenfeindlich ist, da die Frau auf ihren Körper reduziert und fast ausschließlich der männlichen sexuellen Erregung und Befriedigung unterworfen wird.[262]

Pornografie ist kein neues Phänomen, hat durch die digitale Verbreitung aber eine neue Größendimension gewonnen. Über Internet, Videoclips oder Kurzfilme am Handy ist Pornografie so gut wie uneingeschränkt zugänglich geworden. Hemmschwellen, Pornografie zu konsumieren, fallen vielfach weg, die Reizschwellen werden erhöht:

„Nicht immer, aber leider sehr häufig verlangen die User immer intensivere Reize und wechseln so von Softporno über Hardcore zu Gewalt- und schließlich Vergewaltigungspornos."[263]

„Mit einem Mal sind da so viele Stunden Pornografie, wie sie kein Hinterzimmer einer Videothek und kein Sexshop fassen können. Niemand kontrolliert den Ausweis. ... Carl hatte noch keine Freundin, er hat in seinem Leben kein einziges Mädchen geküsst. Wie er sitzen etliche andere Jungs vor dem blinkenden Bildschirm und machen ihre ersten sexuellen Erfahrungen mit kurzen Clips."[264]

Der Journalist Johannes Gernert weist in seiner umfassenden Studie *Generation Porno. Jugend, Sex, Internet* darauf hin, dass immer mehr Jugendliche immer früher durch das Internet oder durch Handyclips mit expliziten sexuellen und pornografischen Bildern und Inhalten in Berührung kommen.

„Das Bild, das Schülerinnen und Schüler von Sexualität haben, wird vor allem durch die Medien geprägt. Pornografische Bilder, Filme und Texte ersetzen eigene sexuelle Erfahrungen und bilden die Grundlage der Meinung von Jugendlichen vom Geschlechtsverkehr. Besonders bei der sogenannten ‚Generation Internet' ist dies der Fall. ... Aktuelle Studien zeigen, dass die Mehrheit der Jugendlichen schon Pornografie konsumiert hat – sei es über Handybilder, durch Rap-Songs oder im Internet."[265]

Die massenhafte Produktion von pornografischem Material weist natürlich auf eine entsprechende Nachfrage hin, und wo die Nachfrage groß ist, wächst auch die Gefahr von Missbrauch. Die Leidtragenden sind – einmal mehr – zumeist Frauen und Kinder: Der Frauenhandel und das Geschäft mit der Zwangsprostitution, auch mit Minderjährigen, blühen. Hier ist an die Empathie der Konsumenten zu plädieren, in den missbrauchten und dargestellten Menschen nicht nur Körper und Genitalien zu sehen, sondern Personen und Menschen, deren finanzielle und soziale Notsituationen ausgenützt werden; Menschen, die aufgrund ihres Tuns von ihren Familien verstoßen werden; Menschen, die fühlen, leiden, sich schämen, Schmerz empfinden. Besonders kriminell, abscheulich und menschenverachtend sind die Herstellung, der Vertrieb und der Konsum von Kinderpornografie.

Gernert sieht eines der Hauptprobleme in der völligen Loslösung der Sexualität von der Liebe sowie darin, dass Verhaltensmuster vermittelt werden, die in der realen Welt keine Entsprechung finden. Zwischen der virtuellen Welt, in der viele Internetnutzer leben, und der realen Welt der Begegnungen besteht eine tiefe Diskrepanz. Auch der Berliner Jugendpastor Bernd Siggelkow weist auf die negativen Auswirkungen dieser Trennung von Sex und Liebe hin: Jugendliche hätten schon Sex, ohne zu wissen, was Küssen bedeutet, denn Küssen kommt in Pornos nicht vor.[266] Zwar zeigen auch andere Studien auf, dass die Jugendlichen unterscheiden können zwischen der virtuellen und der realen Welt[267], dass die Ansprüche der virtuellen Welt aber vielfach als Erwartungen an die reale Welt herangetragen werden, sodass die nötige Beziehungsarbeit und das aufeinander Zu- und Eingehen, das konkrete Begegnungen ausmacht, solche Jugendliche oft schnell überfordert. Die dadurch verstärkte Tendenz zu einem häufigeren Beziehungswechsel wirkt sich zusätzlich negativ auf die Beziehungsfähigkeit der Jugendlichen aus. Die Fixierung auf das Oberflächliche bzw. die genitale Dimension wird verstärkt, weil die Auseinandersetzung mit dem Menschen, dem ein Körper gehört, ausbleibt. Enttäuschungen und Verlusterfahrungen fördern den sozialen Rückzug und die Flucht in die virtuelle Welt. Siggelkow antwortet auf die Frage nach notwendigen Maßnahmen:

„Erstens: Man muss die Kinder besser vor Pornos aus dem Internet schützen. Auch auf Handys sollte man Sperren einbauen, damit auf dem Schulhof nicht mehr so leicht Pornos getauscht werden können. Zweitens: Der biologische Ansatz des Aufklärungsunterrichts in der Schule ist falsch, er geht an den Jugendlichen vorbei. Drittens: Es sollte feste Ansprechpartner geben, die mit den Kindern unbefangen über Sexualität reden. Leider ist das z. B. auch in der Kirche häufig verpönt und Sex ein Tabu. Viertens: Wir brauchen ganz dringend eine umfassende wissenschaftliche Studie, die das veränderte Sexualverhalten der Jugendlichen in Deutschland und Europa untersucht."[268]

Es muss erstes Ziel sein, Kinder und Jugendliche vor dem Zugang zu pornografischem Material zu schützen. Andererseits ist es aber illusorisch anzunehmen, dass nicht doch die meisten während der Pubertät mit pornografischen Bildern in Kontakt kommen. Besonders jene Jugendlichen, deren Erstkontakt mit der Sexualität – noch bevor sie sexuell aufgeklärt sind – im Kontakt mit pornografischen Inhalten besteht, müssen darüber reden können, um das Gesehene verarbeiten zu können. Der deutsche Sexualpädagoge Lukas Geiser sagt:

„Wichtig ist, dass man es nicht tabuisiert. Wenn man es tabuisiert, dann kommen wir in große Schwierigkeiten. Nämlich, dass Jugendliche keine Fragen mehr stellen. Die Experten sind sich einig: Die frei verfügbare Pornografie richtet dann den größten Schaden an, wenn sie uns sprachlos zurücklässt – hinter verschlossenen Türen."[269]

In Gesprächen berichten viele von der Schwierigkeit, mit dem Gesehenen fertigzuwerden, besonders wenn sie Darstellungen gesehen haben, in denen sexuelle Handlungen verbunden sind mit Gewalt, Schmerz und Demütigung – in der Regel – von Frauen. Auch wenn sie davon berichten, dass sie solche Darstellungen abstoßend finden, bleibt die Erinnerung an sie im Gedächtnis haften und kann sich auswirken auf die Art und Weise, wie sie konkret den Frauen begegnen und welche Sprache sie ihnen gegenüber verwenden. Andere hingegen erzählen, dass es sie drängt, solche Darstellungen wieder zu sehen und dass irgendwann auch die Reizschwelle sinkt, sodass sie nach immer expliziteren Inhalten suchen.

Für diese Jugendlichen, die schon früh mit Pornos in Kontakt gekommen sind, ist es zudem wichtig zu lernen, dass sich Sexualität nicht auf die Begegnung von Körpern bzw. Genitalien beschränkt, sondern die Begegnung zweier Liebender ist, und dass Sexualität nur dann glücken kann, wenn sie nicht als Leistungsgeschehen geübt wird. Liebe kann nicht „gemacht" werden, sie braucht aber viel Pflege, liebevolle Aufmerksamkeit, Rücksicht, Sorgfalt. Und dies will geduldig eingeübt werden. Im

Letzten aber bleibt sie das Geschenk seitens eines Menschen, der einen liebt.[270]

Wie ein roter Faden zieht sich in allen genannten Studien durch, dass jene Jugendlichen, die ein schwaches Selbstwertgefühl oder negatives Selbstbild haben, besonders anfällig sind, sich mit den virtuellen Vorbildern zu identifizieren. Gernert sieht es als eine der pädagogischen Hauptaufgaben an, „ein positives, eigenständiges sexuelles Selbstbild zu vermitteln, das Schülerinnen und Schüler in die Lage versetzt, sich nicht zwangsläufig an virtuelle Muster und Vorbilder zu halten"[271]. Auch verfallen Jugendliche, sowohl Burschen als auch Mädchen, aus einem sozial schwachen Herkunftsmilieu und mit schwacher Bildung leichter den stereotypen sexistischen Geschlechterbildern und sind entsprechend stärker den oben angeführten Zwängen ausgeliefert. Siggelkow und Büscher weisen darauf hin, dass geringe Bildung, eine unkontrollierte Nutzung von Medien, mangelnde Freizeitangebote und ein soziales Milieu, das von einer gewissen Bildungsferne geprägt ist, hohe Risikofaktoren darstellen für eine sexuelle Verwahrlosung von Kindern und Jugendlichen, vor der inzwischen Pädagogen, Sozialarbeiter und Wissenschaftler eindringlich warnen.[272]

Barbara Hardinghaus und Dialika Krahe kommen in der Spiegel-Reportage „Verlust der Phantasie" zwar zum Schluss, dass sich die (fast) unbegrenzte Möglichkeit des Konsums von pornografischen Medien auf das konkrete Sexualleben der Jugendlichen weniger stark auswirkt, als oft angenommen wird. Bei einer Randgruppe von 5 bis 10 %, vor allem – aber nicht nur – aus den sozialen Brennpunkten, kann dies allerdings zu einem radikal veränderten Sexualverhalten führen und die Hemmschwelle in sexueller Hinsicht deutlich erniedrigen. Langzeitstudien fehlen derzeit noch, sodass keine gesicherten empirischen Erkenntnisse vorliegen. Was sich allerdings zeigt, ist, dass die Herausforderung darin besteht, den Jugendlichen, die mit dem Thema Sexualität zuerst in Form von Pornografie in Berührung kommen, gerade jene Erfahrungen zu ermöglichen, die ihnen Pornografie nicht geben kann: Nähe, Zuwendung, Zärtlichkeit, Liebe. Pornografie führt in die Einsamkeit, sie hemmt die Entwicklung der Beziehungsfähigkeit und stimmt mit dem Bedürfnis nach Partnerschaft und Liebe nicht überein. „Das Liebesuchen, das Zuwendungbrauchen, das hat sich durch Pornografie nicht geändert."[273] Ein Bild sagt mehr als tausend Worte. Es wurde bei einem Fotowettbewerb zum Thema „Mensch und Computer" eingereicht: Ein Junge sitzt vor dem Computer, das Zimmer ist schwach beleuchtet, die Uhr an der Wand zeigt an, dass es weit nach Mitternacht ist; der Junge kauert auf einem Stuhl mit den Füßen auf der Sitzfläche, den Kopf auf die angewinkelten Knie gesenkt; er ist nackt. Auf dem Bildschirm ist verschwommen das Bild einer nackten Frau erkennbar. Der vielsagende Titel des eingereichten Fotos: Einsamkeit.

Am 24. April 2010 hat sich in Wien erstmals ein eigener Kongress mit dem Phänomen der Internetsexsucht beschäftigt.[274] Zwar ist das Phänomen der Sexsucht nicht neu, aber durch das Internet hat es neue Dimensionen angenommen. Schätzungsweise leiden in Deutschland 400.000, in Österreich 40.000 Menschen, davon sind 90 % Männer, an dieser Erkrankung.[275] Der Teufelskreis dieser Krankheit besteht darin, dass die Gründe, die einen Menschen in diese Sucht drängen, durch die Sucht selbst wiederum verstärkt werden: mangelnde sexuelle Befriedigung, Einsamkeit, soziale Isolation und fehlender Lebenssinn. Die tiefer liegenden Bedürfnisse nach Liebe und Nähe werden zugedeckt und nur scheinbar bzw. nur kurzfristig in einer unmittelbaren Triebbefriedigung bewältigt. Die Internetsexsucht zerrüttet nicht nur das Seelenleben des betroffenen Menschen, sie gefährdet auch Beziehungen, die schließlich daran zerbrechen können. Auch eine Studie an der Technischen Universität in Swinburne, Australien[276], kommt zum Ergebnis, dass die exzessive Nutzung von Internetpornografie schwere psychische Störungen auslösen kann, besonders werden genannt: moderate bis schwere Depressionen, ausgeprägte Angstzustände, Stresssymptome. „Das Risiko für eine psychische Erkrankung steigt dabei proportional zur wöchentlichen Nutzungsdauer von Sex-Angeboten."[277]

Die Herausforderung, die sich hier stellt, ist die, wie den betroffenen Menschen am besten geholfen werden kann. Der Schweizer Facharzt für Psychiatrie und Neurologie, Samuel Pfeifer, formulierte als Zielansatz der Therapie bei Internetsexsucht:

„Anders als bei stoffgebundenen Süchten ist im Idealfall das Ziel einer Therapie nicht eine völlige Abstinenz, sondern eine angepasste Einbettung des Sexuallebens in eine Beziehung. Wichtige Elemente einer Therapie sind Motivationsklärung und Aufarbeitung der lebensgeschichtlichen Hintergründe, eine Distanzierung vom suchtfördernden Medium sowie der Aufbau eigenverantwortlicher Wege der sozialen Kontrolle. In der Paartherapie geht es um die Entwicklung oder die Wiederentdeckung einer partnerschaftlichen Intimität, die nicht primär auf den genitalen Vollzug der Sexualität fokussiert."[278]

Wie hinter jeder Sucht steckt auch hinter der Internetsexsucht eine unerfüllte Sehn-Sucht: die Sehnsucht nach Annahme, Geborgenheit, Beziehung, Nähe. Eine Therapie muss es dem Betroffenen ermöglichen, sich mit diesen Sehnsüchten und ungestillten Bedürfnissen auseinanderzusetzen und sie zu bewältigen, sie nicht durch Konsum von Internetsex zu befriedigen, sondern zu lernen, dass diese Bedürfnisse – mit all den unausweichlichen und deshalb anzunehmenden Grenzen – in einer von Liebe und Zuneigung getragenen Beziehung Erfüllung finden. Betroffene müssen den schon genannten Teufelskreis, dass die Ursachen, die in die Sucht führen, durch die Sucht zugleich verstärkt werden, durchbrechen.

Ein wichtiger Aspekt ist zudem, die Empathiefähigkeit der Betroffenen zu fördern und sie zu sensibilisieren dafür, dass die allermeisten Menschen, die in der Sexindustrie tätig sind, dies weder freiwillig noch gerne tun, sondern weil sie entweder dazu genötigt werden oder aus wirtschaftlichen Gründen gezwungen sind, in diesem Gewerbe zu arbeiten.

SENSIBILISIERUNG, PÄDAGOGIK UND THERAPEUTISCHE MASSNAHMEN

Auch auf dem Hintergrund dieser aktuellen Herausforderungen erweist sich die Botschaft der kirchlichen Sexualmoral, nämlich der Integrierung der Sexualität als Kraft und Quelle von Beziehung, Freude, Lust und Leben, als äußerst aktuell und auch angemessen. Der Zugang darf jedoch nicht der des moralisierend erhobenen Zeigefingers sein, sondern der der konkreten Sorge um die betroffenen Menschen sowie des Bemühens, ihnen zu helfen. Zugleich ist es aber auch wichtig, aktiv zu werden auf der Ebene der öffentlichen Sensibilisierung für diese Probleme und für die Leiden aller betroffenen Personen, besonders wiederum jener, die Opfer dieser Entwicklungen sind und die Demütigung, Gewalt, Nötigung und Zwang erleiden. Das Geschäft mit dem Sex blüht deshalb[279], weil die Nachfrage entsprechend groß ist und weil die Zielgruppen entsprechend weit gefächert sind. Deshalb ist es wichtig, die Konsumenten zu sensibilisieren für die vielen möglichen negativen Folgen ihres Handelns. Diese reichen von der Beeinträchtigung ihrer eigenen Beziehungs- und Liebesfähigkeit über die Zerstörung von Beziehungen[280] bis hin zur Mitwirkung an der sexuellen Ausbeutung von Menschen.

Im Kontext unserer als hypersexualisiert charakterisierten Gesellschaft mit ihren neuen Phänomenen, vom unausweichlichen Kontakt mit explizit sexuellen Inhalten bis hin zur Flut an für Jung und Alt leicht zugänglichen pornografischen Materialien, ist es wichtig, zu vermitteln[281]: dass Sexualität kein Leistungssport ist; dass ein Mensch nicht durch seine sexuelle Attraktivität oder durch seine sexuellen Handlungen und Erfahrungen definiert ist; dass es die Würde eines Menschen verletzt, wenn er auf seine Sexualität reduziert wird; dass jeder Mensch ein Recht hat, mit seinen eigenen Gefühlen, Empfindungen, Wünschen und Bedürfnissen geachtet zu werden; dass es nicht zu unterschreitende Grenzen im Umgang mit der Sexualität gibt; dass Handlungen wie Kinderpornografie, sexueller Missbrauch, sexuelle Nötigung, Vergewaltigungen, Zwangsprostitution usw. immer sittlich verwerflich bzw. nie rechtfertigbar sind; dass Menschen, die sexuell gestörte Neigungen haben wie z. B. Pädophilie, sexuelle Stimulation durch Gewalt, Internetsexsucht …, darüber sprechen dürfen und therapeutische Hilfe in Anspruch nehmen sollen.

Die Herausforderung besteht nicht zuletzt darin, die geeigneten pädagogischen Methoden und Mittel zu finden, damit diese Inhalte nicht nur didaktisch gelehrt, sondern auch persönlich erfahren und angeeignet werden können. Auch therapeutische Hilfeleistungen müssen auf eine diskrete oder anonyme Weise angeboten werden, sodass die Hemmschwelle, sie in Anspruch zu nehmen, möglichst niedrig ist.

Schlusskapitel
Resümee: kein Rück-, sondern ein Ausblick

„Können Sie uns in zwei Sätzen die Sexualmoral der Kirche erklären?", fragte mich unlängst eine Journalistin. Meine Antwort war: Nein. Kann dies in einer mehrteiligen Zeitungsserie geschehen, selbst wenn diese zu einem Buch wie der vorliegenden Publikation ausgearbeitet wird? Ich befürchte: nein; denn nicht alles kann entfaltet und nicht jede Frage vertieft werden; vieles bleibt unterbeleuchtet, manches nur angedeutet.

Dennoch habe ich diese Herausforderung angenommen, weil ich überzeugt bin, dass wir als Kirche gerade in der heutigen Zeit angesichts der vielen Probleme wie Missbrauch, sexuelle Gewalt, Frauenhandel, Pornografie in Medien und Internet etc. zum Thema Sexualität nicht schweigen dürfen, und dass die Sexualmoral der Kirche mehr zu sagen hat als das, worauf sie immer wieder verkürzt wird oder worauf sie sich selber immer wieder beschränkt. Es war mein Anliegen, den Reichtum der Aussagen der Bibel, die lebendige Entwicklung und Tradition der Sexualmoral sowie die Inhalte und Intentionen der Lehre des Lehramtes der Kirche darzustellen. Die Sexualmoral der Kirche soll wieder mehr als Beitrag für das Glücken des Lebens wahrgenommen werden. Jede Ethik zielt auf das Glücken des Lebens ab. Dies gilt besonders für die theologische Ethik, die sich dem Wort Jesu verpflichtet weiß: „Ich bin gekommen, damit sie das Leben haben und es in Fülle haben" (Joh 10,10). Der Wiener Erzbischof Kardinal Christoph Schönborn mahnte ein, dass die Kirche einen Wandel brauche von einer „Pflicht-Moral" hin zu einer „Moral des Glücks"[282]. Er plädierte für das altbewährte Prinzip der Gradualität, bei dem nicht Sünde und Verbot im Zentrum der Betrachtung stehen, sondern Ermutigung und Motivierung, den Geboten nach den je eigenen Fähigkeiten und sittlichen Einsichten mehr und mehr zu entsprechen und sich so zu entfalten, denn „der Sabbat ist für den Menschen da, nicht der Mensch für den Sabbat" (Mk 2,27). Schon im Alten Testament kommt dem Gesetz der Thora kein Selbstzweck zu, sondern es ist hingerichtet auf die Ermöglichung und Entfaltung von Leben:

„Hiermit lege ich dir das Leben und das Glück, den Tod und das Unglück vor. Wenn du auf die Gebote des Herrn, deines Gottes, auf die ich dich heute verpflichte, hörst, indem du den Herrn, deinen Gott, liebst, auf seinen Wegen gehst und auf seine Gebote, Gesetze und Rechtsvorschriften achtest, dann wirst du leben und zahlreich werden, und der Herr, dein Gott, wird dich in dem Land, in das du hineinziehst, um es in Besitz zu nehmen, segnen. ... Leben und Tod lege ich dir vor, Segen und Fluch. Wähle also das Leben, damit du lebst, du und deine Nachkommen. Liebe den Herrn, deinen Gott, hör auf seine Stimme, und halte dich an ihm fest; denn er ist dein Leben." (Dtn 30,15–16.19c–20a)

EIN NEUES SELBSTVERSTÄNDNIS DER KIRCHLICHEN SEXUALMORAL!

Die Sexualmoral als Hilfe und Orientierung zu verstehen bedeutet, durch sie gerade nicht Macht und Kontrolle auszuüben, gleichsam – um es überspitzt zu formulieren – billigend oder missbilligend „unter die Bettdecke der Menschen zu schauen", sondern angesichts der vielfältigen Probleme und Herausforderungen eine den Menschen dienende Haltung einzunehmen.[283] Es geht nicht darum, Menschen in ihrem selbst zu verantwortenden Verhalten einzuengen, sondern ihnen Einsichten in die tieferen Sinngehalte von Normen zu vermitteln, damit sie sich diese Sinneinsichten selbstverantwortlich aneignen können, nicht zuletzt auch durch persönliche Erfahrungen im Bereich der Sexualität, die ihnen zugestanden werden müssen. Die gegenwärtige Diskrepanz zwischen kirchlicher Sexualmoral und dem sexuellen Verhalten vieler Menschen, besonders der jungen Generation, wirft die drängende Frage auf, ob die Sexualmoral die Selbsterfahrungen der Menschen ernst genug genommen hat. Die Ursachen der Diskrepanzen allein auf der Ebene einer nur mangelhaft gelingenden Vermittlung der Inhalte der traditionellen Sexualmoral oder auf Seiten des Unverständnisses der Gesellschaft zu suchen, reicht nicht aus.

Auf jeden Fall ist es wichtig, dass die Kirche im Bereich der Sexualmoral ihre Kompetenz nicht aufgibt bzw. sich eine solche verstärkt – vielleicht sogar neu – aneignet. Die Sexualität bedarf der Gestaltung und Formung, weil sie ein wichtiger Bestandteil des Lebens eines Menschen ist, die als Urgewalt und als Geheimnis erfahren wird. Sie ist unerlässlich für eine umfassende Lebensgestaltung und für das Leben und Überleben der Menschen überhaupt, sodass sich die Menschen hilfreiche Orientierung erwarten, besonders auch deshalb, weil der Mensch im Bereich des Sexuellen sehr leicht verletzlich wird und die Sexualität anfällig ist für Missbrauch. Die Schattenseiten etwa der sexuellen Liberalisierung machen dies überdeutlich. Die Reaktion darauf kann allerdings nicht in der Rückkehr zu einer vorwiegend durch Verbote und Prüderie geprägten Sexualmoral sein. Die Angst davor ist mit einer der Gründe dafür, dass der Einsatz von christlichen Gruppierungen oder Politikern zum Schutz der Kinder und Jugendlichen auf dem Gebiet der Sexualität vielfach mit Argwohn beobachtet wird.[284] Die Antwort muss darin bestehen zu helfen, jene Potentialitäten zu entfalten, die in der Sexualität als Kraft und Quelle von Leben, Freude und Beziehung liegen. Es muss darum gehen, Menschen in ihrer psycho-sexuellen Entwicklung zu fördern und zu unterstützen, damit sie in der Lage sind, „auf eine reife Weise mit der eigenen Sexualität umzugehen, und die Fähigkeit zu tiefen, bedeutungsvollen und verbindlichen Beziehungen erlangen"[285]. Dabei müssen die jeweiligen Entwicklungsstufen eines Menschen ebenso wie seine individuelle Veranlagung, Erziehung, soziale Prägungen und Einflüsse usw. berücksichtigt werden.[286] Es stellt sich die Frage, ob der Anspruch, dass nur die vollkommene Übereinstimmung mit den sittlichen Normen ethisch vertretbar sei, diesem biographischen Lern- und Wachstumsprozess gerecht wird, bzw. ob jene Lebensformen, die den Normen der kirchlichen Moral nicht entsprechen, ausschließlich als sündhaft oder defizitär angesehen werden dürfen, oder ob nicht vielmehr wertschätzend anzuerkennen ist, wenn auch in ihnen Werte verwirklicht werden, die die Qualität einer personalen Beziehung ausmachen wie Liebe, Treue, Dauer, gegenseitiger Beistand, Wohl der Partner; oder es ist danach zu fragen, wie die Verwirklichung dieser Werte gefördert werden kann. Die Sexualethik muss also auch anwendungsorientiert sein, damit in der Pastoral Wege der Lebbarkeit gefunden werden können, die den Menschen in ihren konkreten, oft sehr komplexen Lebenswirklichkeiten gerecht werden.[287] Sie muss sich also auch einlassen auf die gesellschaftlichen Bedingungen, unter denen heute Beziehungen gelebt und gestaltet werden. Die theologische Ethik ist hier vor die Aufgabe gestellt, die normative Sexualmoral in eine tugendethisch ausgerichtete Sexualethik zu integrieren, d. h., dass sie nicht nur sexuelle Handlungen normiert, sondern grundsätzlich zu einem guten, verantwortlichen Umgang mit der Sexualität befähigt. Sie ist in dieser Hinsicht als Hilfe zu verstehen, Menschen zu Ich-starken und selbstbewussten Persönlichkeiten heranzubilden, denn „wer sich selbst annimmt und bejaht, vermag am ehesten seine Geschlechtlichkeit als Gabe und Aufgabe zu sehen"[288]. Dafür nötig ist eine Sensibilität für die möglichen Verletzungen der Würde eines Menschen im Bereich der Sexualität, um sich dagegen wehren und schützen zu können bzw. um gar nicht erst empfänglich zu werden für unterschwellig bis offen sexistische, machohafte Botschaften oder anfällig für sexistische, einen Menschen – sich selbst ebenso wie andere – erniedrigende Handlungen und Verhaltensmuster. Die Sexualethik möchte also auch einer Sexualpädagogik zuarbeiten, deren Ziel es ist, eine wertschätzende Sicht von Sexualität sowie ein positives sexuelles Selbstbewusstsein zu vermitteln, das junge Menschen in die Lage versetzt, sich eigenständig und kritisch von virtuellen Mustern und sozialen Normen bzw. Zwängen abzugrenzen.[289]

Aus vielen Gesprächen mit Fachkollegen, jungen ebenso wie älteren oder schon emeritierten, geht hervor, dass sie innerkirchlich einen sanktionsfreien und offenen Dialog sowie ein Nachdenken über neue Ansätze, Denkweisen und Begrifflichkeiten in der Sexual- und Beziehungsethik dringend für nötig halten. Dies vor allem auch, um im Gespräch mit den Menschen, die sich in diesem Bereich von der Kirche abgewandt haben, auch mit kirchentreuen und gläubigen Katholiken, eine neue Basis zu finden und die Kluft zwischen der Lehre der Kirche und den Überzeugungen vieler Katholiken zu überbrücken. Der Grazer Moraltheologe Walter Schaupp fragt, ob hinter dieser Kluft nur ein einseitiger Werteverfall seitens der Gesellschaft in ihrem Umgang mit Sexualität liegt, oder ob nicht auch die Lehre der Kirche weiterzuentwickeln sei, so wie sie schon in der Tradition eine lebendige Entwicklung, Vertiefung und Entfaltung erfahren hat. Heute sei es gerade die Gesellschaft, die Werte wie Gewaltfreiheit in der Sexualität, Achtung vor Freiheit und Selbstbestimmung, Gleichheit der Geschlechter und Schutz der psychischen und physischen Integrität betone und einfordere. Der italienische Moraltheologe Enrico Chiavacci[290] sieht die Sexualmoral vor der Aufgabe, die Sexualität als Kraft der Liebe und Beziehung in die Persönlichkeit zu integrieren und zu einem reifen und verantwortungsvollen Umgang mit ihr zu befähigen. Es gehe darum, den Paradigmenwechsel von einer biologisch-funktionalistischen Sicht der Sexualität hin zu einem personalen Verständnis der Sexualität zu vollziehen und die Sexualität als Beziehungsgeschehen im Licht von Gabe und Hingabe zu deuten. Auf diesem Hintergrund ist auch die in der Pastoral allenthalben erfahrbare Unzulänglichkeit einer neuplatonisch geprägten naturrechtlichen Sexualmoral ins Feld zu führen. Unter den Moraltheologen gibt es unterschiedliche Meinungen zu Themen der Sexualmoral. Weil es dabei leicht zu Differenzen mit der Glaubenskongregation kommt, äußern sich viele Moraltheologen öffentlich nur zurückhaltend oder gar nicht mehr zu solchen kontroversen Themen. Eindrucksvoll kann dies in den beiden Bänden *Theologische Ethik autobiografisch*[291] nachgelesen werden. Allerdings besteht ein Konsens darüber, dass die Kirche zu den Themen der Sexualität nicht schweigen darf, weil dieser Bereich menschlichen Lebens zugleich so anfällig ist für Missbrauch, Machtausübung und Verletzungen und deshalb ethisch-normativer Orientierungen bedarf, und weil die Menschen einen Anspruch auf solche Orientierung haben.

UNGELÖSTE FRAGEN ENTSCHLOSSEN ANGEHEN

In den Diskussionen über die Missbrauchsfälle in der Kirche wurde wiederholt angemerkt, dass diese auch eine Anfrage an die kirchliche Sexualmoral darstellen. Bei einem Bußgottesdienst im Wiener Stephansdom am Mittwoch der Karwoche 2010 sprach Kardinal Schönborn im Schuldbekenntnis u. a.:

„Wir bekennen, dass wir die Leiblichkeit nicht wertgeschätzt haben und an der Aufgabe, Sexualität gut zu leben, gescheitert sind. Einige von uns haben sexuelle Gewalt angewendet. ... Wir sind bereit, unsere Verantwortung für Geschichte und Gegenwart anzunehmen, einzeln und gemeinsam; wir sind bereit, unsere Denk- und Handlungsmuster aus dem Geist Jesu zu erneuern und an der Heilung der Wunden mitzuwirken. Wir stellen uns als Kirche in das Gericht Christi."[292]

Von einem indirekten Zusammenhang zwischen den Missbrauchsvorfällen und der kirchlichen Sexualmoral geht auch der Münsteraner Moraltheologe Antonio Autiero aus.[293] Die traditionelle Sexualethik sehe die Sexualität ausschließlich als Handlung im klaren Kontext der Ehe mit dem klaren Ziel der Fortpflanzung. Diese herkömmliche Sicht habe die Dimension des Mensch-Werdens durch die Sexualität zu wenig ernst genommen. Das Wachsen und Reifwerden sei auf der Strecke geblieben. Viele Menschen seien dadurch unreif geblieben, ja, es habe geradezu eine „Infantilisierung der Sexualität" gegeben. Es bereite Sorge, dass wir noch keine Sexualität vermitteln können, die Reifung ermöglicht. Die Theologie müsse in diese Richtung weiterdenken. Der Innsbrucker Diözesanbischof Manfred Scheuer sagte in einem Interview mit der Tiroler Tageszeitung (23. März 2010), dass die Kirche über ihre Sexualmoral reden und sich fragen müsse, wie nahe sie an den Erfahrungen der Menschen ist oder nicht. Der Salzburger Erzbischof Alois Kothgasser plädiert deshalb schon seit Jahren dafür, in einen Diskussionsprozess über die Sexualmoral einzutreten. Schließlich räumt selbst Papst Benedikt XVI. ein, dass „vieles in diesem Bereich neu bedacht, neu ausgesagt werden muss"[294]. Der Münchner Moraltheologe Konrad Hilpert, Vorsitzender der Arbeitsgemeinschaft der deutschen Moraltheologen, schreibt in einer Erklärung zu den Missbrauchsfällen in der Kirche:

„Als Wissenschaftler sehen sich die Moraltheologen in der augenblicklichen Lage in einer besonderen Verpflichtung, die vielen ungelösten Fragen im Zusammenhang einer zukunftsfähigen Sexualethik in den kommenden Jahren entschlossen anzugehen. Sie erwarten von den zuständigen Bischöfen und allen Verantwortlichen, für eine Atmosphäre in der Kirche zu sorgen, in der diese Arbeit offen, angstfrei, wertschätzend und ermutigend möglich ist."[295]

Vielleicht bedarf es auch einer Art Selbstbescheidung seitens der Kirche, einer Beschränkung und Konzentration auf das Wesentliche und Prinzipielle, damit die kirchliche Moralverkündung „befreit wäre aus der lähmenden Beschäftigung mit Details und sich auf das konzentrieren könnte, was den Menschen in ihrer Beziehungskompetenz hilft und ihr Wachsen unterstützt"[296]. Das sind nur einige Stimmen des Lehramtes sowie von Theologen, die ein allgemeines Klima der Sorge um die Glaubwürdigkeit der kirchlichen Sexualmoral, die im Dienst des Menschen steht, zum Ausdruck bringen.

Als Kirche bedürfen wir einer „Kultur des Hörens". Wir müssen auf die Menschen hören, ihre Erfahrungen und Gewissenseinsichten ernst nehmen und in die theologisch-ethische Reflexion einfließen lassen; wir müssen mehr hinhören auf das, was Frauen zu ihrer eigenen Sicht und ihrem eigenen Erleben von Sexualität und Beziehung sagen[297], und bereit sein, eine vorwiegend männlich-zölibatär geprägte Sichtweise der Sexualität zu revidieren, auch im verbindlichen Hinhören auf die Ehepaare; wir müssen hinhören auf das, was die Wissenschaften und die Fachleute uns zu sagen haben, und schließlich auch auf die Meinung der Gesellschaft. Von diesem Realitätsbezug dürfen wir uns nicht dispensieren. Dies gehört mit zur nötigen Offenheit und Ernsthaftigkeit, um auf dem Weg zum christlichen und menschlichen Ideal einer gelingenden partnerschaftlichen Liebe die vorhandenen Probleme ohne Scheu und Angst anzugehen.[298] Die Kirche versteht sich als Anwältin gegen die Banalisierung und Ausbeutung der Sexualität, die sie „davor schützt und dafür Sorge trägt, dass der Sexualität die ihr zukommende Würde und Einzigartigkeit, das ihr eigene Geheimnisvolle nicht gänzlich genommen wird"[299]. Sie schützt die Sexualität zugleich aber auch vor einer heillosen Überforderung: Sexualität kann wirkliche Zuwendung und Liebe nicht ersetzen, sondern ist vielmehr deren Ausdruck und Kommunikation. Die Kirche kann dabei auf eine reiche biblische Tradition zurückgreifen, die ihr hilft, die Sexualität als etwas sehr Wertvolles, Schönes und Feines zu verstehen, die aber gerade deshalb auch etwas sehr Zerbrechliches ist und den Menschen verwundbar macht. Die biblische Sicht der Sexualität bejaht einen lust- und leibfreundlichen Umgang mit ihr, ohne die Augen vor den Gefährdungen zu verschließen. Für eine gelingende Sexualität allerdings hat auch die Kirche keine fertigen Rezepte. Sie ist auf den Dialog mit den Human- und Sexualwissenschaften und auf die Zusammenarbeit mit ihnen angewiesen, um durch die Sexual- und Beziehungsethik den Menschen helfen zu können, die komplexen, immer auch gefährdeten lebenslangen psychosexuellen Entwicklungs- und Lernprozesse bzw. die Aufgabe der sexuellen Identitätsfindung im Schnittpunkt von Natur, Kultur, Glauben, Biographie und sittlicher Selbstbestimmung gut zu meistern. Deshalb ist sie auch auf das Gespräch mit den Menschen angewiesen, die in erster Person ihre konkreten Erfahrungen und die dadurch erworbene Kompetenz einbringen können. Im Grunde genommen geht es um die Lebensaufgabe, die unterschiedlichen Sinngehalte der Sexualität zu integrieren, sie als selbstüberschreitende, gemeinschaftsstiftende und lebensspendende Kraft der Liebe fruchtbar zu machen und so im Menschsein zu wachsen.

Nachwort

DEN EROS ENTGIFTEN: EIN HOFFNUNGSPROJEKT

Den Eros entgiften zu wollen – das ist eine steile Ansage und zugleich ein Hoffnungsprojekt. Die Ansage ist steil, denn ein Entgiften von theoretischen und praktischen Fehlinterpretationen in Geschichte und Gegenwart, in Kirche und Gesellschaft erfordert mehr Zeit als die kurze Spanne, in der man ein Buch liest – es verlangt darüber hinaus ein Umdenken, eine neue Zugangsweise, neue Methoden der Vermittlung und ein Einüben veränderter Haltungen und Praktiken.

Den Eros entgiften ist zugleich ein Hoffnungsprojekt: Es hat Projektcharakter, weil es eine Aufgabe ist, die Engagement erfordert und nicht von einer Person allein bewältigt werden kann, sondern der Gemeinschaft bedarf. Zugleich ist es ein Hoffnung stiftendes und von tiefer Hoffnung getragenes Projekt. Diese Hoffnung richtet sich darauf, die Botschaft der Kirche und die Lebenspraxis wieder näher aneinanderzurücken und so die im Laufe der Geschichte entstandene Kluft neu zu überwinden.

Das Projekt gibt Anstoß zu einer Reihe positiver Veränderungen: Angespornt durch den bejahenden Zugang zur Sexualität in der Bibel als einem der Fundamente christlichen Nachdenkens in Sachen Moral, der den sexualfeindlichen Tendenzen in Vergangenheit und Gegenwart zum Trotz seine Wirkung auch heute entfalten soll, kann der „entgiftete" Eros im Leben der Gläubigen von Neuem als positive und lebensförderliche Kraft wahrgenommen werden. Außerdem wird das Bild von der Kirche als einer lebensfernen und sexualfeindlichen Institution einem Wandel unterworfen und macht einer differenzierteren Sichtweise Platz.

Dass der Eros als Urkraft im Menschen einer „Entgiftung" bedarf, ist der Sache nach ein altes Element in der christlichen Motivgeschichte. In jüngster Zeit hat Papst Benedikt XVI. gleich zu Beginn seiner ersten Enzyklika „Deus caritas est (Gott ist Liebe)" dieses Motiv aufgegriffen. Darin hebt er die Bedeutung eines Eros im Christentum hervor, der von Selbstsucht gereinigt zur Kraft christlicher Liebe werden kann. Sein Vorgänger Johannes Paul II. hat sich bemüht, die klassische Sexuallehre der

Kirche statt in Normen in einer neuen Sprache der Begegnung von Personen zu formulieren. Beide Päpste zeigen so auf ihre Weise, welch große Bedeutung sie dem Eros und der Liebe für ein christliches Leben beimessen.

Diese wertvollen Impulse bedürfen der Ergänzung, der Weiterentwicklung, der Entfaltung. Wie kann man die Urkraft des Eros im Menschen so erfahren, dass sie nicht nur gezähmt und domestiziert erscheint, sondern zum Ausdruck lebendiger Liebe wird? Welche Gestalt kann Sexualität nehmen, wenn sie in den Kategorien der Person und ihrer Entwicklung beschrieben wird – unter Einbeziehung der Erkenntnisse, die wir aus der Entwicklungspsychologie kennen, im Kontext eines kontinuierlichen Reifungsprozesses? Solche Spuren auf dem Weg zu einem gelingenden Umgang mit Eros und Liebe verlangen eine grundsätzliche Bejahung der Sexualität als einem Aspekt jeder Person, der nicht abgespalten und verdrängt, sondern integriert und angenommen werden soll.

Ist diese positive Prämisse einmal vorgegeben, dann können sich die vielfältigen Impulse der christlichen Glaubensüberzeugung zum Wohl der liebenden Menschen auch im Bereich der Sexualität entfalten: die gleiche Würde von Frau und Mann, die wertschätzende Haltung gegenüber der Partnerin und dem Partner als Person, eine Verbindung, die nicht nur Teilaspekte umfasst, sondern sich nach einer Annahme und einem Angenommenwerden der gesamten Person ausstreckt.

Diese Kernmomente und Sinngehalte einer Liebesgemeinschaft sind für alle Menschen von Bedeutung, und zugleich doch sehr voraussetzungsreich. Sie bedürfen der Entfaltung der Kommunikationsfähigkeit sowie des Mutes, eigene Gefühle und Bedürfnisse zu formulieren; des Selbstbewusstseins, um Grenzen zu setzen und auf die eigene Verletzlichkeit aufmerksam zu machen; der Bereitschaft der beiden Partner, an ihren eigenen und wechselseitigen Schwierigkeiten zu reifen und Geduld und Hoffnung für einen Prozess, der sich auf die Zukunft richtet, aufzubringen; es bedarf der Ehrlichkeit, um nicht nur eine Rolle einzunehmen, sondern als ganzer Mensch dabei zu sein, und der grundsätzlichen Einwilligung in die eigene Geschlechtlichkeit in Dankbarkeit für all das Schöne, das als Geschenk Gottes in einer solchen Partnerschaft erfahrbar wird.

Diese Voraussetzungen sind, wie die Erfahrung lehrt, in der Praxis nicht immer zur Gänze gegeben. Manchmal sind übernommene Rollenbilder von Frauen und Männern mit bestimmten Erwartungen verbunden, die es schwierig machen, die tatsächlichen Fähigkeiten, Möglichkeiten und die individuelle Persönlichkeit des Partners, so, wie er oder sie wirklich ist und empfindet, wahrzunehmen. Unterschiedliche Vorstellungen von gelingender Sexualität bei Frauen und Männern können dazu führen, dass der Aussprache, Zärtlichkeit und Feinfühligkeit füreinander nicht genügend Bedeutung zugemessen wird. Mangelndes Selbstbewusstsein in bestimmten Lebensphasen führt zur Anpassung an Praktiken und an Ideale, die oft genug künstlich produziert werden und bei weiterem Nachdenken gar nicht persönlich geteilt werden. Um sich aus solchen gesellschaftlichen Perfektions-, Gruppen- und Rollenzwängen lösen zu können, bedarf es einer persönlichen Stärke, die ebenso eingeübt, entwickelt und gefördert werden muss wie die grundsätzliche Haltung der Gelassenheit und Geduld mit sich und anderen Menschen und die Stärke, auf das eigene Gespür, auf sich selbst zu vertrauen.

Selbst lang bestehende Ehen sind vor Schwierigkeiten nicht gefeit. Manchmal sind es eingefahrene Verhaltensweisen, die sexuelle Gemeinschaft nicht gelingen lassen, Stress und Lebensumstände, die es den Partnern schwer machen, in umfassender Weise zueinanderzufinden. Zuweilen braucht es dann einen Anstoß von einer beratenden Person, damit ein Umdenkprozess in Gang kommt, in dem die beiden Partner in der Umgangsweise miteinander neue Schritte setzen und so der Liebe frische Nahrung geben. All diese Schwierigkeiten einer umfassenden Liebe überwinden zu helfen, gehört zum Grundanliegen eines „entgifteten" Umgangs mit dem Eros und ist das große Ziel einer tragfähigen Liebesgemeinschaft zwischen Partnern in der christlichen Ehe.

Das Gelingen solcher Liebesgemeinschaften einfühlsam für beide Geschlechter fördern zu können, ist an gewisse Voraussetzungen gebunden. So bedarf es einer Nähe zur tatsächlichen Erfahrung von Frauen und Männern in allen Lebensphasen, einer respektvollen Haltung gegenüber der Suche der Menschen nach Glück in Liebe und Sexualität und eines Vertrauens auf die Liebe Gottes als Fundament und Ziel all unserer Bemühungen, mögen sie gelingen, bruchstückhaft sein oder vergeblich bleiben.

Der Liebe, die zum zentralen Kern der christlichen Botschaft gehört, in leib-seelischer Einheit Ausdruck verleihen zu können, ist ein Hoffnungsprojekt – für liebende Menschen und für alle, die Menschen in ihren Bemühungen auf dem Weg der Liebe einfühlsam begleiten und fördern möchten: Eltern, Erzieher, Lehrende und Mitarbeiterinnen und Mitarbeiter in der Pastoral. Der Beitrag dieses Buches möge es sein, Mut zu einer solchen zukunftsfähigen, lebensnahen und persönlichkeitsfördernden Sexualmoral und Beziehungsethik zu machen, die im Vertrauen auf Gottes Geleit den Weg der Liebe begleitet.

Sigrid Müller, Prof. für Moraltheologie, Wien

Anmerkungen

1 http://www.oecumene.radiovaticana.org/ted/Articolo.asp?c=396083; (Zugriff: 10.06.2010).
2 Vgl. dazu: Helmut Krätzl, (Interview mit), Kirche hat drei Mal Vertrauen verloren, in: Salzburger Nachrichten vom 31.12.2010, 3.
3 „In letzter Zeit ist im deutschen Sprachraum relativ wenig veröffentlicht worden, auch weil es ein Minenfeld ist und junge Theologen/innen dann fürchten müssten, eventuell kein ‚Nihil obstat' für eine Professur zu bekommen, bzw. auf Lehrbeanstandungen gefasst sein zu müssen." Karl Golser, Streiflichter auf die Entwicklung der nachkonziliären katholischen Moraltheologie, in: Brixner Theologisches Forum 119 (2008) 1, 70, Anm. 70; vgl. auch: Dietmar Mieth, (Interview mit), „Fragen der Zukunft sind sozialethischer Natur", Domradio.de vom 23.12.2010; http://www.domradio.de/aktuell/70273/fragen-der-zukunft-sind-sozialethischer-natur.html; (Zugriff: 29.12.2010).
4 Walter Schaupp, Kirchliche Sexualmoral und Missbrauchsfälle in der Kirche. Statement zur Podiumsdiskussion „Sexueller Missbrauch in der Kirche" am Universitätszentrum Theologie in Graz (18.03.2010).
5 Dass dieses Grundprinzip schon allein von seiner historischen Entwicklung her zu hinterfragen ist, zeigt auf: Karl-Heinz Kleber, De parvitate materiae in sexto. Ein Beitrag zur Geschichte der Moraltheologie, (Studien zur Geschichte der katholischen Moraltheologie, Bd. 18), Regensburg 1971; ders., Historia docet. Zur Geschichte der Moraltheologie, (Studien der Moraltheologie, Beihefte, Bd. 15), Münster 2005.
6 S. dazu: Hanspeter Schmitt, Sexualmoral auf dem Prüfstand – ein Normalfall!?!, in: Schweizerische Kirchenzeitung 178 (2010), 431–432.
7 Friedrich Nietzsche, Jenseits von Gut und Böse, Aphorismus 168.
8 S. dazu auch: Theresia Heimerl, Wer hat den Eros vergiftet? Historische Grundlegungen und postmoderne Fragen zum Spannungsfeld Eros, Körper und Theologie, in: Stephan Orth (Hg.), Eros – Körper – Christentum. Provokation für den Glauben, Freiburg i. Br. 2009, 18–46.
9 Vgl. Benedikt XVI., Deus caritas est. Enzyklika über die christliche Liebe, (25.12.2005), Nr. 3–8.
10 S. dazu auch: Konrad Hilpert, Zentrale Fragen christlicher Ethik. Für Schule und Erwachsenenbildung, Regensburg 2009, 132–148 (Kapitel 7, Gestaltung von Beziehungen).
11 Vgl. Myrthe Hilkens, McSex, Die Pornofizierung unserer Gesellschaft, Berlin 2010, 108–110.
12 So auch Benedikt XVI., Deus caritas est, Nr. 6.
13 Benedikt XVI., Licht der Welt. Der Papst, die Kirche und die Zeichen der Zeit. Ein Gespräch mit Peter Seewald, Vatikan/München 2010, 146.
14 Der Begriff Pädosexualität wird verwendet, um im Unterschied zur Pädophilie als sexuelle Neigung das sexuelle Verhalten der ausgelebten Pädophilie zu benennen. Ausgelebte Pädophilie wird in der Fachliteratur oft auch als Päderastie bezeichnet.
15 Zweites Vatikanisches Konzil, Optatam totius. Dekret über die Ausbildung der Priester, (28.10.1965), Nr. 16.
16 Zweites Vatikanisches Konzil, Gaudium et spes. Konstitution über die Kirche in der Welt von heute, (7.12.1965), Nr. 36.

ANMERKUNGEN

17 Zur Sicht der Sexualität in der Bibel s.: Herbert Haag/Katharina Elliger, „Stört nicht die Liebe." Die Diskriminierung der Sexualität – ein Verrat an der Bibel, Olten/Freiburg i. Br. ³1989; dies., Zur Liebe befreit. Sexualität in der Bibel und heute, Zürich/Düsseldorf 1998.
18 S. dazu Josef Weismayer, Leben aus dem Geist Jesu. Grundzüge christlicher Spiritualität, Kevelaer 2007, 100–101.
19 Vgl. Haag/Elliger, „Stört nicht die Liebe", 18–20.
20 S. dazu: Haag/Elliger, Zur Liebe befreit, 119–125.
21 Vgl. dazu: Benedikt XVI., Deus caritas est, Nr. 6.
22 Zu Hosea s. unten, zehntes Kapitel.
23 So: Haag/Elliger, Zur Liebe befreit, 125.
24 Benedikt XVI., Deus caritas est, Nr. 6.
25 Vgl. Regina Ammicht Quinn, Das Andere der Vollkommenheit: Stigma und Scham, in: Aleida und Jan Assmann (Hg.), Vollkommenheit, (Archäologie der literarischen Kommunikation, Bd. 10), München 2010, 41–52, hier: 50.
26 S. dazu: Maria Theresia Ploner, Tamar – Und ich, wohin soll ich meine Schmähung tragen?, in: Katholisches Sonntagsblatt. Kirchenzeitung der Diözese Bozen-Brixen, Jg. 80 (2010), Nr. 6, 18.
27 Ploner, Tamar.
28 Katechismus der Katholischen Kirche, München/Vatikan 2003 (Neuübersetzung), Nr. 2336.
29 Elisabeth Jünemann/Gerhard Kilz, Die Zehn Gebote – Orientierung für gerechte Strukturen. Für eine menschenwürdige Kultur in wirtschaftlichen, sozialen und politischen Organisationen, Paderborn 2009, 93.
30 Vgl. Haag/Elliger, „Stört nicht die Liebe", 171–173.
31 Vgl. Helmut Fox/Wolfgang Pauly, Befreite Liebe – Verantwortete Liebe. Eine sexualethische Handreichung, Trier 1999, 111–115.
32 S. dazu: Fox/Pauly, Befreite Liebe – Verantwortete Liebe, 110.
33 Dies ist die Grundthese von Haag/Elliger, „Stört nicht die Liebe".
34 Zur aktuellen Diskussion s.: Raymond J. Lawrence Jr., Sexualität und Christentum. Geschichte der Irrwege und Ansätze zur Befreiung, Innsbruck 2010, 19–42.
35 S. dazu auch: Fox/Pauly, Befreite Liebe – Verantwortete Liebe, 107.
36 S. dazu die exegetischen und theologisch-ethischen Ausführungen von: Donatella Abignente, Conversione morale nella fede. Una riflessione etico-teologica a partire da figure di conversione del vangelo di Luca, Roma 2000, 51–67.
37 Haag/Elliger, „Stört nicht die Liebe", 201.
38 Haag/Elliger, „Stört nicht die Liebe", 198.
39 So Haag/Elliger, „Stört nicht die Liebe", 91–100; dies., Zur Liebe befreit, 129–139.
40 Lawrence Jr., Sexualität und Christentum, 41.
41 Vgl. Haag/Elliger, „Stört nicht die Liebe", 91–100.
42 Benedikt XVI., Deus caritas est, Nr. 5. Vgl. dazu auch: Internationale Theologische Kommission, Gemeinschaft und Dienstleistung. Die menschliche Person – geschaffen nach dem Bilde Gottes, (23.07.2004), Nr. 26–31.
43 Lawrence Jr., Sexualität und Christentum, 45.
44 Die Begegnung zwischen den beiden Einsiedlern Paulus und Antonius ist eindrucksvoll auf dem Isenheimer Altar von Matthias Grünewald dargestellt.
45 S. dazu.: Anselm Grün, Ehelos – des Lebens wegen, (Münsterschwarzacher Kleinschriften, Bd. 58), Münsterschwarzach 1989, 19–44.
46 Grün, Ehelos – des Lebens wegen, 32.
47 Augustinus, Bekenntnisse, zweites Buch, Kapitel 1–2; (zit. nach der Übersetzung von Otto F. Lachmann, Edition Gutenberg-DE).

48 S. dazu: Kurt Flasch, Augustin. Einführung in sein Denken, (Reclams Universalbibliothek, Nr. 9962), Stuttgart ³2003, 239–241.
49 Augustinus, Bekenntnisse, viertes Buch, Kapitel 5–6.
50 Augustinus, Bekenntnisse, sechstes Buch, Kapitel 15.
51 Augustinus, Bekenntnisse, achtes Buch, Kapitel 7.
52 Zur Mutter-Sohn-Beziehung zwischen Monika und Augustinus s.: Flasch, Augustin, 241.
53 Augustinus, Bekenntnisse, drittes Buch, Kapitel 1.
54 Vgl. Peter Fonk, Das Gewissen, Was es ist – wie es wirkt – wie weit es bindet, Kevelaer 2004, 91.
55 Vgl. Ammicht Quinn, Das Andere der Vollkommenheit, 44.
56 S. dazu: Fox/Pauly, Befreite Liebe – Verantwortete Liebe, 132.
57 S. dazu: Christa Chorherr, Wer wirft den ersten Stein? Unterdrückung von Frauen durch Religion, Wien 2010.
58 Zu Abaelard und Héloise s. auch: Lawrence Jr., Sexualität und Christentum, 109–117.
59 Petrus Abaelard, Historia calamitatum, erster Brief: Abaelards Trostbrief an einen Freund (Quelle: http://www.erzabtei.de/antiquariat/hica.html; [Zugriff: 11.06.2010]).
60 Abaelard, Historia calamitatum, vierter Brief: Héloise an Abaelard.
61 Abaelard, Historia calamitatum, zweiter Brief: Héloise an Abaelard.
62 Vgl. Haag/Elliger, Zur Liebe befreit, 59.
63 Vgl. Fox/Pauly, Befreite Sexualität – Verantwortete Sexualität, 135.
64 Vgl. Fox/Pauly, Befreite Sexualität – Verantwortete Sexualität, 135–136.
65 Dazu und zum Folgenden s.: Valeria Ferrari Schiefer, La Belle Question. Die Frage nach der Gleichheit der Geschlechter bei François Poullain de la Barre (1647–1723) vor dem Hintergrund der (früh-)neuzeitlichen Querelle des Femmes, (Theologie in Geschichte und Gesellschaft, Bd. 8), Luzern 1998, 61–79.
66 Ferrari Schiefer, La Belle Question, 75.
67 S. dazu: Christoph Benke, Kleine Geschichte der christlichen Spiritualität, Freiburg u. a. 2007, 83–85.
68 S. dazu: Ulrike Stölting, Christliche Frauenmystik im Mittelalter. Historisch-theologische Analyse, Mainz 2005; Benke, Kleine Geschichte der christlichen Spiritualität, 83–90.
69 Allgemein zum Zusammenhang zwischen Mystik und Eros s.: Anselm Grün/Gerhard Riedl, Mystik und Eros, (Münsterschwarzacher Kleinschriften, Bd. 76), Münsterschwarzach ⁸2008.
70 Vgl. Stölting, Christliche Frauenmystik im Mittelalter, 41–42; zum Einfluss des Hoheliedes auf die Mystik s. auch: Haag/Elliger, Zur Liebe befreit, 125–128.
71 Stölting, Christliche Frauenmystik im Mittelalter, 40; s. dazu auch: Benke, Kleine Geschichte der christlichen Spiritualität, 68–70.
72 Mechthild von Magdeburg, Das fließende Licht der Gottheit; zit. nach Benke, Kleine Geschichte der christlichen Spiritualität, 89.
73 Stölting, Christliche Frauenmystik im Mittelalter, 171–172.
74 Stölting, Christliche Frauenmystik im Mittelalter, 295.
75 Teresa von Avila, Das Buch meines Lebens, (Gesammelte Werke, Bd. 1), Freiburg u. a. ⁵2009, (Vollständige Neuübertragung).
76 Vgl. Teresa von Avila, Das Buch meines Lebens, 163–164, (Kapitel 9, 1–2).
77 Teresa von Avila, Das Buch meines Lebens, 427, (Kapitel 29, 13).
78 Berninis *Estasi di Santa Teresa*, geschaffen in den Jahren 1647–1652, befindet sich in Rom in der Kirche Santa Maria della Vittoria.
79 http://www.mahagoni-magazin.de/Skulptur/bernini-verzueckung-der-heiligen-theresa.html

ANMERKUNGEN

80 Teresa von Avila, „Ich bin ein Weib – und obendrein kein gutes". Eine große Frau, eine faszinierende Mystikerin, (ausgewählt, übersetzt und eingeleitet von Erika Lorenz), Freiburg i. Br. ^{8}2009, 33.
81 Zu den möglichen Deutungen der Vision Teresas s.: Lawrence Jr., Sexualität und Christentum, 159–160.
82 Vgl. Teresa von Avila, „Ich bin ein Weib – und obendrein kein gutes", 31.
83 Vgl. Teresa von Avila, „Ich bin ein Weib – und obendrein kein gutes", 117.
84 Vgl. Teresa von Avila, „Ich bin ein Weib – und obendrein kein gutes", 20–21; vgl. besonders auch die Briefsammlung „Eine ziemliche Einsamkeit" in: ebd., 117–129.
85 Teresa von Avila, „Ich bin ein Weib – und obendrein kein gutes", 123.
86 Teresa von Avila, „Ich bin ein Weib – und obendrein kein gutes", 126.
87 Teresa von Avila, „Ich bin ein Weib – und obendrein kein gutes", 33.
88 Teresa von Avila, „Ich bin ein Weib – und obendrein kein gutes", 34.
89 Teresa von Avila, „Ich bin ein Weib – und obendrein kein gutes", 69.
90 Vgl. Teresa von Avila, „Ich bin ein Weib – und obendrein kein gutes", 35.
91 Vgl. Teresa von Avila, „Ich bin ein Weib – und obendrein kein gutes", 12–14.
92 Johannes vom Kreuz, Die dunkle Nacht. Sämtliche Werke, Bd. 1, (vollständige Neuübersetzung, hrsg. und übersetzt von Ulrich Dobhan OCD u. a.), Freiburg u. a. ^{5}2000, 27–28, (Strophen 1 und 5–7; Ergänzungen in Klammern durch den Verfasser).
93 Bernhard Häring, Meine Erfahrung mit der Kirche, Freiburg u. a. ^{6}1989, 86.
94 Vgl. Häring, Meine Erfahrung mit der Kirche, 86–87, 227.
95 S. dazu: Günter Virt, Epikie – Verantwortlicher Umgang mit Normen. Eine historisch-systematische Untersuchung, Tübingen 1983, 124–140; ders., Epikie, in: Hans Rotter/Günter Virt (Hgg.), Neues Lexikon der christlichen Moral, Innsbruck/Wien 1990, 147–149.
96 Vgl. Virt, Epikie – Verantwortlicher Umgang mit Normen, 233.
97 Vgl. Virt, Gewissen, in: Rotter/Virt (Hgg.), Neues Lexikon der christlichen Moral, 149.
98 S. dazu das Schuldbekenntnis und die Vergebungsbitten am „Tag der Vergebung" (12. März 2000): http://www.vatican.va/news_services/liturgy/documents/ns_lit_doc_20000312_prayer-day-pardon_ge.html; (Zugriff: 01.08.2010).
99 S. dazu: Johannes Paul II., Wir fürchten die Wahrheit nicht. Der Papst über die Schuld der Kirche und der Menschen, Graz/Wien/Köln 1997, 147–156; Luigi Accattoli, Wenn der Papst um Vergebung bittet. Alle „mea culpa" von Papst Johannes Paul II., Innsbruck 1999, 154–161.
100 Johannes Paul II., Mulieris dignitatem. Apostolisches Schreiben über die Würde und Berufung der Frau anlässlich des Marianischen Jahres, (15. August 1988).
101 Vgl. Johannes Paul II., Wir fürchten die Wahrheit nicht, 154–156.
102 Vgl. Johannes Paul II., Wir fürchten die Wahrheit nicht, 152–154.
103 S. dazu: Karl Golser, Gewissen und objektive Sittenordnung. Zum Begriff des Gewissens in der neueren katholischen Moraltheologie, Wien 1975, bes. 21–23.
104 So auch Livio Melina, Liebe auf katholisch. Ein Handbuch für heute, Augsburg 2009, 65–66.
105 S. dazu: Helmut Krätzl, Öffnung der Kirche zur Welt. Neue Sicht des Menschen, der Ehe und der irdischen Wirklichkeiten. Anmerkungen zu Gaudium et Spes, in: Alfred Hierold (Hg.), Zweites Vatikanisches Konzil – Ende oder Anfang?, (Bamberger Theologisches Forum, Bd. 7), Münster 2004, 36–37.
106 Vgl. dazu: Häring, Meine Erfahrung mit der Kirche, 87–88 und 92–93.
107 S. dazu: Krätzl, Öffnung der Kirche zur Welt, 37–38.
108 Mariatroster Erklärung vom 22. September 1968.
109 Königsteiner Erklärung vom 30. August 1968.

110 Zur Darstellung von Verhütungsmethoden s.: Hans Rettenbacher, Und sie leben glücklich … Liebe, Sex und Spiritualität in der Ehe, Innsbruck-Wien 1998, 79–101.
111 Gemeinsame Synode der Bistümer in der Bundesrepublik Deutschland in Würzburg (1971–1975), Beschluss Ehe und Familie, in: Offizielle Gesamtausgabe, Bd. 1, Freiburg u. a. 1976, 423–457.
112 Vgl. Benedikt XVI., Ansprache an die Teilnehmer am internationalen Kongress der päpstlichen Lateranuniversität anlässlich des 40. Jahrestages der Enzyklika „Humanae vitae" (10.05.2008), in: Christoph Casetti/Maria Prügl (Hgg.), Geheimnis ehelicher Liebe. Humanae vitae – 40 Jahre danach, Salzburg 2008, 8–12; ders., Licht der Welt, 175.
113 Vgl. Richard A. McCormick, Geburtenregelung als Testfall der Enzyklika, in: Dietmar Mieth (Hg.), Moraltheologie im Abseits? Antwort auf die Enzyklika „Veritatis Splendor", (Questiones disputatae, Bd. 153), Freiburg i. Br. 1994, 271–284, hier: 271.
114 Johannes Paul II., Brief an die Familien vom 02.02.1994, (Verlautbarungen des Apostolischen Stuhls, Bd. 112), Nr. 7.
115 Melina, Liebe auf katholisch, 44.
116 Johannes Paul II., Humanae vitae – 20 Jahre danach, in: Casetti/Prügl (Hgg.), Geheimnis ehelicher Liebe, 78–84; s. dazu auch: Häring, Meine Erfahrung mit der Kirche, 220–231.
117 Johannes Paul II., Humanae vitae – 20 Jahre danach, 80.
118 S. dazu: Franz Böckle, Ja zum Menschen. Bausteine einer konkreten Moral, München 1995, 45–46.
119 Vgl. Johannes Paul II., Humanae vitae – 20 Jahre danach, 81.
120 Dazu und zum Folgenden s.: Karl Golser, Die Seelsorge mit wiederverheirateten Geschiedenen. Neue Kontexte für ein altes Problem, in: Konferenzblatt für Theologie und Seelsorge 110 (1999), Heft 2, 154–167.
121 S. dazu: Zweites Vatikanisches Konzil, Dignitatis humanae. Erklärung über die Religionsfreiheit, (7.12.1965), Nr. 14; Katechismus der Katholischen Kirche, Nr. 1783–1785.
122 S. dazu: Karl Golser, Gewissen, in: Hans Rotter/Günter Virt (Hgg.), Neues Lexikon der christlichen Moral, Innsbruck/Wien 1990, 278–286; Joseph Ratzinger, Werte in Zeiten des Umbruchs. Die Herausforderungen der Zukunft bestehen, Freiburg u. a. 2005, 100–122, bes. 114–120.
123 Ratzinger, Werte in Zeiten des Umbruchs, 120.
124 Vgl. Johannes Paul II., Veritatis splendor, Nr. 62.
125 Vgl. dazu: Böckle, Ja zum Menschen, 53.
126 S. dazu das Standardwerk: Josef Rötzer, Natürliche Empfängnisregelung. Sympto-thermale Methode – der partnerschaftliche Weg, Freiburg i. Br. ^{31}2007, (neubearbeitete Ausgabe); weiters: Elisabeth Rötzer, Sympto-thermale Methode nach Rötzer, in: Christoph Casetti/Maria Prügl (Hgg.), Geheimnis ehelicher Liebe. Humanae vitae – 40 Jahre danach, Salzburg 2008, 86–92; Elisabeth Meier-Vismara, Die Ovulationsmethode nach Billing, in: ebd., 93–94.
127 S. dazu auch: Rettenbacher, Und sie leben glücklich …, 93–95.
128 Vgl. dazu: Maria Prügl, Überraschende Begleiterscheinungen der Lebensweise Humanae vitae, in: Casetti/Prügl (Hgg.), Geheimnis ehelicher Liebe, 97–106.
129 Benedikt XVI., Licht der Welt, 175.
130 Vgl. Johannes Paul II., Familiaris consortio, Nr. 33–35.
131 Vgl. Johannes Paul II., Familiaris consortio, Nr. 33
132 Vgl. Häring, Meine Erfahrung mit der Kirche, 228.
133 Häring, Meine Erfahrung mit der Kirche, 225.
134 S. dazu den Brief Härings an Papst Johannes Paul II. vom 1. Dezember 1988, in: Meine Erfahrung mit der Kirche, 225–231; weiters: ders., Pastorale Lösungen der Moral?, in: Mieth (Hg.), Moraltheologie im Abseits?, 285–295.

135 Benedikt XVI., Licht der Welt, 146.
136 http://91.204.34.222/2008/index.php?option=com_content&task=view&id=100059703& Itemid=3; (Zugriff: 02.08.2010).
137 Benedikt XVI., Licht der Welt, 146.
138 Kongregation für die Glaubenslehre, Note „Über die Banalisierung der Sexualität im Hinblick auf einige Textstellen aus ‚Licht der Welt'" (22.12.2010); http://www.vatican.va/roman_curia/congregations/cfaith/documents/rc_con_cfaith_doc_20101221_luce-del-mondo_ge.html; (Zugriff: 23.12.2010).
139 Vgl. http://www.radiovaticana.org/ted/Articolo.asp?c=440915; (Zugriff: 25.11.2010).
140 So der Vatikansprecher P. Federico Lombardi: http://www.radiovaticana.org/ted/Articolo.asp?c=440915; (Zugriff: 25.11.2010).
141 So z. B. Kardinal Christoph Schönborn bei einer Predigt im Abendmahlsaal in Jerusalem vor europäischen Bischöfen am 27. März 2008, in: Casetti/Prügl (Hgg.), Geheimnis ehelicher Liebe, 132–134. Kardinal Schönborn sieht in der (1) Kritik an Humanae vitae, in den (2) Abtreibungsregelungen und in der (3) rechtlichen Anerkennung gleichgeschlechtlicher Paare ein „dreimaliges Nein zum Leben". Festzuhalten bleibt jedoch, dass der Abtreibung, also der Tötung eines Menschen, eine grundsätzlich andere sittliche Qualität zukommt als etwa der künstlichen Empfängnisregelung. Der Grundduktus der Predigt ist der Hinweis auf die Folgen der drei genannten Entwicklungen, nämlich dass dadurch die Zeugung bzw. Geburt neuer Kinder verhindert und in diesem Sinn ein „Nein" zum Leben gesprochen wird.
142 Manfred Plate, Das deutsche Konzil. Die Würzburger Synode – Bericht und Deutung, Freiburg u. a. 1975, 15; vgl. auch Krätzl, Öffnung der Kirche zur Welt, 38.
143 Dietmar Mieth, Humanae vitae – 40 Jahre danach. Ein Anlass zu Überlegungen, die über die Kontroverse zur Empfängnisregelung hinausgehen, in: Concilium 44 (2008), 111–115, hier: 114.
144 Zur Bedeutung der Theologie des Leibes bei Johannes Paul II. s.: Christopher West, Theology of Body explained, Melbourne 2003; ders., Theologie des Leibes für Anfänger, Kisslegg ²2006.
145 Internationale Theologische Kommission, Gemeinschaft und Dienstleistung, Nr. 28.
146 S. dazu: Regina Ammicht Quinn, Von Lissabon bis Auschwitz. Überlegungen zu einem Paradigmenwechsel in der Theodizeefrage, in: Gerhard Höver (Hg.), Leiden, (Studien der Moraltheologie, Bd. 1), Münster 1997, 209–227.
147 S. dazu die Beiträge in: Orth (Hg.), Eros – Körper – Christentum.
148 S. dazu: Regina Ammicht Quinn, Corpus delicti: Körper – Religion – Sexualität, in: Salzburger Theologische Zeitschrift 6 (2002), 255–268.
149 Vgl. Katharina Westerhorstmann, Auf dem Weg zum Maß-geschneiderten Körper? Ethische Reflexionen zur ästhetischen Chirurgie, in: Ethica 17 (2009), Heft 4, 311–334, hier: 317.
150 Vgl. Ammicht Quinn, Corpus delicti; Ulrike Kostka, Spieglein, Spieglein an der Wand, wer ist die Schönste im ganzen Land? Schönheitsoperationen und die theologische Ethik, in: Orth (Hg.), Eros – Körper – Christentum, 97–111.
151 Vgl. Kostka, Spieglein, Spieglein an der Wand.
152 Katharina Ohana, Ich, Rabentochter, München ²2006, 148–150.
153 Hilkens, McSex, Umschlagtext hinten.
154 Vgl. Westerhorstmann, Auf dem Weg zum Maß-geschneiderten Körper?, 330.
155 S. dazu: Melina, Liebe auf katholisch, 38–62.
156 Zum Verständnis der Unzucht bei Paulus s. oben, zweites Kapitel.
157 Zu den unterschiedlichen humanwissenschaftlichen Erkenntnissen und Deutungen der Sexualität bei Karl Marx, Sigmund Freud, Wilhelm Reich, Herbert Marcuse, Helmut

Kentler, Arnold Gehlen u. a. s.: Bernhard Fraling, Sexualethik. Ein Versuch aus christlicher Sicht, Paderborn 1995, 50–78.
158 Hilkens, McSex, 37.
159 S. dazu: Volkmar Sigusch, Sexuelle Welten. Zwischenrufe eines Sexualforschers, (Beiträge zur Sexualforschung, Bd. 87), Bonn 2005, 34–39.
160 Vgl. Hilkens, McSex, 69.
161 S. dazu: Paul Ricœur, Sexualität. Wunder – Abwege – Rätsel, Frankfurt a. M. 1967.
162 S. dazu: Adelheid Müller-Lissner, Wechseljahre einer Pille, in: Der Tagesspiegel, online-Ausgabe vom 09.05.2010 (http://www.tagesspiegel.de/weltspiegel/wechseljahre-einer-pille/1817166.html; [Zugriff: 14.06.2010]).
163 Vgl. beispielsweise die Nachricht über eine entsprechende Studie der Universität Boston: http://www.focus.de/gesundheit/news/unerwuenschte-nebenwirkung_aid_95240.html; (Zugriff: 14.06.2010).
164 S. dazu: Magdalena Klemun, Ein wenig bitter ist die Pille doch, in: Die Presse, Nr. 18.833, (15.08.2010), 36–37.
165 Vgl. Sigusch, Sexuelle Welten, 41.
166 Klemun, Ein wenig bitter ist die Pille doch, 37.
167 So Sigusch, Sexuelle Welten, 42.
168 Vgl. Fritz Riemann, Die Fähigkeit zu lieben, München/Basel ^{9}2010, (Jubiläumsausgabe), 80.
169 Interview mit Klaus M. Beier in: Liebe und Sex. Weshalb wir uns binden und trennen, einander begehren und betrügen, (GEO kompakt, Nr. 20, Hamburg 2009), 108–121, hier: 114–115.
170 Riemann, Die Fähigkeit zu lieben, 79.
171 Riemann, Die Fähigkeit zu lieben, 83.
172 Rettenbacher, Und sie leben glücklich …, 64–65.
173 Vgl. dazu: Sigusch, Sexuelle Welten, 35–36.
174 Vgl. Hilkens, McSex, 37.
175 S. dazu auch: Kurt Loewit, Die Sprache der Sexualität, Frankfurt a. M. 1992 (überarbeitete Neuauflage); Fox/Pauly, Befreite Liebe – Verantwortete Liebe, 89–91.
176 Sigusch, Sexuelle Welten, 37.
177 Rettenbacher, Und sie leben glücklich …, 112.
178 Rettenbacher, Und sie leben glücklich …, 63.
179 S. dazu: Gary Chapman, Die fünf Sprachen der Liebe. Wie Kommunikation in der Ehe gelingt, Marburg 2008.
180 S. dazu: John M. Gottman, Laß uns einfach glücklich sein! Der Schlüssel zu einer harmonischen Partnerschaft, München 1998.
181 Vgl. Rettenbacher, Und sie leben glücklich …, 63–67.
182 Ammicht Quinn, Das Andere der Vollkommenheit, 51.
183 Vgl. Riemann, Die Fähigkeit zu lieben, 170–171.
184 Erich Fromm, Die Kunst des Liebens, Berlin ^{67}2008, 32.
185 Zur Sakramentalität der Ehe s. unten, zehntes Kapitel.
186 Das Werk *Amor sacro e amor profano* befindet sich heute in der Galleria Borghese in Rom.
187 Vgl. Konrad Hilpert, Verantwortlich gelebte Sexualität. Lagebericht zu einer schwierigen Baustelle, in: Herder Korrespondenz 62 (2008), 335–340, bes. 336–337.
188 Einen interessanten Überblick über die Ehe in der Lehrtradition der Kirche vom Neuen Testament bis zu den Aussagen des Katechismus der Katholischen Kirche (1992) findet sich im Anhang von: Seelsorgeamt der Diözese Bozen-Brixen (Hg.), Das seelsorgliche Gespräch mit den wiederverheirateten Geschiedenen. Eine Handreichung, in: Folium dioecesanum Bauzense-Brixinense 34 (1998), 221–251, hier: 243–251.

189 Benedikt XVI., Deus caritas est, Nr. 9.
190 S. dazu: Riemann, Die Fähigkeit zu lieben, 87–101.
191 S. dazu: Hans Jellouschek, Warum hast du mir das angetan? Untreue als Chance, München ¹⁰2010.
192 Johannes Paul II., Familiaris consortio, Nr. 57; vgl. auch ebd., 84, die Begründung, wiederverheiratete Geschiedene nicht zum eucharistischen Mahl zuzulassen; vgl. weiters: Benedikt XVI., Deus caritas est, Nr. 13.
193 S. beispielsweise Joh 3,29; 9,15; Offb 21.
194 Benedikt XVI., Das Kirchenverständnis des hl. Paulus, Ansprache während der Generalaudienz am 22.11.06; (http://www.vatican.va/holy_father/benedict_xvi/audiences/2006/documents/hf_ben-xvi_aud_20061122_ge.html; [Zugriff: 10.06.2010]).
195 S. dazu auch: Rettenbacher, Und sie leben glücklich …
196 Paul VI., Humanae vitae, Nr. 9.
197 S. dazu: Rettenbacher, Und sie leben glücklich …, 53–62.
198 Zur Lust s. auch oben, achtes Kapitel.
199 Johannes Paul II., Familiaris consortio, Nr. 84.
200 Katechismus der Katholischen Kirche, Nr. 1650.
201 Diesen Vorwurf der „Biotheologie" erhebt der niederländische Theologe Erik Borgman, Un-fixing nature: Für die Wieder-Befreiung der Natur. Homosexualität und die Erneuerung des Naturrechts, in: Concilium 44 (2008), Heft 1, 62–71.
202 S. dazu Johannes Paul II., Veritatis splendor, Nr. 56.
203 S. dazu die Reportage: Tina Goebel/Angelika Hager/Sebastian Hofer, Ohne Namen des Vaters, in: Profil 41 (2010), Nr. 16 (19.04.2010), 86–94.
204 S. dazu: Bruno Primetshofer, Zölibat und Sexualität, in: Theologisch-praktische Quartalschrift 158 (2010), Heft 3, 303–305.
205 S. dazu beispielsweise: Wunibald Müller, Liebe und Zölibat. Wie eheloses Leben gelingen kann, Mainz ³2000; Anselm Grün/Wunibald Müller (Hgg.), Intimität und zölibatäres Leben. Erfahrungsberichte von Priestern und Ordensleuten, Würzburg 1995.
206 Vgl. die Antwort des Papstes auf die Frage eines Priesters nach dem Sinn des Zölibats während der Vigilfeier auf dem Petersplatz am 11.06.2010 zum Abschluss des Priesterjahres; (http://www.vatican.va/holy_father/benedict_xvi/speeches/2010/june/documents/hf_ben-xvi_spe_20100610_concl-anno-sac_it.html; [Zugriff: 15.06.2010]).
207 S. dazu: Katharina Westerhorstmann, Über die Tugend der Keuschheit. Anmerkungen zu einem brisanten Thema, in: Brixner Theologisches Forum 117 (2006), Beiheft, 58–75, hier: 65–66.
208 So auch Westerhorstmann, Über die Tugend der Keuschheit, 66–68.
209 S. dazu: Westerhorstmann, Über die Tugend der Keuschheit, 75.
210 Vgl. Kongregation für die Glaubenslehre, Persona humana. Erklärung zu einigen Fragen der Sexualethik, (29.12.1975), Nr. 9.
211 Vgl. Haag/Elliger, Zur Liebe befreit, 149–150.
212 Kongregation für die Glaubenslehre, Persona humana, Nr. 9.
213 Kongregation für die Glaubenslehre, Persona humana, Nr. 9.
214 Vgl. dazu: Haag/Elliger, Zur Liebe befreit, 150–151.
215 Vgl. dazu: Grün, Ehelos – des Lebens wegen, 23–24.
216 S. dazu beispielsweise: Christa Meves, Geheimnis Gehirn. Warum Kollektiverziehung und andere Unnatürlichkeiten für Kleinkinder schädlich sind, Gräfelfing ²2008, 198–230.
217 Meves, Geheimnis Gehirn, 214.
218 Die Studie wird zitiert von: Angela Gatterburg/Anja Haegele, Schwule Trendsetter. Exoten, witzig und wohlhabend, in: Der Spiegel vom 26.03.2001, (Heft 13/2001), 80–82.

219 Vgl. Kongregation für die Glaubenslehre, Persona humana, Nr. 8; dies., Schreiben über die Seelsorge für homosexuelle Personen, (30. Oktober 1986); Katechismus der Katholischen Kirche, Nr. 2358.
220 Zum Folgenden vgl. Marie-Theres Wacker, „Und David küsste Jonathan …" Homosexualität und Bibel. Vortrag in der Karl-Rahner-Akademie Köln am 08.01.2011; (http://www.kath.de/akademie/rahner/01Aktuell/02aktuell/KRA_Homosexualitaet_MTWacker.pdf; [Zugriff: 15.01.2011]).
221 Vgl. Haag/Elliger, „Stört nicht die Liebe", 149–150; Lawrence Jr., Sexualität und Christentum, 258.
222 Martin Rosenberg, Reine Frauensache. Lesbische Liebe; (http://www.stern.de/gesundheit/lesbische-liebe-reine-frauensache-1521712.html; [Zugriff: 05.07.2010]).
223 Rosenberg, Reine Frauensache.
224 S. dazu: Robert Koch Institut, HIV-Infektionen und AIDS-Erkrankungen in Deutschland. Epidemiologisches Bulletin vom 5. Oktober 2007, Sonderausgabe B, 2.
225 So Wunibald Müller, Verschwiegene Wunden. Sexuellen Missbrauch in der katholischen Kirche erkennen und verhindern, München 2010, 142–158.
226 So auch Kardinal Christoph Schönborn (vgl. Reinhard Göweil, „Die Zeit des Vertuschens ist vorbei", in: Wiener Zeitung, Printausgabe vom Donnerstag, 29. April 2010; http://www.wienerzeitung.at/DesktopDefault.aspx?TabID=3941&Alias=wzo&cob=489688; [Zugriff: 10.05.2010]) und der Freiburger Moraltheologe Eberhard Schockenhoff (vgl. das Interview mit der Frankfurter Rundschau vom 26.04.2010; http://www.fr-online.de/in_und_ausland/politik/aktuell/2584790_Schwule-Liebe-verdient-Rueckhalt.html; [Zugriff: 30.04.2010]).
227 S. dazu: John Boswell, The Marriage of Likeness – Same Sex Unions in Premodern Europe, London 1995.
228 S. dazu: http://www.forschung.sexualaufklaerung.de/fileadmin/fileadmin-forschung/pdf/Jugendsexualit%C3%A4t.pdf; (Zugriff: 02.09.2010).
229 Vgl. dazu: Barbara Hardinghaus/Dialika Krahe, Verlust der Phantasie, in: Der Spiegel vom 22.05.2010, (Heft 21/2010), 48–53.
230 So eine der Grundthesen von Wolfgang Büscher/Bernd Siggelkow, Deutschlands sexuelle Tragödie, München 2009
231 Vgl. Hilkens, McSex, 57.
232 S. dazu: Regine Bogensberger, Die Grenzen der Aufklärung, in: Die Furche 66 (2010), 22 (02.06.2010), 4.
233 So die Sexualpädagogin Bettina Weidinger, „Sexualität wird immer noch massiv tabuisiert", in: Die Furche 66 (2010), 22 (02.06.2010), 4.
234 In Österreich beispielsweise hat in der Altersklasse der 14- bis 19-Jährigen zwischen 2005 und 2007 die Abtreibungshäufigkeit von 4 auf 11 % zugenommen. Der umstrittene österreichische Gynäkologe und Abtreibungsbefürworter Christian Fiala stellt fest, dass die Aufklärung von Jugendlichen im Argen liegt und dass bei entsprechender Aufklärung viele ungewollte Schwangerschaften und damit Abtreibungen verhindert werden könnten. (Vgl.: http://www.springermedizin.at/leben/?full=12359; [Zugriff: 10.06.2010]). In Südtirol lag bei den Frauen, die eine Abtreibung durchführen ließen, die Anzahl der unter 19-Jährigen 2008 bei 7,8 %, 2009 bei 9,1 %; (s. dazu die jeweiligen Jahresberichte des Landesinstituts für Statistik – ASTAT, Schwangerschaftsabbrüche und Fehlgeburten in Südtirol: http://www.provinz.bz.it/astat/de/gesundheit/freiwilligw-schwangerschaftsabbrueche-fehlgeburten.asp; [Zugriff: 06.06.2010]).
235 Vgl. Büscher/Siggelkow, Deutschlands sexuelle Tragödie, 110–112.
236 S. dazu: Christa Meves, Erziehen lernen. Was Eltern und Erzieher wissen sollten, München ³2006, 194–195.

237 S. dazu die verschiedenen Interviewbeiträge mit Jugendlichen in: Hilkens, McSex; weiters: Hans Rotter, Sexualität und christliche Moral, Innsbruck/Wien 1991, 51–65; Meves, Erziehen lernen, 195–204.
238 Für Südtirol s.: Autonome Provinz Bozen – Südtirol, Landesinstitut für Statistik – ASTAT (Hg.), Jugendstudie 2009. Werthaltungen, Lebensformen und Lebensentwürfe der Südtiroler Jugend, (ASTAT Schriftenreihe, Bd. 161), Bozen 2010, 163–188. (http://www.provincia.bz.it/astat/de/service/846.asp?redas=yes&259_action=300&259_image_id=175766; [Zugriff: 18.06.2010]).
239 Vgl. dazu die in Hilkens, McSex, 117, angeführten Studien in den Niederlanden und in Deutschland sowie die Studie „Jugendsexualität 2010".
240 Hardinghaus/Krahe, Verlust der Phantasie, 52.
241 Weidinger, „Sexualität wird immer noch massiv tabuisiert".
242 Zu Fragen einer altersentsprechenden geschlechtlichen Erziehung s: Meves, Erziehen lernen, 186–204. Zum Problem der Sexualpädagogik sind auch folgende Bücher empfehlenswert, denen es neben einer jugendgerechten Vermittlung einer ganzheitlichen Sicht von Sexualität und Liebe auch um die Rückgewinnung der unter den Jugendlichen weitgehend verloren gegangenen Glaubwürdigkeit der Kirche geht: Mill Majerus/Catherine Majerus, Über Sex und Liebe reden. Ein Ratgeber für Eltern und alle, die Jugendliche begleiten, München 2007; Stephan Leimgruber/Andreas Illa, Von der Kirche im Stich gelassen? Aspekte einer neuen Sexualpädagogik, Kevelaer 2010.
243 S. dazu: Martin M. Lintner, „Ich verspreche – für mein ganzes Leben?" – Die Frage der Treue zu Lebensentscheidungen, in: Brixner Theologisches Forum 119 (2008), Nr. 1, 104–121.
244 S. dazu beispielsweise: Paul M. Zulehner, Kleine Lebenswelten. Zur Kultur der Beziehung zwischen Mann und Frau, Paderborn 1989; Rotter, Sexualität und christliche Moral, 66–78.
245 Johannes Paul II., Familiaris consortio, Nr. 34.
246 Vgl. Golser, Gewissen, 285.
247 S. dazu: Müller, Verschwiegene Wunden; ders., Keine falsche Stärke vortäuschen. Die neuen Fälle von sexuellem Missbrauch werfen Fragen auf, in: Herder Korrespondenz 64 (2010), Heft 3, 119–123.
248 Dirk Bange/Günther Deegener, Sexueller Missbrauch an Kindern. Ausmaß, Hintergründe, Folgen, Weinheim 1995, 105.
249 S. dazu: www.missbrauch-opfer.info; www.mb-opfer.org
250 Das macht deutlich, dass das Problem des sexuellen Missbrauchs ein gesamtgesellschaftliches ist. Gesellschaftliche, kulturelle und politische Hintergründe für Deutschland versuchen die Autoren des folgenden Sammelbandes aufzuzeigen: Späth Andreas/Aden Menno (Hgg.), Die missbrauchte Republik. Aufklärung über die „Aufklärer", Hamburg 2010.
251 Vgl. Anselm Grün, Vorwort, in: Müller, Verschwiegene Wunden, 9–10.
252 Müller, Verschwiegene Wunden, 9.
253 S. dazu: http://www.mb-opfer.org
254 S. dazu: Wunibald Müller, Sexueller Missbrauch und Kirche, in: Stimmen der Zeit 135 (2010), Heft 4, 229–240.
255 Es handelt sich dabei um die „Verständnishilfe für die grundlegende Vorgangsweise der Kongregation für die Glaubenslehre bei Vorwürfen sexuellen Missbrauchs" auf der Rechtsgrundlage des Dokuments *Sacramentorum sanctitatis tutela* vom 30. April 2001; (http://www.vatican.va/resources/resources_guide-CDF-procedures_ge.html; [Zugriff: 05.06.2010]).
256 http://www.vatican.va/resources/resources_rel-modifiche_ge.html; (Zugriff: 16.07.2010).
257 S. dazu: Müller, Verschwiegene Wunden, 124–158.
258 Mithu M. Sanyal, Vorwort, in: Hilkens, McSex, 8–9.

259 Hilkens, McSex, 14.
260 Hilkens, McSex, 41.
261 Rotter, Sexualität und christliche Moral, 122.
262 S. dazu: Rotter, Sexualität und christliche Moral, 127.
263 So der Wiener Psychotherapeut Raphael Bonelli; (Quelle: http://www.news.at/articles/1009/542/263581/vom-mega-netzwerk-domina-internet-sucht-pornografie; [Zugriff: 25.05.2010]).
264 Johannes Gernert, Generation Porno. Jugend, Sex, Internet, Köln 2010, 10.
265 Johannes Gernert, Unterrichtsmaterialien zum Buch: Generation Porno. Jugend, Sex, Internet, Köln 2010, 2; Quelle: http://sachbuch.fackeltraeger-verlag.de/data/Generation_Porno_Unterrichtseinheit.pdf; (Zugriff: 14.06.2010).
266 S. dazu: Büscher/Siggelkow, Deutschlands sexuelle Tragödie.
267 Hardinghaus/Krahe, Verlust der Phantasie.
268 http://www.stern.de/tv/sterntv/generation-porno-je-mehr-sex-desto-besser-639443.html; (Zugriff: 2.06.2010).
269 http://www.3sat.de/kulturzeit/lesezeit/143829/index.html
270 S. dazu auch: Rettenbacher, Und sie leben glücklich …, 64.
271 Gernert, Unterrichtsmaterialien, 2.
272 Büscher/Siggelkow, Deutschlands sexuelle Tragödie, 90.
273 Hardinghaus/Krahe, Verlust der Phantasie, 53.
274 S. dazu: http://www.internetsexsucht.at; (Zugriff: 18.06.2010).
275 Quelle: http://www.news.at/articles/1009/542/263581/vom-mega-netzwerk-domina-internet-sucht-pornografie; (Zugriff: 18.06.2010).
276 S. dazu: http://www.paradisi.de/Health_und_Ernaehrung/Sexualitaet/Pornografiesucht/News/21763.php; (Zugriff: 18.06.2010).
277 So Marcus Squirell, der Leiter der Studie; (Quelle: http://www.paradisi.de/Health_und_Ernaehrung/Sexualitaet/Pornografiesucht/News/21763.php; [Zugriff: 18.06.2010]).
278 http://www.internetsexsucht.at/Vortraege/Therapie-der-Internetsexsucht/; (Zugriff: 18.06.2010).
279 S. dazu: Hilkens, McSex, 168.
280 S. dazu: Hilkens, McSex, 169.
281 Vgl. dazu: Hilkens, McSex, 109–110.
282 Vgl. Göweil, „Die Zeit des Vertuschens ist vorbei."
283 So auch: Hilpert, Verantwortlich gelebte Sexualität.
284 Vgl. dazu die Sexualisierungsdebatte in den Niederlanden: Hilkens, McSex, 98–99.
285 Müller, Verschwiegene Wunden, 17.
286 Vgl. dazu: Deutsche Bischofskonferenz (Hg.), Leben aus dem Glauben, (Katholischer Erwachsenenkatechismus, Bd. 2), Freiburg u. a. 1995, 344–347.
287 Vgl. dazu auch die Aussagen von Papst Benedikt XVI., Licht der Welt, 173–175.
288 Deutsche Bischofskonferenz (Hg.), Leben aus dem Glauben, 346.
289 Vgl. Gernert, Unterrichtsmaterialien.
290 Enrico Chiavacci, Sulla morale sessuale, in: Rivista di teologia morale 161 (2009), 53–66.
291 Konrad Hilpert (Hg.), Theologische Ethik autobiografisch, 2 Bände, Paderborn 2007/09.
292 Der Text des Schuldbekenntnisses wurde auf verschiedenen Internetplattformen veröffentlicht, so auf: http://www.katholisch.at/content/site/minidossiers/article/53660.html; (Zugriff: 10.06.2010).
293 Vgl. die Podiumsdiskussion in Münster zum Thema Missbrauch am 03.05.2010: http://kirchenseite.de/aktuelles/aus-den-regionen/aus-den-regionen-news/datum/2010/05/04/stunde-der-krise-und-grosse-chance/; (Zugriff: 10.06.2010).

294 Benedikt XVI., Licht der Welt, 174.
295 Erklärung der deutschen Moraltheologen zu den Fällen von sexuellem Missbrauch in kirchlichen Einrichtungen (April 2010); http://www.uni-saarland.de/fak3/fr33/Erklaerung_Moraltheologen.pdf; (Zugriff: 10.06.2010).
296 Hilpert, Verantwortlich gelebte Sexualität, 340.
297 S. dazu: Gertraud Ladner, Die Herausforderung zu leben und zu lieben. Feministische Aspekte zu Liebe – Erotik – Sexualität, in: Plattform „Wir sind Kirche" (Hg.), Liebe – Eros – Sexualität. „Herdenbrief" und Begleittexte, Thaur 1996, 167–184.
298 S. dazu auch: Konrad Hilpert, Auch ein systemisches Problem? Sexueller Missbrauch und die Sexuallehre der Kirche, in: Herder Korrespondenz 64 (2010), Heft 4, 173–176.
299 Müller, Verschwiegene Wunden, 141.

Literaturverzeichnis

ANGEFÜHRTE UND ZITIERTE KIRCHLICHE UND LEHRAMTLICHE DOKUMENTE UND VERLAUTBARUNGEN

Zitate aus der Heiligen Schrift sind entnommen aus der Ausgabe: Die Bibel. Einheitsübersetzung der Heiligen Schrift, herausgegeben von der Katholischen Bibelanstalt, Stuttgart 1980.

Benedikt XVI., Deus caritas est. Enzyklika über die christliche Liebe, (25.12.2005), hrsg. vom Sekretariat der Deutschen Bischofskonferenz, (Verlautbarungen des Apostolischen Stuhles, Nr. 171).

Benedikt XVI., Das Kirchenverständnis des hl. Paulus, Ansprache während der Generalaudienz am 22.11.2006, (Quelle: www.vatican.va).

Benedikt XVI., Ansprache an die Teilnehmer am internationalen Kongress der päpstlichen Lateranuniversität anlässlich des 40. Jahrestages der Enzyklika „Humanae vitae", (10.05.2008), in: Christoph Casetti/Maria Prügl (Hgg.), Geheimnis ehelicher Liebe. Humanae vitae – 40 Jahre danach, Salzburg 2008, 8–12.

Benedikt XVI., Ansprache bei der Vigilfeier auf dem Petersplatz zum Abschluss des Priesterjahres, (11.06.2010), (Quelle: www.vatican.va).

Benedikt XVI., Licht der Welt. Der Papst, die Kirche und die Zeichen der Zeit. Ein Gespräch mit Peter Seewald, Vatikan/München 2010.

Deutsche Bischofskonferenz (Hg.), Königsteiner Erklärung, (30. August 1968), (Nachkonziliare Dokumentation, Bd. 14), Trier 1972, 63–71.

Deutsche Bischofskonferenz (Hg.), Leben aus dem Glauben, (Katholischer Erwachsenenkatechismus, Bd. 2), Freiburg u. a. 1995.

Gemeinsame Synode der Bistümer in der Bundesrepublik Deutschland in Würzburg (1971–1975), Offizielle Gesamtausgabe in 2 Bänden, Freiburg u. a. 1976.

Internationale Theologische Kommission, Gemeinschaft und Dienstleistung. Die menschliche Person – geschaffen nach dem Bilde Gottes, (23.07.2004), hrsg. vom Sekretariat der Deutschen Bischofskonferenz, (Arbeitshilfen, Nr. 223).

Johannes Paul II., Familiaris consortio. Apostolisches Schreiben über die Aufgaben der christlichen Familien in der Welt, (22. November 1981), hrsg. vom Sekretariat der Deutschen Bischofskonferenz, (Verlautbarungen des Apostolischen Stuhles, Nr. 33).

Johannes Paul II., Mulieris dignitatem. Apostolisches Schreiben über die Würde und Berufung der Frau anläßlich des Marianischen Jahres, (15. August 1988), hrsg. vom Sekretariat der Deutschen Bischofskonferenz, (Verlautbarungen des Apostolischen Stuhles, Bd. 86).

Johannes Paul II., Ansprache an die Teilnehmer des internationalen Moraltheologenkongresses in Rom am 12.11.1988, in: Christoph Casetti/Maria Prügl (Hgg.), Geheimnis ehelicher Liebe. Humanae vitae – 40 Jahre danach, Salzburg 2008, 78–84.

Johannes Paul II., Veritatis splendor. Enzyklika über einige grundlegende Fragen der kirchlichen Morallehre, (06. August 1993), hrsg. vom Sekretariat der Deutschen Bischofskonferenz, (Verlautbarungen des Apostolischen Stuhls, Nr. 111).

Johannes Paul II., Brief an die Familien, (02. Februar 1994), hrsg. vom Sekretariat der Deutschen Bischofskonferenz, (Verlautbarungen des Apostolischen Stuhls, Bd. 112).

Johannes Paul II., Brief an die Frauen, (29. Juni 1995), hrsg. vom Sekretariat der Deutschen Bischofskonferenz, (Verlautbarungen des Apostolischen Stuhles, Bd. 122).

Johannes Paul II., Wir fürchten die Wahrheit nicht. Der Papst über die Schuld der Kirche und der Menschen, Graz/Wien/Köln 1997.
Katechismus der Katholischen Kirche, München/Vatikan 2003 (Neuübersetzung).
Kongregation für die Glaubenslehre, Persona humana. Erklärung zu einigen Fragen der Sexualethik (29.12.1975), hrsg. vom Sekretariat der Deutschen Bischofskonferenz, (Verlautbarungen des Apostolischen Stuhles, Nr. 1).
Kongregation für die Glaubenslehre, Schreiben über die Seelsorge für homosexuelle Personen, (30. Oktober 1986), hrsg. vom Sekretariat der Deutschen Bischofskonferenz, (Verlautbarungen des Apostolischen Stuhles, Nr. 72).
Kongregation für die Glaubenslehre, Donum vitae. Instruktion über die Achtung vor dem beginnenden menschlichen Leben und die Würde der Fortpflanzung, (22.02.1987), hrsg. vom Sekretariat der Deutschen Bischofskonferenz, (Verlautbarungen des Apostolischen Stuhles, Bd. 74).
Kongregation für die Glaubenslehre, Sacramentorum sanctitatis tutela. Motu proprio zum Schutz der Heiligkeit der Sakramente, (30. April 2001), in: Acta Apostolicae Sedis 93 (2001), Nr. 11, 737–739.
Kongregation für die Glaubenslehre, Note „Über die Banalisierung der Sexualität im Hinblick auf einige Textstellen aus ‚Licht der Welt'" (22.12.2010), (Quelle: www.vatican.va).
Österreichische Bischofskonferenz, Mariatroster Erklärung, (22. September 1968), in: Verordnungsblatt für die Diözese Innsbruck, 43 (1968), Nr. 9 (1. Oktober 1968), 32–34.
Paul VI., Humanae vitae. Enzyklika über die rechte Ordnung der Weitergabe des menschlichen Lebens, (25. Juli 1968), hrsg. im Auftrag der Deutschen Bischofskonferenz, (Nachkonziliare Dokumentation, Bd. 14), Trier 1972, 9–55.
Pius XI., Casti conubii. Enzyklika über die christliche Ehe, (31.12.1930), in: Acta Apostolicae Sedis 22 (1930), 451–573.
Seelsorgeamt der Diözese Bozen-Brixen (Hg.), Das seelsorgliche Gespräch mit den wiederverheirateten Geschiedenen. Eine Handreichung, in: Folium dioecesanum Bauzense-Brixinense 34 (1998), 221–251.
Zweites Vatikanisches Konzil, Optatam totius. Dekret über die Ausbildung der Priester, (28.10.1965), in: Karl Rahner/Herbert Vorgrimler, Kleines Konzilskompendium, Freiburg u. a. [24]1993, 293–310.
Zweites Vatikanisches Konzil, Dignitatis humanae. Erklärung über die Religionsfreiheit, (7.12.1965), in: Karl Rahner/Herbert Vorgrimler, Kleines Konzilskompendium, Freiburg u. a. [24]1993, 661–675.
Zweites Vatikanisches Konzil, Gaudium et spes. Konstitution über die Kirche in der Welt von heute, (7.12.1965), in: Karl Rahner/Herbert Vorgrimler, Kleines Konzilskompendium, Freiburg u. a. [24]1993, 449–552.
Zweites Vatikanisches Konzil, Presbyterium ordinis. Dekret über Leben und Dienst der Priester, (7.12.1965), in: Karl Rahner/Herbert Vorgrimler, Kleines Konzilskompendium, Freiburg u. a. [24]1993, 561–598.

ANGEFÜHRTE UND ZITIERTE LITERATUR

Abaelard Petrus, Historia calamitatum; (Quelle: http://www.erzabtei.de/antiquariat/hica.html; [Zugriff: 11.06.2010]).
Abignente Donatella, Conversione morale nella fede. Una riflessione etico-teologica a partire da figure di conversione del vangelo di Luca, Roma 2000.

Accattoli Luigi, Wenn der Papst um Vergebung bittet. Alle „mea culpa" von Papst Johannes Paul II., Innsbruck/Wien 1999.

Ammicht Quinn Regina, Von Lissabon bis Auschwitz. Überlegungen zu einem Paradigmenwechsel in der Theodizeefrage, in: Gerhard Höver (Hg.). Leiden, (Studien der Moraltheologie, Bd. 1), Münster 1997, 209–227.

Ammicht Quinn Regina, Corpus delicti: Körper – Religion – Sexualität, in: Salzburger Theologische Zeitschrift 6 (2002), 255–268.

Ammicht Quinn Regina, Das Andere der Vollkommenheit: Stigma und Scham, in: Aleida und Jan Assmann (Hg.), Vollkommenheit, (Archäologie der literarischen Kommunikation, Bd. 10), München 2010, 41–52.

Augustinus, Bekenntnisse; (zit. nach der Übersetzung von Otto F. Lachmann, Edition Gutenberg-DE: http://gutenberg.spiegel.de/?id=5&xid=115&kapitel=1#gb_found).

Bange Dirk/Deegener Günther, Sexueller Missbrauch an Kindern. Ausmaß, Hintergründe, Folgen, Weinheim 1995.

Beier Klaus M., Interview in: Liebe und Sex. Weshalb wir uns binden und trennen, einander begehren und betrügen, (GEO kompakt, Nr. 20, Hamburg 2009), 108–121.

Benke Christoph, Kleine Geschichte der christlichen Spiritualität, Freiburg u. a. 2007.

Böckle Franz, Ja zum Menschen. Bausteine einer konkreten Moral, München 1995.

Bogensberger Regine, Die Grenzen der Aufklärung, in: Die Furche 66 (2010), 22 (02.06.2010), 4.

Borgman Erik, Un-fixing nature: Für die Wieder-Befreiung der Natur. Homosexualität und die Erneuerung des Naturrechts, in: Concilium 44 (2008), Heft 1, 62–71.

Boswell John, The Marriage of Likeness – Same Sex Unions in Premodern Europe, London 1995.

Büscher Wolfgang/Siggelkow Bernd, Deutschlands sexuelle Tragödie, München 2009.

Casetti Christoph/Prügl Maria (Hgg.), Geheimnis ehelicher Liebe. Humanae vitae – 40 Jahre danach, Salzburg 2008.

Chapman Gary, Die fünf Sprachen der Liebe. Wie Kommunikation in der Ehe gelingt, Marburg 2008.

Chiavacci Enrico, Sulla morale sessuale, in: Rivista di teologia morale 161 (2009), 53–66.

Chorherr Christa, Wer wirft den ersten Stein? Unterdrückung von Frauen durch Religion, Wien 2010.

Flasch Kurt, Augustin. Einführung in sein Denken, (Reclams Universalbibliothek, Nr. 9962), Stuttgart ³2003.

Ferrari Schiefer Valeria, La Belle Question. Die Frage nach der Gleichheit der Geschlechter bei François Poullain de la Barre (1647–1723) vor dem Hintergrund der (früh-) neuzeitlichen Querelle des Femmes, (Theologie in Geschichte und Gesellschaft, Bd. 8), Luzern 1998.

Fonk Peter, Das Gewissen, Was es ist – wie es wirkt – wie weit es bindet, Kevelaer 2004.

Fox Helmut/Pauly Wolfgang, Befreite Liebe – Verantwortete Liebe. Eine sexualethische Handreichung, Trier 1999.

Fraling Bernhard, Sexualethik. Ein Versuch aus christlicher Sicht, Paderborn 1995.

Fromm Erich, Die Kunst des Liebens, Berlin ^{67}2008.

Gatterburg Angela/Haegele Anja, Schwule Trendsetter. Exoten, witzig und wohlhabend, in: Der Spiegel vom 26.03.2001, (Heft 13/2001), 80–82.

Gernert Johannes, Generation Porno. Jugend, Sex, Internet, Köln 2010.

Goebel Tina/Hager Angelika/Hofer Sebastian, Ohne Namen des Vaters, in: Profil 41 (2010), Nr. 16 (19.04.2010), 86–94.

Golser Karl, Gewissen und objektive Sittenordnung. Zum Begriff des Gewissens in der neueren katholischen Moraltheologie, Wien 1975.

ANGEFÜHRTE UND ZITIERTE LITERATUR

Golser Karl, Gewissen, in: Hans Rotter/Günter Virt (Hgg.), Neues Lexikon der christlichen Moral, Innsbruck/Wien 1990, 278–286.

Golser Karl, Die Seelsorge mit wiederverheirateten Geschiedenen. Neue Kontexte für ein altes Problem, in: Konferenzblatt für Theologie und Seelsorge 110 (1999), Heft 2, 154–167.

Golser Karl, Streiflichter auf die Entwicklung der nachkonziliären katholischen Moraltheologie, in: Brixner Theologisches Forum 119 (2008) 1, 54–74.

Gottman John M., Laß uns einfach glücklich sein! Der Schlüssel zu einer harmonischen Partnerschaft, München 1998.

Göweil Reinhard, „Die Zeit des Vertuschens ist vorbei", in: Wiener Zeitung, Printausgabe vom Donnerstag, 29. April 2010

Grün Anselm, Ehelos – des Lebens wegen, (Münsterschwarzacher Kleinschriften, Bd. 58), Münsterschwarzach 1989.

Grün Anselm/Müller Wunibald (Hgg.), Intimität und zölibatäres Leben. Erfahrungsberichte von Priestern und Ordensleuten, Würzburg 1995.

Grün Anselm/Gerhard Riedl, Mystik und Eros, (Münsterschwarzacher Kleinschriften, Bd. 76), Münsterschwarzach [8]2008.

Haag Herbert/Elliger Katharina, „Stört nicht die Liebe." Die Diskriminierung der Sexualität – ein Verrat an der Bibel, Olten/Freiburg i. Br. [3]1989.

Haag Herbert/Elliger Katharina, Zur Liebe befreit. Sexualität in der Bibel und heute, Zürich/Düsseldorf 1998.

Hardinghaus Barbara/Krahe Dialika, Verlust der Phantasie, in: Der Spiegel vom 22.05.2010, (Heft 21/2010), 48–53.

Häring Bernhard, Meine Erfahrung mit der Kirche, Freiburg u. a. [6]1989.

Häring Bernhard, Pastorale Lösungen der Moral?, in: Dietmar Mieth (Hg.), Moraltheologie im Abseits? Antwort auf die Enzyklika „Veritatis Splendor", (Questiones disputatae, Bd. 153), Freiburg i. Br. [2]1994, 285–295.

Heimerl Theresia, Wer hat den Eros vergiftet? Historische Grundlegungen und postmoderne Fragen zum Spannungsfeld Eros, Körper und Theologie, in: Stephan Orth (Hg.), Eros – Körper – Christentum. Provokation für den Glauben, Freiburg i. Br. 2009, 18–46.

Hilkens Myrthe, McSex, Die Pornofizierung unserer Gesellschaft, Berlin 2010.

Hilpert Konrad (Hg.), Theologische Ethik autobiografisch, 2 Bände, Paderborn 2007/09.

Hilpert Konrad, Verantwortlich gelebte Sexualität. Lagebericht zu einer schwierigen Baustelle, in: Herder Korrespondenz 62 (2008), 335–340.

Hilpert Konrad, Zentrale Fragen christlicher Ethik. Für Schule und Erwachsenenbildung, Regensburg 2009.

Hilpert Konrad, Erklärung der deutschen Moraltheologen zu den Fällen von sexuellem Missbrauch in kirchlichen Einrichtungen (April 2010).

Hilpert Konrad, Auch ein systemisches Problem? Sexueller Missbrauch und die Sexuallehre der Kirche, in: Herder Korrespondenz 64 (2010), Heft 4, 173–176.

Jellouschek Hans, Warum hast du mir das angetan? Untreue als Chance, München [10]2010.

Johannes vom Kreuz, Die dunkle Nacht. Sämtliche Werke, Bd. 1; (vollständige Neuübersetzung, hrsg. und übersetzt von Ulrich Dobhan OCD u. a.), Freiburg u. a. [5]2000.

Jünemann Elisabeth/Kilz Gerhard, Die Zehn Gebote – Orientierung für gerechte Strukturen. Für eine menschenwürdige Kultur in wirtschaftlichen, sozialen und politischen Organisationen, Paderborn 2009.

Kleber Karl-Heinz, De parvitate materiae in sexto. Ein Beitrag zur Geschichte der Moraltheologie, (Studien zur Geschichte der katholischen Moraltheologie, Bd. 18), Regensburg 1971.

Kleber Karl-Heinz, Historia docet. Zur Geschichte der Moraltheologie, (Studien der Moraltheologie, Beihefte, Bd. 15), Münster 2005.

Klemun Magdalena, Ein wenig bitter ist die Pille doch, in: Die Presse, Nr. 18.833, (15.08.2010), 36–37.
Kostka Ulrike, Spieglein, Spieglein an der Wand, wer ist die Schönste im ganzen Land? Schönheitsoperationen und die theologische Ethik, in: Stephan Orth (Hg.), Eros – Körper – Christentum. Provokation für den Glauben, Freiburg i. Br. 2009, 97–111.
Krätzl Helmut, Öffnung der Kirche zur Welt. Neue Sicht des Menschen, der Ehe und der irdischen Wirklichkeiten. Anmerkungen zu Gaudium et spes, in: Alfred Hierold (Hg.), Zweites Vatikanisches Konzil – Ende oder Anfang?, (Bamberger Theologisches Forum, Bd. 7), Münster 2004, 27–42.
Krätzl Helmut, (Interview mit), Kirche hat drei Mal Vertrauen verloren, in: Salzburger Nachrichten vom 31.12.2010, 3.
Ladner Gertraud, Die Herausforderung zu leben und zu lieben. Feministische Aspekte zu Liebe – Erotik – Sexualität, in: Plattform „Wir sind Kirche" (Hg.), Liebe – Eros – Sexualität. „Herdenbrief" und Begleittexte, Thaur 1996, 167–184.
Lawrence Jr. Raymond J., Sexualität und Christentum. Geschichte der Irrwege und Ansätze zur Befreiung, Innsbruck 2010.
Leimgruber Stephan/Illa Andreas, Von der Kirche im Stich gelassen? Aspekte einer neuen Sexualpädagogik, Kevelaer 2010.
Lintner Martin M., „Ich verspreche – für mein ganzes Leben?" – Die Frage der Treue zu Lebensentscheidungen, in: Brixner Theologisches Forum 119 (2008), Nr. 1, 104–121.
Loewit Kurt, Die Sprache der Sexualität, Frankfurt a. M. 1992 (überarbeitete Neuauflage).
Majerus Mill/Majerus Catherine, Über Sex und Liebe reden. Ein Ratgeber für Eltern und alle, die Jugendliche begleiten, München 2007.
McCormick Richard A., Geburtenregelung als Testfall der Enzyklika, in: Dietmar Mieth (Hg.), Moraltheologie im Abseits? Antwort auf die Enzyklika „Veritatis Splendor", (Questiones disputatae, Bd. 153), Freiburg i. Br. ^{2}1994, 271–284.
Meier-Vismara Elisabetta, Die Ovulationsmethode nach Billing, in: Christoph Casetti/Maria Prügl (Hgg.), Geheimnis ehelicher Liebe. Humanae vitae – 40 Jahre danach, Salzburg 2008, 93–94.
Melina Livio, Liebe auf katholisch. Ein Handbuch für heute, Augsburg 2009.
Meves Christa, Erziehen lernen. Was Eltern und Erzieher wissen sollten, München ^{3}2006.
Meves Christa, Geheimnis Gehirn. Warum Kollektiverziehung und andere Unnatürlichkeiten für Kleinkinder schädlich sind, Gräfelfing ^{2}2008.
Mieth Dietmar (Hg.), Moraltheologie im Abseits? Antwort auf die Enzyklika „Veritatis Splendor", (Questiones disputatae, Bd. 153), Freiburg i. Br. ^{2}1994.
Mieth Dietmar, Humanae vitae – 40 Jahre danach. Ein Anlass zu Überlegungen, die über die Kontroverse zur Empfängnisregelung hinausgehen, in: Concilium 44 (2008), 111–115.
Mieth Dietmar, (Interview mit), „Fragen der Zukunft sind sozialethischer Natur", Domradio.de vom 23.12.2010, (Quelle: www.domradio.de).
Müller Wunibald, Liebe und Zölibat. Wie eheloses Leben gelingen kann, Mainz ^{3}2000.
Müller Wunibald, Verschwiegene Wunden. Sexuellen Missbrauch in der katholischen Kirche erkennen und verhindern, München 2010.
Müller Wunibald, Keine falsche Stärke vortäuschen. Die neuen Fälle von sexuellem Missbrauch werfen Fragen auf, in: Herder Korrespondenz 64 (2010), Heft 3, 119–123.
Müller Wunibald, Sexueller Missbrauch und Kirche, in: Stimmen der Zeit 135 (2010), Heft 4, 229–240.
Müller-Lissner Adelheid, Wechseljahre einer Pille, in: Der Tagesspiegel, online-Ausgabe vom 09.05.2010.
Nietzsche Friedrich, Jenseits von Gut und Böse, in: ders., Werke in drei Bänden, München 1954, Band 2, 563–565.

Ohana Katharina, Ich, Rabentochter, München ²2006, 148–150.
Orth Stephan (Hg.), Eros – Körper – Christentum. Provokation für den Glauben, Freiburg i. Br. 2009.
Plate Manfred, Das deutsche Konzil. Die Würzburger Synode – Bericht und Deutung, Freiburg u. a. 1975.
Ploner Maria Theresia, Tamar – Und ich, wohin soll ich meine Schmähung tragen?, in: Katholisches Sonntagsblatt. Kirchenzeitung der Diözese Bozen-Brixen, Jg. 80 (2010), Nr. 6, 18.
Primetshofer Bruno, Zölibat und Sexualität, in: Theologisch-praktische Quartalschrift 158 (2010), Heft 3, 303–305.
Prügl Maria, Überraschende Begleiterscheinungen der Lebensweise Humanae vitae, in: Christoph Casetti/Maria Prügl (Hgg.), Geheimnis ehelicher Liebe. Humanae vitae – 40 Jahre danach, Salzburg 2008, 97–106.
Ratzinger Joseph, Werte in Zeiten des Umbruchs. Die Herausforderungen der Zukunft bestehen, Freiburg u. a. 2005.
Rettenbacher Hans, Und sie leben glücklich … Liebe, Sex und Spiritualität in der Ehe, Innsbruck/Wien 1998.
Ricœur Paul, Sexualität. Wunder – Abwege – Rätsel, Frankfurt a. M. 1967.
Riemann Fritz, Die Fähigkeit zu lieben, München/Basel ⁹2010, (Jubiläumsausgabe).
Robert Koch Institut, HIV-Infektionen und AIDS-Erkrankungen in Deutschland. Epidemiologisches Bulletin vom 5. Oktober 2007, Sonderausgabe B.
Rosenberg Martin, Reine Frauensache. Lesbische Liebe; (http://www.stern.de/gesundheit/lesbische-liebe-reine-frauensache-1521712.html; [Zugriff: 05.07.2010]).
Rotter Hans, Sexualität und christliche Moral, Innsbruck/Wien 1991.
Rötzer Elisabeth, Sympto-thermale Methode nach Rötzer, in: Christoph Casetti/Maria Prügl (Hgg.), Geheimnis ehelicher Liebe. Humanae vitae – 40 Jahre danach, Salzburg 2008, 86–92.
Rötzer Josef, Natürliche Empfängnisregelung. Sympto-thermale Methode – der partnerschaftliche Weg, Freiburg i. Br. ³¹2007, (neubearbeitete Ausgabe).
Schaupp Walter, Kirchliche Sexualmoral und Missbrauchsfälle in der Kirche. Statement zur Podiumsdiskussion „Sexueller Missbrauch in der Kirche" am Universitätszentrum Theologie in Graz (18.03.2010).
Schönborn Christoph, „Wir hatten nicht den Mut, ein klares Ja zu Humanae vitae zu sagen." Predigt im Abendmahlsaal in Jerusalem am 27. März 2008, in: Christoph Casetti/Maria Prügl (Hgg.), Geheimnis ehelicher Liebe. Humanae vitae – 40 Jahre danach, Salzburg 2008, 132–134.
Schmitt Hanspeter, Sexualmoral auf dem Prüfstand – ein Normalfall!?!, in: Schweizerische Kirchenzeitung 178 (2010), 431–432.
Sigusch Volkmar, Sexuelle Welten. Zwischenrufe eines Sexualforschers, (Beiträge zur Sexualforschung, Bd. 87), Bonn 2005.
Späth Andreas/Aden Menno (Hgg.), Die missbrauchte Republik. Aufklärung über die „Aufklärer", Hamburg 2010.
Stölting Ulrike, Christliche Frauenmystik im Mittelalter. Historisch-theologische Analyse, Mainz 2005.
Teresa von Avila, Das Buch meines Lebens, (Gesammelte Werke, Bd. 1), Freiburg u. a. ⁵2009, (Vollständige Neuübertragung).
Teresa von Avila, „Ich bin ein Weib – und obendrein kein gutes." Eine große Frau, eine faszinierende Mystikerin, (ausgewählt, übersetzt und eingeleitet von Erika Lorenz), Freiburg i. Br. ⁸2009.
Virt Günter, Epikie – Verantwortlicher Umgang mit Normen. Eine historisch-systematische Untersuchung, Tübingen 1983.

Virt Günter, Epikie, in: Hans Rotter/Günter Virt (Hgg.), Neues Lexikon der christlichen Moral, Innsbruck/Wien 1990, 147–149.
Wacker Marie-Theres, „Und David küsste Jonathan …" Homosexualität und Bibel. Vortrag in der Karl-Rahner-Akademie Köln am 08.01.2011); (http://www.kath.de/akademie/rahner/01Aktuell/02aktuell/KRA_Homosexualitaet_MTWacker.pdf; [Zugriff: 15.01.2011]).
Weidinger Bettina, „Sexualität wird immer noch massiv tabuisiert", in: Die Furche 66 (2010), 22 (02.06.2010), 4.
Weismayer Josef, Leben aus dem Geist Jesu. Grundzüge christlicher Spiritualität, Kevelaer 2007.
West Christopher, Theologie des Leibes für Anfänger, Kisslegg ²2006.
West Christopher, Theology of Body explained, Melbourne 2003.
Westerhorstmann Katharina, Über die Tugend der Keuschheit. Anmerkungen zu einem brisanten Thema, in: Brixner Theologisches Forum 117 (2006), Beiheft, 58–75.
Westerhorstmann Katharina, Auf dem Weg zum Maß-geschneiderten Körper? Ethische Reflexionen zur ästhetischen Chirurgie, in: Ethica 17 (2009), Heft 4, 311–334.
Zulehner Paul M., Kleine Lebenswelten. Zur Kultur der Beziehung zwischen Mann und Frau, Paderborn 1989.

ANGEFÜHRTE UND ZITIERTE INTERNETSEITEN

http://gutenberg.spiegel.de/
http://sachbuch.fackeltraeger-verlag.de
www.3sat.de
www.dbk.de
www.die-tagespost.de
www.domradio.de
www.erzabtei.de
www.focus.de
www.forschung.sexualaufklaerung.de
www.fr-online.de
www.internetsexsucht.at
www.kath.de
www.katholisch.at
www.kirchenseite.de
www.mahagoni-magazin.de
www.mb-opfer.org
www.missbrauch-opfer.info
www. news.at
www.oecumene.radiovaticana.org/ted
www.paradisi.de
www.provinz.bz.it/astat/de/
www.springermedizin.at
www.stern.de
www.tagesspiegel.de
www.uni-saarland.de
www.vatican.va
www.wienerzeitung.at

TYROLIA   Alles **Buch**bar auf www.tyrolia-verlag.at

Fundierte Sexualethik –
historisch aufgerollt

Raymond J. Lawrence Jr.
Sexualität und Christentum
Geschichte der Irrwege und Ansätze zur Befreiung
Editio Ecclesia Semper Reformanda Bd. 5
296 Seiten, gebunden mit SU, ISBN 978-3-7022-3061-6

Über Jahrhunderte hinweg wurde durch das Mitwirken der Kirchen Sexualität als sündig, pervers und schlecht abgestempelt. Auf seiner Zeitreise zeichnet der Autor die Veränderungen nach, welche die Sexualmoral beeinflussten. Sein kontroverser Blick lässt die gängigen Ansichten über Pornografie, Ehebruch, Homosexualität in einem ganz neuen Licht erscheinen. Beginnend bei Jesus beleuchtet er kritisch, aber nicht diffamierend, die Geschichte eines Irrweges anhand von Persönlichkeiten, die einen signifikanten Beitrag zum öffentlichen Prozess der Entwicklung sexueller Wertvorstellungen geleistet haben wie der Apostel Paulus, Kaiser Konstantin, die Mönchsbewegung und Bernhard von Clairvaux, Abaelard und Heloise, Martin Luther und viele andere.